高等职业教育药学类与食品药品类专业第四轮教材

公共关系实务 第②版

（供药品经营与管理、化妆品经营与管理、市场营销等专业用）

主　编　李朝霞　李　博

副主编　王　力　魏　松

编　者　（以姓氏笔画为序）

王　力（江西中医药大学）

王丽丽（山西药科职业学院）

李　博（辽宁医药职业学院）

李朝霞（山西药科职业学院）

高绍卿（山东药品食品职业学院）

慕　青（山东中医药高等专科学校）

魏　松（重庆三峡医药高等专科学校）

中国健康传媒集团

中国医药科技出版社

内容提要

本教材为高等职业教育药学类与食品药品类专业第四轮教材之一，依据药品与医疗器械类、工商管理类人才培养目标，以立德树人为根本，以应用能力培养为主线，结合高职高专教育教学改革的需求编写而成。全书包括把握公共关系内涵、协调各类公共关系、遵循公共关系工作程序、举办公共关系专题活动、塑造管理组织形象、处理公共关系危机、践行公共关系礼仪 7 个项目。

本教材结构清晰，体例新颖，内容丰富，具有权威性、专业性、实用性等特点，并针对高职学生的学习特点，追求在理论上通俗易懂，在实践上易于操作，每个项目均附有"学习引导""学习目标""实例分析""知识链接""即学即练""目标检测"及 PPT、微课等教学资源，非常适合高职高专药品经营与管理、化妆品经营与管理、市场营销等专业用。

图书在版编目（CIP）数据

公共关系实务/李朝霞，李博主编 . —2 版 . —北京：中国医药科技出版社，2021.8

高等职业教育药学类与食品药品类专业第四轮教材

ISBN 978 - 7 - 5214 - 2549 - 9

Ⅰ.①公…　Ⅱ.①李…②李…　Ⅲ.①公共关系学—高等职业教育—教材　Ⅳ.①C912.31

中国版本图书馆 CIP 数据核字（2021）第 131388 号

美术编辑　陈君杞

版式设计　友全图文

出版　**中国健康传媒集团**｜中国医药科技出版社

地址　北京市海淀区文慧园北路甲 22 号

邮编　100082

电话　发行：010 - 62227427　邮购：010 - 62236938

网址　www. cmstp. com

规格　889 × 1194mm ¹⁄₁₆

印张　10 ½

字数　286 千字

初版　2017 年 1 月第 1 版

版次　2021 年 8 月第 2 版

印次　2021 年 8 月第 1 次印刷

印刷　北京紫瑞利印刷有限公司

经销　全国各地新华书店

书号　ISBN 978 - 7 - 5214 - 2549 - 9

定价　35.00 元

版权所有　盗版必究

举报电话：010 - 62228771

本社图书如存在印装质量问题请与本社联系调换

获取新书信息、投稿、为图书纠错，请扫码联系我们。

出版说明

　　"全国高职高专院校药学类与食品药品类专业'十三五'规划教材"于2017年初由中国医药科技出版社出版，是针对全国高等职业教育药学类、食品药品类专业教学需求和人才培养目标要求而编写的第三轮教材，自出版以来得到了广大教师和学生的好评。为了贯彻党的十九大精神，落实国务院《国家职业教育改革实施方案》，将"落实立德树人根本任务，发展素质教育"的战略部署要求贯穿教材编写全过程，中国医药科技出版社在院校调研的基础上，广泛征求各有关院校及专家的意见，于2020年9月正式启动第四轮教材的修订编写工作。在教育部、国家药品监督管理局的领导和指导下，在本套教材建设指导委员会专家的指导和顶层设计下，依据教育部《职业教育专业目录（2021年）》要求，中国医药科技出版社组织全国高职高专院校及相关单位和企业具有丰富教学与实践经验的专家、教师进行了精心编撰。

　　本套教材共计66种，全部配套"医药大学堂"在线学习平台，主要供高职高专院校药学类、药品与医疗器械类、食品类及相关专业（即药学、中药学、中药制药、中药材生产与加工、制药设备应用技术、药品生产技术、化学制药、药品质量与安全、药品经营与管理、生物制药专业等）师生教学使用，也可供医药卫生行业从业人员继续教育和培训使用。

　　本套教材定位清晰，特点鲜明，主要体现在如下几个方面。

1. 落实立德树人，体现课程思政

　　教材内容将价值塑造、知识传授和能力培养三者融为一体，在教材专业内容中渗透我国药学事业人才必备的职业素养要求，潜移默化，让学生能够在学习知识同时养成优秀的职业素养。进一步优化"实例分析/岗位情景模拟"内容，同时保持"学习引导""知识链接""目标检测"或"思考题"模块的先进性，体现课程思政。

2. 坚持职教精神，明确教材定位

　　坚持现代职教改革方向，体现高职教育特点，根据《高等职业学校专业教学标准》要求，以岗位需求为目标，以就业为导向，以能力培养为核心，培养满足岗位需求、教学需求和社会需求的高素质技能型人才，做到科学规划、有序衔接、准确定位。

3. 体现行业发展，更新教材内容

　　紧密结合《中国药典》（2020年版）和我国《药品管理法》（2019年修订）、《疫苗管理法》（2019年）、《药品生产监督管理办法》（2020年版）、《药品注册管理办法》（2020年版）以及现行相关法规与标准，根据行业发展要求调整结构、更新内容。构建教材内容紧密结合当前国家药品监督管理法规、标准要求，体现全国卫生类（药学）专业技术资格考试、国家执业药师职业资格考试的有关新精神、新动向和新要求，保证教育教学适应医药卫生事业发展要求。

4.体现工学结合，强化技能培养

专业核心课程吸纳具有丰富经验的医疗机构、药品监管部门、药品生产企业、经营企业人员参与编写，保证教材内容能体现行业的新技术、新方法，体现岗位用人的素质要求，与岗位紧密衔接。

5.建设立体教材，丰富教学资源

搭建与教材配套的"医药大学堂"（包括数字教材、教学课件、图片、视频、动画及习题库等），丰富多样化、立体化教学资源，并提升教学手段，促进师生互动，满足教学管理需要，为提高教育教学水平和质量提供支撑。

6.体现教材创新，鼓励活页教材

新型活页式、工作手册式教材全流程体现产教融合、校企合作，实现理论知识与企业岗位标准、技能要求的高度融合，为培养技术技能型人才提供支撑。本套教材部分建设为活页式、工作手册式教材。

编写出版本套高质量教材，得到了全国药品职业教育教学指导委员会和全国卫生职业教育教学指导委员会有关专家以及全国各相关院校领导与编者的大力支持，在此一并表示衷心感谢。出版发行本套教材，希望得到广大师生的欢迎，对促进我国高等职业教育药学类与食品药品类相关专业教学改革和人才培养作出积极贡献。希望广大师生在教学中积极使用本套教材并提出宝贵意见，以便修订完善，共同打造精品教材。

建设指导委员会

姚腊初（益阳医学高等专科学校）

贾　强（山东药品食品职业学院）

葛淑兰（山东医学高等专科学校）

韩忠培（浙江医药高等专科学校）

覃晓龙（遵义医药高等专科学校）

委　　　员（以姓氏笔画为序）

王庭之（江苏医药职业学院）

牛红军（天津现代职业技术学院）

兰作平（重庆医药高等专科学校）

司　毅（山东医学高等专科学校）

刘林凤（山西药科职业学院）

李　明（济南护理职业学院）

李　媛（江苏食品药品职业技术学院）

李小山（重庆三峡医药高等专科学校）

吴海侠（广东食品药品职业学院）

何　雄（浙江医药高等专科学校）

何文胜（福建生物工程职业技术学院）

沈必成（楚雄医药高等专科学校）

张　虹（长春医学高等专科学校）

张春强（长沙卫生职业学院）

张奎升（山东药品食品职业学院）

张炳盛（山东中医药高等专科学校）

罗　翀（湖南食品药品职业学院）

赵宝林（安徽中医药高等专科学校）

郝晶晶（北京卫生职业学院）

徐贤淑（辽宁医药职业学院）

高立霞（山东医药技师学院）

郭家林（遵义医药高等专科学校）

康　伟（天津生物工程职业技术学院）

梁春贤（广西卫生职业技术学院）

景文莉（天津医学高等专科学校）

傅学红（益阳医学高等专科学校）

评审委员会

数字化教材编委会

主　编　李朝霞　李　博
副主编　王　力　魏　松
编　者　(以姓氏笔画为序)
　　　　王　力 (江西中医药大学)
　　　　王丽丽 (山西药科职业学院)
　　　　李　博 (辽宁医药职业学院)
　　　　李朝霞 (山西药科职业学院)
　　　　高绍卿 (山东药品食品职业学院)
　　　　慕　青 (山东中医药高等专科学校)
　　　　魏　松 (重庆三峡医药高等专科学校)

》前言

随着社会经济和现代信息传播技术的发展以及组织间市场竞争的日益加剧，社会组织愈来愈重视运用公共关系手段来拓展合作关系，引导社会舆论，强化竞争能力和改善发展环境。因此，公共关系已经成为高校药品经营与管理、化妆品经营与管理、市场营销等专业的一门必修课程。通过本课程的学习，可以使学习者在实践中不断提升公共关系意识和公共关系协调、公共关系调查、公共关系策划与实施、公共关系危机管理等经营管理类人才所必需的公共关系技能，为将来从事经营管理工作或自主创业奠定良好的基础。

本教材在编写体例和内容上进行了一定创新，具有以下主要特色。

1. 以立德树人为根本，结合高职学生的特点和公关人员职业标准，以培养高素质经营管理类人才为目标，力求使教材体现实践性、应用性、可读性、教育性等职业教育的特点。

2. 突出"理论知识够用，注重能力培养"的特点，在上一版教材的基础上，融入了思政元素和公共关系领域的新技术、新案例，并在教材内容上打破学科体系、知识本位的束缚，将教学内容优化为把握公共关系内涵、协调各类公共关系、遵循公共关系工作程序、举办公共关系专题活动、塑造管理组织形象、处理公共关系危机、践行公共关系礼仪7个项目20个任务，使教材的内容框架更具适用性。

3. 强化教材内容的丰富性和教材使用的便捷性，每个项目或任务均编写了"学习引导""学习目标""实例分析""知识链接""即学即练""目标检测"，且每个项目都配有PPT、微课等教学资源，形成"纸质教材+多媒体平台"的新形态一体化教材体系，非常便于教师的教和学生的学。

本教材由李朝霞、李博任主编，王力、魏松任副主编。具体分工为：李博编写项目一把握公共关系内涵，李朝霞编写项目二协调各类公共关系，慕青编写项目三遵循公共关系工作程序，王力编写项目四举办公共关系专题活动，魏松编写项目五塑造管理组织形象，李朝霞、王丽丽编写项目六处理公共关系危机，高绍卿编写项目七践行公共关系礼仪。全书由李朝霞、李博统稿和修改。

本教材编写过程中，参考和吸收了国内学者的最新研究成果，在此向各位专家、学者表示衷心的感谢！

由于编者水平所限，书中难免有不足和疏漏之处，敬请广大学者、教师、学生批评和指正，以便再版时加以改进。

编 者
2021 年 6 月

目录
CONTENTS

项目一　把握公共关系内涵

公共关系最早产生于 20 世纪初，用来协调处理现代社会组织与公众之间的各种关系。随着社会经济和信息技术的发展，公共关系已经广泛应用于政治、经济、军事、文化等社会生活的各个方面，有人把它称之为通行于 21 世纪的"绿卡"、通向社会主义市场经济的"绿卡"、通向"地球村"的"绿卡"。因此，人们对它的研究也越来越深入。

本项目主要学习公共关系相关基础知识，包括内涵及构成要素、原则和职能、基本特征等。

学习目标

1. **掌握**　公共关系的定义、内涵及构成要素。
2. **熟悉**　公共关系的原则和职能；公众的概念、分类与处理公众关系的原则；公共关系传播的方式及其特点。
3. **了解**　公共关系的基本特征；社会组织的概念、分类；公共关系的组织机构及人员；公共关系传播的要素等。

任务一　认知公共关系

公共关系也称"公众关系"，简称"公关"。作为一种客观存在，公共关系是现代社会的产物。1903 年，公共关系作为一种职业诞生；1923 年，《舆论之凝结》一书的出版，标志着公共关系成为一门学科。经过百年洗礼，它随着市场经济和传播技术的发展，越来越成为现代社会的一种普遍现象，它的社会作用也表现得越来越重要，作为一门科学形态的公共关系正是在此基础上产生的。

一、公共关系的定义与内涵

(一) 公共关系的定义

公共关系的定义是公共关系理论与实践研究中首先面临的问题，也是公共关系理论中的核心内容之一。由于公共关系涉及面广、内容丰富以及人们认识的角度不同，对公共关系定义所强调的内涵也各有差异。因此，人们对其所下的定义也有成百上千种，并且各种诠释众说纷纭。但在各种对公共关系定义的表述中，最具代表性的有以下三种。

1. 管理职能方面的定义　公共关系是社会组织对公众的一种有目的、有意识的调整和控制行为。它更多地是从公共关系的功能特点出发，突出公共关系独特的管理职能。

2. 传播沟通方面的定义　公共关系是社会组织对公众的一种有目的、有意识的传播沟通行为。它更多地是从公共关系的运作特点上来考虑，认为公共关系是社会组织与公众的一种传播沟通方式，强调公共关系的手段是传播沟通。

3. 社会关系方面的定义　公共关系是社会关系的一种，并且是一种特殊的社会关系，即组织与公众的关系。它更多地是从公共关系产生的社会根源入手来把握和分析公共关系的实质，侧重公共关系的社会属性。

以上这些定义，从不同角度、不同层次描述了公共关系，它们都是人们在研究公共关系的概念时形成的成果，并形成了突出公共关系某一职能的学派，其主要源于传播管理说、传播说、关系说等。对这些研究成果进行分析和总结，有助于我们全面深刻地认识公共关系。

公共关系是社会组织为了塑造自身形象，通过运用传播手段，与公众进行双向交流沟通，以实现相互了解、信任与支持的合作关系的科学和艺术。

（二）公共关系的内涵

对于公共关系的内涵，我们可以从以下五个方面来予以理解和把握。

1. 公共关系的根本目的是塑造社会组织的良好形象　组织形象是公共关系理论的核心概念，是贯穿公共关系理论与运作的一条主线。

2. 公共关系是一种公众关系　公共关系的主体是社会组织，客体是公众，手段是传播。社会组织、公众、传播是构成公共关系的三大要素。

3. 公共关系的本质是双向的信息交流与沟通　只有通过双向交流与沟通，公众才能接受社会组织发出的信息，社会组织也才能接受公众的信息反馈，从而不断改善组织生存和发展的环境，调整自身形象，实现组织的最终目标。

4. 公共关系既是一种状态，也是一种活动　公共关系是一种客观的社会状态，它在特定的社会关系状态和公众舆论状态的基础上展开并影响和造成一定的社会关系状态和公众舆论状态。公共关系同时又是一种活动，它是社会组织在一系列比较规范和专业化的公关活动中与其公众进行沟通、交流，以求互相尊重、理解、支持与合作，达到树立组织良好形象的最终目的。

▶▶ 实例分析 1-1

实例　《欢乐中国人》第二季作为 2018 年上半年综艺的一个超级 IP，节目播出后，收视率持续走高。节目故事和内容成为了各媒体争相报道的新闻源头，每个催人奋进、感人肺腑的中国故事通过 40 多位极具影响力的明星嘉宾的真情讲述，感动着、鼓舞着现场和电视机前的亿万观众，节目话题阅读量累计 17.3 亿，多周位列微博电视指数第一。帝泊洱普洱茶珍作为《欢乐中国人》第二季官方指定饮品，搭载节目"电视＋融媒体"的创新模式，凭借央视一套优势高端媒体周末晚黄金时段的播放及其他时段的高频次重播，实现品牌与节目价值观的完美契合，让央视所覆盖的全球 5 亿观众对帝泊洱品牌从陌生到了解，有效传达了"怕油怕糖怕脂，请喝帝泊洱"的产品诉求。

问题　帝泊洱品牌的成功宣传说明了什么？

答案解析

5. 公共关系既是一门科学，又是一门艺术　从理论上讲，公共关系是一门科学，它有比较完整的学科体系；从运作上讲，公共关系又是一种艺术，这种艺术掌握和运用得好坏，直接影响着公共关系工作的成败。所以说，公共关系是科学与艺术的统一体。

知识链接

公共关系与相关领域的区别

☆**公共关系与人际关系的区别**　人际关系是发生在个人与个人之间的社会联系活动。公共关系与人际关系的区别：一是主体不同，前者的行为主体是组织，后者的行为主体是个人，在公共关系活动中，个人也是以组织的身份与公众交往的，是组织的化身与代表；二是对象不同，前者的对象是与组织相关的所有公众及其舆论，而后者则包含许多与组织无关的私人关系；三是传播沟通手段不同，前者非常强调运用大众传媒的方式做远距离、大范围的公众沟通，后者则比较局限于面对面的交流方式。

☆**公共关系与庸俗关系的区别**　庸俗关系是一种不健康的、被扭曲的、庸俗化的社会人际关系，也就是人们通常所讲的"拉关系""走后门"之类。公共关系与庸俗关系的区别：①产生的基础不同，前者是由于市场繁荣和物质丰富引起的，而后者产生的原因则是物资供应不丰富、商品匮乏、市场萧条；②活动方式不同，前者借助传播以及社会服务等手段来提高社会组织在公众中的知名度和美誉度，而后者是以人情、礼情为筹码的等价交换；③目的和内容不同，前者是以树立良好的社会形象为根本目的，而后者是以损公肥私、损人利己为目的；④实际效果不同，前者对社会发展起促进作用，而后者会给社会带来各种各样的矛盾。

二、公共关系的基本特征　[微课1]　[微课2]

公共关系是社会关系的一种表现形态，它不同于一般的人际关系，作为一种传播过程，它又与其他传播形式有着本质的区别，科学形态的公共关系有其独特的个性，概括起来主要有以下六个方面。

（一）以公众为对象

公共关系是社会组织与其所面对的公众之间的关系。公众是社会组织开展公共关系工作的对象，是社会组织好坏的最终评价者，公众的舆论和评价关系到组织的生死存亡，因此公共关系的出发点和立足点都是公众，一旦忽视公众的利益和喜好则最终不利于组织的长远发展。

（二）以美誉为目标

在公众中树立社会组织的良好形象、提高社会组织的美誉度，是公共关系活动的根本目的。塑造良好的组织形象是公共关系的核心问题，建立信誉是公共关系活动追求的理想目标。

> **即学即练 1-1**
>
> 塑造良好的组织形象是公共关系的核心问题，建立（　　）是公共关系活动追求的理想目标。
>
> 答案解析　　A. 公众　　　B. 真诚　　　C. 信誉　　　D. 利益

（三）以沟通为手段

沟通是社会组织公共关系目标得以实现的手段。在组织发展的每个阶段，都需要与公众进行有效地沟通，组织刚创立时需要，发展顺利时需要，遭遇危机时更需要。所以要将公共关系的目标和计划付诸实施，离不开沟通这一手段。

（四）以利益为纽带

在现代社会中，组织与公众的关系是平等的，双方都具有自己的利益要求，只有以利益为纽带，在互利互惠的情况下，这种关系才能保持相对的稳定，也才能呈现出积极的状态。组织的公共关系工作之所以有效、之所以必要，恰恰在于它能够以协调双方的利益关系为基础。

（五）以真诚为信条

在公共关系传播活动中必须贯彻真诚的原则，如果缺乏真诚的态度，用虚假的信息蒙骗公众，最终损失的是组织的形象。唯有真诚，才能赢得合作，也才能最终塑造良好的组织形象。

（六）以长远为方针

社会组织与公众之间建立起良好的关系，获得美好的声誉，让公众获益，所有这一切，都必须经过长期的艰苦努力。组织开展公共关系活动追求的不是短期的经济利益，而是长远的社会效益。

任务二　熟知公共关系的原则和职能

一、公共关系的原则 📱 微课3

公共关系工作是公关人员在公共关系的基本思想指导下，为实现本组织的公共关系目标，运用公共关系的技术技能而开展的一系列职业活动。由于组织的类型不同，各时期所面临的具体问题不同，各个组织公共关系工作的内容和形式也不可能是相同的。公共关系本身是一门艺术，公关工作的成功很大程度上取决于公关人员的创造性劳动。但是，公共关系又是一门科学，任何组织在策划和实施公共关系时，必须遵循共同的基本原则，即公共关系的基本原则。

（一）实事求是原则

实事求是，就是从客观事物中找出其固有的而不是臆造的规律性，作为我们行动的向导。公共关系必须遵循这一原则。这是因为：第一，公共关系这一新的学科和职业本身就是一定社会事实的产物。第二，公共关系工作的展开也是立足于以事实为依据的。所以，任何一个公关机构或公关人员，在着手进行某项公关活动之前，首先就应以实事求是的态度，尽可能全面、客观地掌握事实材料，了解事实真相，并在此基础上制定工作方案。在这里，"事实胜于雄辩"同样应成为公关工作的格言。

（二）双向沟通原则

公共关系的重要手段就是传播、沟通，而这种沟通，不是社会组织单方面向外发布信息，而是指沟通双方相互传播，相互了解。这就是现代公关工作所强调的双向沟通原则。贯彻这一原则应注意以下几个方面：一是沟通双方应具有一定的"共识域"，否则，信息反馈无法形成。二是沟通双方应互为角色，即一方是传达者，另一方就是接受者，反之亦然。如此反复，便使沟通成为一种良性循环活动。三是沟通双方应根据反馈来进行自我调节，不断完善自身形象，以达到既定目标。

（三）互惠互利原则

公共关系的行为规范明确指出，公共关系是以社会效益为依据的。所谓社会效益，既包括了社会组织的自身利益，也包括了社会公众的利益。可见，公共关系是以组织与公众互惠互利、平等交易为基础的。组织与公众联系的过程，实际上就是双方彼此谋求需要满足的过程，只有双方都感到得大于失或至少是得失相当，关系才能持续和发展。这就要求公共关系工作人员必须奉行在实现本组织自身目标的同时，也要让公众获益的互惠互利、共同发展的原则。

> **即学即练 1-2**
>
> 公共关系是以社会效益为依据的，既包括社会组织的自身利益，也包括社会公众的利益，它决定了公共关系的（　　）原则。
>
> A. 实事求是　　　B. 双向沟通　　　C. 互惠互利　　　D. 开拓创新
>
> 答案解析

（四）开拓创新原则

开拓创新是使一个组织永远保持生命活力的重要因素，也是公共关系工作的一个基本原则。任何一个社会组织，只有在激烈的市场竞争中不断开拓创新，才能使自己立于不败之地。正如有的公关理论工作者所指出的："敢于创新，才能做到人无我有；善于创新，才能达到人有我新；离开创新，公共关系就陷入绝境。"从许多公共关系的案例中都可以看到，一个崭新的创意、一个崭新的举措，往往能使公共关系工作出奇制胜，获得意想不到的好效果。

（五）尊重人格原则

这一原则又被视为全世界公关从业人员的职业准则、道德准则。公共关系是现代社会、现代文明的产物，它从产生之日起就强调对人的尊严的重视。世界上许多国家的公关文件都对此作了原则性阐述。

（六）全员公关原则

这是现代公共关系的一个重要原则。公共关系不是抽象的，而是具体的；不是神秘的，而是实在的。它强调公共关系工作决不仅仅是公关专业人员的专利，任何一个社会组织，上至最高领导，下至普通员工，也都应把自己看作是公共关系的工作人员。因为，一个组织要想在公众中树立美好形象，仅凭公关机构策划几次专题公关活动是远远不够的。它要求组织的全体成员自觉具有"公关意识"，通过自己的一举一动、一言一行，很自然地进入公关角色，大家共同努力，塑造本组织的美好形象。

▶▶ 实例分析 1-2

实例 云南白药是中医药类龙头上市企业，近年来，云南白药业绩强劲增长，有相当一部分来自于云南白药（简称：白药）牙膏。白药牙膏是带着白药的品牌光环进入牙膏日化领域的。在牙膏市场，高露洁、佳洁士以防蛀固齿为卖点，占据大部分市场份额；中华牙膏以美白牙齿为卖点，重新划分市场；本土牙膏依靠草本中药优势，以去火防酸功能切磋市场。白药牙膏如何在中药层面找到自己的位置是非常重要的问题，而且这个功能还要能够支撑超出了大部分消费者心理承受能力的 20 多元的售价。白药牙膏根据产品特性，提出独特卖点——有效防治口腔溃疡、牙龈肿痛、牙龈萎缩、牙龈炎、牙周炎、口臭、蛀牙等口腔问题，提供口腔的整体保健。在竞争激烈的牙膏市场，不同产品都根据功效切割市场，白药牙膏则脱离"牙齿功效"的"红海"，以"口腔保健"为切入点，从而创造了一个全新的市场。

问题 本案例中云南白药牙膏的成功体现了公共关系的什么原则？为什么？

答案解析

二、公共关系的职能

公共关系的职能是指公共关系对社会组织和个人以及对整个社会所担负的职责及其发挥的促进作用或影响。这些作用或影响既显示着公共关系对促进社会组织发展的积极、独特的价值和意义，同时也预示着它的存在和发展具有强大的生命力。公共关系作为一个独特的职业、一门专门的学科、一种专业活动，它对社会组织和个人以及对整个社会所发挥的作用不可忽视。

（一）公共关系对社会组织的职能

公共关系对社会组织的职能，是公共关系的直接功能。概括起来说就是组织形象的设计师。具体作用表现在以下几个方面。

1. 塑造形象 塑造良好的组织形象是公共关系的基本职能，也是组织开展公共关系活动的出发点和归宿点。组织形象的好坏，不仅关系到组织的声誉，而且还关系到公众对组织的态度，同时更制约着组织生存和发展的环境。因此，形象对组织具有生死攸关的决定性作用。

2. 信息收集 现代社会是信息社会，人类已经进入了信息时代。信息是组织决策的依据，是塑造组织形象的支柱。在当今社会信息就是财富，尤其是随着市场经济的不断发展，信息已经成为一项宝贵的资源，具有非常特殊的价值与功能，它是组织提高竞争力和创造经济成就以及塑造良好组织形象的关键性因素。

3. 咨询建议 咨询建议是指公共关系专业人员向组织领导提供有关公众方面的可靠情况说明和意见。咨询建议是专门性的创造性的服务。

4. 沟通协调 公共关系沟通协调主要是帮助组织在公众中树立起一种具有亲和力的形象，为组织的发展创造一个"人和"的环境。沟通协调是组织处理"关系"的润滑剂，是组织"内求团结、外求发展"的基础。

5. 宣传推广 公共关系在组织经营中发挥着宣传推广的作用，即通过各种传播媒介，将组织的有关信息及时、准确、有效地传播出去，争取公众对组织的理解与支持，进而为组织的发展创造良好的公众舆论环境，树立良好的社会形象。

6. 危机处理 组织危机是指组织与公众发生冲突，或出现冲突事件时公众舆论反应激烈，组织形象受到严重损害而陷入困境的状况。无论是一般纠纷还是恶性突发事件，都会影响组织的形象和声誉，甚至危及组织的生存。处理危机事件是公共关系的一项重要职能。

（二）公共关系对个人的职能

公共关系对个人的职能是公共关系的间接功能。公共关系对提高个人素质，使其适应现代社会发展有着积极的作用。

1. 公共关系能够促使个人观念更新　公共关系在给社会组织带来效益的同时，也把许多现代观念传入人们的大脑，进而促进了人们的观念更新。比如注重个人形象的观念、尊重他人的观念、交往沟通的观念、合作的观念等。

2. 公共关系能够促使个人知识更新　公关人员的知识结构是公共关系知识体系在公关人员头脑中的内化。随着社会的不断进步和发展，成功的公共关系活动在实现组织公共关系目标的同时，还能促使个人知识的更新。比如公关实务知识、相关学科知识等。

3. 良好的公共关系有助于个人能力的提高　从事公共关系工作除了能够促使个人观念更新外，还有助于个人能力的提高。比如创新能力的提高、交际能力的提高、自我调节能力的提高、应变能力的提高等。

（三）公共关系对社会的职能

公共关系对社会的职能是公共关系的间接功能。公共关系活动可以促进社会环境优化。社会环境包括社会互动环境、社会心理环境、社会经济环境和社会政治环境。

社会互动环境的优化主要通过沟通社会信息、协调社会行为和净化社会风气来实现；社会心理环境的优化是用真诚以及广泛的社会交往来帮助人们摆脱孤独、恐惧和忧虑并且获得一种心理自控能力和心理释放能力来实现；社会经济环境的优化有助于营利性组织争取最好的经济效益，从而促使整个社会经济繁荣和协调发展；社会政治环境的优化既能增强社会管理人员的公仆意识，又能满足人民群众积极参与社会公共事务决策和管理的愿望，从而达到优化社会政治环境的目的。

任务三　掌握公共关系构成要素

一、公共关系的主体

公共关系的主体是社会组织，在公共关系活动中发挥主导作用，是公共关系活动的承担者、策划者和实施者。社会组织有其自身的特点和类型，并且与其所处的社会环境有着密不可分的联系。为了树立社会组织的良好形象、提高组织的社会声誉，协调公共关系、改善周围环境，在沟通内外联系、谋求支持与合作中发挥社会组织的作用，必然要对社会组织所处环境及其公共关系组织机构进行分析，以实现社会组织的公共关系目标为前提，最终实现社会组织的总目标。

公共关系是一种组织活动，不是个人行为，因此，社会组织是公共关系活动的主体，这是我们在认识公共关系时非常重要的一点。例如某企业老总以个人名义向国际红十字会捐款，这就是个人行为，而不是公共关系；但是如果他以企业名义捐款时，我们则可以把它称之为公共关系行为，其目的是扩大企业影响力，提升企业美誉度。

（一）社会组织

社会组织不同，其公共关系的对象也会有所不同；处于不同发展时期或公共关系环境下的社会组织，其公共关系的目标、策略和方法也会有所不同。

1. 社会组织及其特点　社会组织简称组织，是人们有计划、有组织地建立起来的一种社会机构，它有领导、有目标，成员之间有明确的分工和相应的职责范围，还有一套工作制度和行为规范。

作为公共关系主体的社会组织，一般包含以下几个方面的特点。

（1）组织的整体性　社会组织的成员和部门都是该组织的构成部分，没有哪个人和部门不隶属于某个特定的组织。社会组织是人类社会的结合形式，是社会关系的一种有组织的表现。

（2）组织的目的性　社会组织的成员和部门都是在共同目标基础上结合起来的。实现社会组织的公共关系目标就是为了最终实现社会组织的总目标，社会组织的总目标是社会组织公共关系目标的最终归宿。

（3）组织的适应性　社会组织成员之间、部门之间、成员与部门之间、成员部门与整体之间，社会组织与外部环境之间必须相互适应。只有这样，该组织才能达到"内求团结、外求发展"的目的，也才能最终树立良好的自身形象。

（4）组织的多样性　社会组织是整个社会大系统之中的小系统，它是因为社会分工的需要而建立起来的，所以组织本身必然呈现出多样性的特点。不同的社会组织，其性质、结构形态和职能也是不一样的。

2. 社会组织的分类　在公共关系实践中，公共关系的主体是各种类型的特定社会组织。由于社会组织的多样性，导致组织的目标、组织的原则以及组织的利益往往有很大的差异，再加上人们认识的不同，社会组织的划分方法也会有很多种。下面我们从公共关系的角度，依据社会组织的对象、目标和工作方式等方面的差异，将社会组织划分为以下几种类型。

（1）互益性组织　这是一种以组织内部成员间互获利益为目标的组织。其追求的目标是组织内部成员之间的互惠互利，如政党组织、工会组织、职业团体等，侧重开展内部沟通型、社会公益型公共关系活动。

（2）营利性组织　这种类型的组织以营利为目的，追求经济效益最大化。它以其所有者和经营者的利益为目标，如工商企业、旅游服务业、保险公司、金融机构等经济组织，侧重开展促销型公共关系活动。

（3）服务性组织　这类组织不以营利为目的，而以服务对象的利益为目标，如学校、医院、社会慈善机构、社会福利机构、社会公用事业机构等，侧重开展公益服务型、实力展示型的公共关系活动。

（4）公益性组织　这类组织通常是指为整个社会和一般公众服务的组织，它以国家和社会整体利益为目标，其公众对象是社会各界，如政府、军队、消防部门、治安机关等，侧重开展公益服务型公共关系活动。

（二）公共关系的组织机构与从业人员

1. 公共关系的组织机构　随着公共关系的职业化和专门化，必然要有相应的专门机构来履行公共关系的职能，发挥公共关系的作用，使公共关系真正服务于社会组织，服务于社会公众。因此，在社会组织中设立专门的公共关系部门、在社会上组建公共关系公司以及各种类型的公共关系社团，为公共关系工作提供了有效的组织保证。

（1）公共关系部　公共关系部是社会组织贯彻其公共关系思想、实现其公共关系目标的专业性职能机构。人们一般把这些机构名称叫做公共事务部、公共信息部、公关广告部、公关办公室、传播部、新闻界关系部、沟通联络部等。

公共关系部的职责由于其所在组织的性质不同，或因其所处层级的不同而有所差异，但其主要职责大体相同，具体可以概括为以下几个方面：①收集和处理情报。公共关系部根据所收集到的情报，检测社会环境，了解社会政治、经济、文化等各种因素的变化，预测未来的发展趋势，提出科学的见解和方案。②新闻宣传和编辑制作。公共关系部担负着向公众宣传、解释组织的有关政策和行动，传递有关信息的重要职责。具体工作有：组织各类展览、参观、访问、联谊会、信息发布会、记者招待会、交流会以及各种专题活动。而完成这些任务，需要进行编辑和制作方面的工作，要根据不同的公众和不同时期的计划要求，撰写新闻稿，编辑各种内部刊物、宣传手册，并设计、制作各种有关的声像节目等。③咨询和建议。公共关系部的重要职责还在于对采集到的各种情报及时、认真地进行分析整理，分门别类地迅速反馈给组织的领导层和各个职能部门，为领导层的决策提供咨询和建议。其具体工作有：协调组织与社会环境的关系而制定出可供选择的行动方案；协助决策者分析和权衡各种方案的利弊得失；预测组织政策和行为将产生的影响与结果；敦促和提醒决策者及时修正其将导致不良结果的政策及行为。④协调和交往。公共关系部还担负着协调关系和社会交往的职责。它要通过正常的途径，妥善处理好各种关系，如内部公众之间的关系、组织之间的关系等。它需要接待来访、来信、投诉等，必要时需协助组织进行协调各种适宜的社交活动，广泛接触社会各界组织和人士。公共关系部通过协调关系和社会交往，能使组织内部各类成员之间、组织和组织之间增强理解与合作，同时也能使组织与外界加强横向联系，减少社会摩擦，广交朋友，建立良好的社会关系网络，赢得社会的理解和支持。

（2）公共关系公司　公共关系公司是社会组织外部的公共关系机构。它是由各具专长的公共关系专家组成，运用专门知识、技能和经验，受客户委托，专门从事公共关系活动和咨询的服务性机构。

公共关系公司的工作，要根据自身的条件、与委托人合作时间的长短以及委托单位的特点等，既要顾及受聘单位或个人的良好形象、美好声誉和实际利益，又要对广大社会公众负责，维护公众的利益，为委托人提供各种形式的公共关系服务。

公共关系公司的服务方式：一是充当对外关系的联系人或协调者；二是向委托人提供各种公共关系咨询；三是代理服务；四是技术提供；五是危机处理；六是为委托人培训公共关系工作人员。

（3）公共关系社团　公共关系社团泛指社会上自发组织起来的、非营利性的从事公共关系理论研究和实务活动的群众组织或群众团体。主要包括公共关系协会、公共关系学会、公共关系研究会、公共关系俱乐部、公共关系联谊会等组织。

公共关系社团的类型：一是综合性社团，主要是指不同地域范围的公共关系协会；二是学术型社团，主要包括公共关系学会、公共关系研究会、公共关系研究所等学术团体；三是行业型社团，是一种行业公共关系组织；四是联谊型社团，主要包括公共关系俱乐部、公共关系沙龙、公共关系联谊会等；五是媒介型社团，主要是指通过报纸、杂志等传播媒介进行联络，并以此为依托组建的公共关系社团。

公共关系社团的工作内容：①宣传普及公共关系知识。这是公共关系社团一项经常性的工作，通过坚持不懈地向社会公众宣传、普及公共关系知识，来匡正社会公众对公共关系的误解，以提高全民的公共关系意识。②交流公共关系信息，开展公共关系咨询服务。③发展和联络会员。为了公共关系事业的发展，公共关系社团应把社会上各行各业的公共关系爱好者和实际工作者不断地吸收到社团中，并定期组织学术交流和经验交流，同时还要与其他公共关系社团之间建立横向联系，形成网络系统，建立合作关系。④制定公共关系职业道德。这是公共关系社团的一项基础性工作，也是衡量公共关系社团正规化的重要标准。⑤组织公共关系专业人员的培训工作。

2. 公共关系从业人员 公共关系从业人员是指以从事公共关系工作为职业的人员，不包括业余或兼职的公共关系人员。任何公共关系活动均要由人来组织实施，公共关系从业人员是整个公共关系活动的核心，其水平高低直接影响着公共关系活动的成败。

（1）公共关系从业人员的素质 公共关系从业人员的素质是指公共关系从业人员的必备条件，包括心理素质、职业道德素质、知识结构、能力结构等。

心理素质是指公共关系职业对从业人员的心理要求，主要表现在以下几个方面：①自信。自信是对公共关系从业人员心理素质的基本要求，是取得事业成功的基石。充满自信的人，敢于竞争，勇于拼搏，自身的潜能得到充分发挥，往往能创造奇迹。而缺乏自信的人，遇事畏缩不前，常低估自身的能力，前怕狼后怕虎，行事不果断，往往失去建立组织形象的机会。②开朗和善。公共关系工作需要与各种公众加强交往、建立联系，这就要求公共关系从业人员具有开朗和善的性格。既要热情大方、乐观风趣，又要耐心细致、善解人意，做到热情而不急躁，大方但不轻浮，和善而不迁就，果断而不鲁莽；③豁达。公共关系从业人员与各类公众交往时，应有宽宏大度、容人容事的气量，能求同存异，包容他人的弱点与不足，不斤斤计较，在工作中善于控制自己的情绪，以豁达乐观的态度对待工作中的困难和挫折。面对情绪激动、性格暴躁的公众，能心平气和地听取其意见和建议。

职业道德素质是指公共关系作为一门职业与其他职业一样，有其独特的道德标准。个人的职业道德水准如何，直接影响到组织的形象与声誉。所以，公共关系从业人员必须严格遵守职业道德准则和行为规范。需要特别强调的主要有以下几个方面：①为社会进步作贡献。为社会进步做贡献是一切公共关系组织的最高职责。公共关系必须维护全社会和全人类的最大利益，并为社会进步建设一个应有的道德和文化条件，使社会的每个成员都有被告知感、责任感与社会合一感。②尊重人格。公共关系人员必须在自己的职业活动中尊重并维护人类的尊严，确认每个人均有自己作判断的权利，尊重在论辩中各方均有解释自己观点的权利，尊重公众的选择、信念和生活方式。③以自己的言行赢得公众的尊重和信赖。公共关系不仅要尊重和相信公众，而且必须通过自身的努力，使自己受到公众的尊重和信赖，否则，公共关系工作就寸步难行。④坚持真理，真实传播信息。公共关系工作不得因维护自身利益而违背真理，不得传播没有确凿证据、欺骗性的信息，不得参与败坏公众传播渠道诚实性的活动。⑤对公众必须公正。公共关系工作要对目前及以往的客户、雇主、新闻媒介、其他公众持公正态度，不得使用任何损害其他组织的客户、雇主、产品、事业、服务声誉的伎俩。⑥维护公众利益。公共关系从业人员的职业行为都应符合公众利益，反对任何有损公众利益的行为。⑦不谋私利。公共关系从业人员不得向客户提出按特殊情况收取费用或报酬，也不能签订这种性质的收费合同。不得利用职务之便，谋取个人利益，不行贿受贿，不贪污侵占。⑧不得损害其他组织的正当利益。公共关系机构和人员不得故意损害同行业人员的职业信誉。正所谓正确的劳动观念是维系人们职业活动和职业生活的思想观念保障。

合理的知识结构是公共关系从业人员正常开展工作和有效达成目标的重要保证。一般而言，公共关系从业人员应该掌握以下几个方面的知识：①公共关系专业知识。公共关系从业人员只有掌握公共关系的基本原理和方法，遵循公共关系的基本规律，灵活运用公共关系技巧和方法，才能有效地达成公共关系工作的目标。②与公共关系密切相关的知识。公共关系是一门涉及管理学、市场营销学、传播学、社会学、心理学等多学科的综合性的边缘应用学科，公共关系从业人员应该了解与其密切相关的这些学科的知识。③开展特定公共关系工作所需的专业知识。如果一个企业要开拓国际市场，就需要了解国际公共关系知识、国际市场营销知识、国际市场竞争的基本格局，对象国的政治、经济、文化、风俗习惯等方面的知识。只有这样才能胸有成竹，有的放矢，取得良好的公共关系效果。

公共关系从业人员的能力是其知识、经验、个性等的综合体现。主要包括以下几个方面：①创新应变能力。公共关系工作只有以新颖的策划、别开生面的形式、独具匠心的技巧，才能满足公众求新、求异的心理，为公众所关注。这就要求公共关系从业人员必须大胆探索，不断进取，敢于创新。②组织能力。指有计划、有步骤地从事某种活动，并使之达到预期目标的实际操作能力。公共关系从业人员经常要组织各种庆典、参观、纪念、接待、记者招待会等活动，在组织这些活动时应该能够统筹安排，使每项活动都能主题明确、层次分明、时间紧凑、协调统一，以便给活动参加者留下深刻印象。③表达能力。表达能力包括文字表达能力和口头表达能力。公共关系工作经常要借助于文字传播信息、表达思想、宣传组织、树立组织形象，这就要求公共关系从业人员要有较强的文字表达能力，而且这种能力不是一般人可替代的。公共关系工作的最终对象是人，任何一项工作都必须与人交往，口头表达能力强的公共关系从业人员，能准确、简洁、明了地表达思想，传播信息，达到吸引人、说服人、打动人的良好公共关系效果。④自控能力。自控能力是一个人自己控制自己情绪的能力。公共关系从业人员经常要与各种类型、性格各异的公众打交道，经常要面对愤怒的消费者和客户，个人生活、工作中经常有令人不愉快的事而影响个人情绪，所有这些都要求公共关系从业人员要有较强的自控能力，不要把自己的情绪带到工作中，否则会影响组织的形象和声誉。⑤社交能力。社交能力是指善于与他人交往的能力，它是衡量一个人对现代社会适应程度的标准之一。擅长社交的人能使自己与社会、周围环境、他人之间迅速消除隔阂，建立起和谐、协调的关系，帮助组织达成公共关系目标。另外，在社交场合中，公共关系人员的一言一行不只是自身知识、修养的表现，还代表组织的形象和风貌，因此，任何时候，公共关系人员都应自觉地意识到自己是作为组织的化身出现的，自己的言行对组织形象有重大影响。⑥专业技能。从事公共关系工作需要掌握和运用各种专业技能，如摄影、美工、制作、调查等。

📱 知识链接

《中国公共关系职业道德准则》

(1991 年 5 月 23 日第四届全国省市公关组织联席会议通过)

总则

中国公共关系事业的发展是中国改革开放的必然趋势，它以新型的管理科学协调社会各方面的关系，密切党和广大人民群众的联系，调动各种积极因素，维护安定团结，促进社会主义建设。因此公共关系工作者肩负着时代的使命。公共关系工作者必须具有高尚的职业道德作为完善自身形象的行为准则。

条款

一、公共关系工作者应当坚持社会主义方向，自觉地遵守我国的宪法、法律和社会道德规范。

二、公共关系工作者开展公关活动首先要注重社会效益，努力维护公关职业的整体形象。

三、公共关系工作者在公共关系活动中，应当力求真实、准确、公正和对公众负责。

四、公共关系工作者应当努力提高自己的政治水平、文化修养和公关的专业技能。

五、公共关系工作者应当将公关理论联系中国的实际，以严肃认真、诚实的态度来从事公共关系学教育。

六、公共关系工作者应当注意传播信息的真实性和准确性，防止和避免使人误解的信息。

七、公共关系工作者不能有意损害其他公关工作者的信誉和公关实务。对不道德、不守法的公关组织及个人予以制止并通过有关组织采取相应的措施。

八、公共关系工作者不得借用公关名义从事任何有损公关信誉的活动。

九、公共关系工作者应当对公关事业具有高度的责任感。不得利用贿赂或其他不正当手段影响传播媒介人员真实、客观的报道。

十、公共关系工作者在国内外公共关系实务中应该严守国家和各自组织的有关机密。

（2）公共关系从业人员的培训　公共关系从业人员素质的提高依赖于培训，通过培训可以使公共关系从业人员掌握公共关系基本理论，具备一定的公共关系基本技能，适应社会对公共关系从业人员的需要。

公共关系从业人员的培训途径多种多样。目前，我国主要有学校教育、社会教育和组织培训三种方式。学校教育是指通过高等院校开设公共关系课程，设置公共关系专业培养公共关系专门人才。社会教育主要以面授和函授两种方式对成人进行培训，是学校教育的补充形式。组织培训是指社会组织根据自身的需要及人员的特点，组织公共关系从业人员进行培训。这种培训较注重实用性，学员经过培训后能很快适应工作需要。

公共关系是一门应用性很强的学科，仅借助于理论培训、知识普及很难造就出优秀的公共关系人才，公共关系从业人员只有理论联系实际，在实践中积极探索、勇于创新，并不断总结经验教训，才能成为出色的公共关系从业人员。

二、公共关系的客体

公众是公共关系的最基本的要素之一，是社会组织赖以生存和发展的基础，也是公共关系的工作对象。公共关系工作的目的就是要使本组织的各项政策和活动符合广大公众的要求，在公众中树立组织的良好形象，以谋求公众对本组织的了解、信任与合作，并实现组织与公众的共同利益。为此，必须深入研究公众及其分类、公众的特征以及处理与公众关系的原则，寻找并确立社会组织的目标公众，最终实现社会组织的总目标。

（一）公众及其分类

公众是公共关系学中的一个基本概念。正确理解这个概念并对公众进行科学分类，对于把握公共关系工作的实质至关重要。

1. 公众的定义　公众是公共关系的客体，也是公共关系的研究对象和工作对象。因此，正确认识和理解公众是开展公共关系工作的前提和先决条件。"公众"是一个具体的、稳定的概念，最初由英文"public"一词翻译而来，有泛指公众、民众的含义，也有特指某一方面公众、群众的含义。

日常生活中，人们往往把公众与"群众""人民""人民大众""人民群众"等词相互代替或混用。的确，从一般意义上讲，这些词的含义都基本相似，都可以指社会上的大多数人。但作为公共关系学中的一个基本概念，公众与它们在内涵和外延上存在着很大差异。

在公共关系学中，一般把公众理解为因面临共同的问题而与特定的公共关系主体相互联系并相互作用的个人、群体或组织的总和。这个概念涵盖了公共关系工作的所有对象，凡是公共关系传播沟通的对象都可称之为公众。公众是公共关系对象的总称，公共关系的实质就是公众关系。

2. 公众的分类　为保证公共关系工作的针对性，使公共关系工作富有成效，我们往往根据不同的标准对公众进行不同的分类。

（1）按照公众与组织的归属关系来划分，可将公众划分为内部公众和外部公众。内部公众，是指社会组织内部的所有成员。它不仅包括与组织具有人事关系的员工，而且还包括与组织具有投资关系的股东成员等。内部公众对公共关系来说是一种特别重要的公众。因为公共关系的工作目标就是要帮助社会组织树立良好的形象，而这一目标的实现需要依靠组织内部成员的共同努力。外部公众，是指社会组织运行过程中除内部成员以外的、与社会组织发生某种关系的公众。外部公众是社会组织得以生存和发展的重要条件，其内容取决于社会组织运行过程中与之发生关系的不同环节。顾客公众、政府公众、媒介公众、社区公众等是社会组织最为重要的外部公众。

（2）按照公众对组织的重要程度来划分，可将公众划分为首要公众、次要公众和边缘公众。首要公众，是对组织的生存、发展和成败有着极其重要影响力的公众。如对一个企业来讲，员工、用户和新闻界等都是首要公众。这类公众也是组织要花费很大人力、物力和财力来维持和改善的公众。次要公众，是对组织的生存发展有影响但不起决定作用的公众。如与企业或组织有来往的金融、财政、税收部门以及社区组织等。边缘公众，是指与组织有联系，但距离组织各项工作层次较远的公众。对这类公众，组织一般投入的精力、物力都较少。

（3）按照公众与组织关系的稳定程度来划分，可将公众划分为临时公众、周期公众和稳定公众。临时公众，是指因某一临时因素、偶发事件或特别活动而形成的公众对象，如因飞机航班误点而滞留机场的旅客等。周期公众，是指按一定规律和周期出现的公众对象，如每逢节假日出现的旅客高峰、招生时期的考生和家长等。稳定公众，是指具有稳定结构和稳定关系的公众对象，如老主顾、社区居民等。公共关系工作首先要抓住稳定公众，目的是使他们对组织产生良好的印象，努力维持一种密切合作的关系状态。

（4）按照公众对组织的认同程度来划分，可将公众划分为顺意公众、逆意公众和独立公众。顺意公众，是指意见和态度与组织的行为保持一致的公众，这类公众与组织关系良好，能够相互理解和支持，对其应采取维持性公共关系活动。逆意公众，是指对组织的政策与行为持否定意见或反对态度的公众。这类公众的数量少，但产生消极作用的可能性很大，对其应采取矫正性公共关系活动。独立公众，是指对组织的政策和行为持中间态度或态度不明朗。这类公众数量较大，多数都有自己独立的需要，很少依赖于组织，在某些方面对组织可能还存在保留态度，对其应采取进攻性公共关系活动。

（5）按照组织对公众的亲疏程度来划分，可将公众划分为受欢迎公众、不受欢迎公众和被追求公众。受欢迎公众，是指组织期望与其发展关系而对方也有相同要求，并主动对组织表示关心的公众。如股东、赞助者、为组织作正面宣传的新闻工作者等。不受欢迎公众，是指违背组织的利益和愿望，并对组织构成某种潜在或现实威胁的公众。如强拉赞助者、专门追踪报道负面新闻的记者等。被追求公众，是指行为与组织目标相吻合，但对组织本身并不感兴趣，缺乏交往意愿的公众。如意向尚不明朗的投资者、大批发商、大客户以及未与组织有所联系的社会名流和新闻单位等。

（二）公众的特征

1. 广泛性　任何组织都不能孤立地存在于社会之中，都必须因面临共同问题而与其他组织发生相互联系，并产生相互影响和相互作用，从而成为另外一些组织的公众。任何一个人，只要同一定的社会组织在某一共同问题上产生相互联系、相互影响和相互作用，就会成为这一社会组织的公众。

2. 群体性　公众是由个人或组织结成的群体，是与公共关系主体发生联系并以特定角色出现的。正是由于某个共同问题而把一些人或一些组织联结在一起，形成了公众。因此，公众都是以群体的形式出现的。

3. 同质性　公众的形成是因为公众成员遇到了共同的问题，而且这类问题将对公众成员的利益产生共同影响。虽然他们之间可能素不相识，但由于他们面临着同一个问题，有着共同的利害关系以及对问题的处理有相似的看法等，最终使他们成为某个社会组织的公众。

4. 可变性　公共关系所要处理的公众群体，始终处于动态变化之中。作为一个社会群体，公众的构成、数量、态度、行为和作用都不是一成不变的。公众群体随着问题的产生而形成，随着问题的解决而自然消失。

5. 多维性　公众存在的形式不是单一的，而是复杂多样的，可以是个人，也可以是一些社会团体或社会组织机构。即使是同一类公众，他们内部对问题的解决要求也不一定完全相同。这就导致公众的存在形式和层次呈现出多维的性能。

6. 可导性　由于公众的态度、动机和行为受到个体和环境两个方面因素的影响，所以公共关系主体经常借助于对环境因素的改变来达到逐渐影响公众态度和行为的目的。也就是通过积极有效的公共关系活动，让有利于主体的公众行为发生和防止不利于主体的公众行为出现。

（三）处理公众关系的原则

由于组织在运行过程中，面临的公众极其复杂多变，所以对不同的公共关系公众需要采取不同的方法和手段。处理与公众之间的关系应把握以下几个原则。

1. 真实性原则　能否全面客观地掌握真实的公众信息，不但在根本上决定着公共关系的存在是否合乎实际，而且也决定着公共关系工作的成败。

2. 公开性原则　在公共关系活动中，必须真实、全面、公正、公平、公开地传播有关信息。这是公共关系最起码的职业道德。

3. 长期性原则　要使组织保持长远的发展，必须致力于公共关系的长期不懈努力，持之以恒的公共关系努力能为组织广结良缘，从而为组织的发展创造一个和谐的环境。

4. 科学性原则　公共关系作为调节组织与公众之间关系的特殊职能，它具有自身的运行规律和操作原则。因此，在公共关系活动中，处理与公众关系时坚持科学性原则是非常必要的。

三、公共关系传播

传播是公共关系活动的手段，是公共关系的媒介，也是公共关系活动的过程。公共关系作为社会关系的一种，正是通过传播来传递信息、协调公众行为和塑造良好组织形象的。没有传播，就无法在社会组织与公众之间建立联系，公共关系也便无从谈起。

（一）公共关系传播的含义与特点

1. 公共关系传播的含义　现代意义上的传播是指个人、组织和社会之间信息传递、接收、交流、分享与双向沟通的过程。公共关系传播是指社会组织为扩大影响、塑造形象，通过一定媒介实现与社会公众之间的相互沟通与相互协调，使信息达到交换、融通和分享的一种过程。通俗地说，就是社会组织运用各种媒介，将自身的信息或观点有计划地与公众进行交流的沟通活动，从而产生有利于组织的态度和信念，达到树立组织形象目标的过程。

2. 公共关系传播的特点

（1）社会性　任何一个社会组织都是社会的一个成员，是否适应周围环境直接决定它的生存和发展，这就要求社会组织的公共关系传播必须要站在社会的整体利益高度上，主动协调与社会诸多方面的关系，进而达到利益协调的一致性。

（2）互动性　传播活动是组织与组织、个人与个人、组织与个人之间进行的一种双向的、相互的过程。在公共关系传播活动中，组织不仅要把自己的政策和行动告知公众，同时也要收集公众对组织的意见和看法。

（3）道德性　道德是一种特殊的社会意识形式，它是以善恶为评价方式，主要依靠社会舆论、传统习俗和内心信念来发挥作用的行为规范的总和。公共关系传播的道德性就是要慎重选择传播内容，不能做虚假欺骗性的宣传，不能以非法手段进行竞争。

（4）情感性　公共关系的传播目标就是要使公众产生组织所期望的态度和行为。因此，组织一定要注重传受双方的接近性，强调情感交流，进而达成利益上的接近性以及心理空间上的接近性，缩短双方的心理距离。

（5）针对性　由于传播对象的不同，公共关系传播的媒介方式和渠道选择必须要有针对性，有时为了达到统一的公共关系传播目标，还要将不同的媒介综合起来运用，以便真正实现公关活动的目的。

（二）公共关系传播的要素

传播学的总体研究范畴规划者、美国政治学家哈罗德·拉斯韦尔于 1948 年明确提出了著名的"5W"传播模式，即谁传播（Who）；传播什么（Say What）；通过什么渠道（Through Which Channel）；向谁传播（To Whom）；传播的效果怎样（With What Effects）。公共关系传播是组织运用传播手段向公众传递信息的过程，它同样包含传播的基本要素，即公共关系的传播者、公共关系的传播内容、公共关系的传播媒介、公共关系的目标公众、公共关系的传播效果。

1. 公共关系的传播者　公共关系的传播者是指公共关系传播的主体，是组织信息的采集者和发布者，是代表组织行使传播职能的人，是构成公共关系传播过程的主导因素。其在协调组织内外公众关系、改善组织周围环境、树立组织自身形象、提高组织信誉度和美誉度以及谋求公众支持与合作的过程中居于主导地位，同时还起着控制者与组织者的作用。其任务就是将外部信息传达给组织的内部公众，将组织的有关信息发布出去，传递至目标公众。

2. 公共关系的传播内容　公共关系的传播内容是指公共关系的传播者发布的有关组织的所有信息。其基本内容一般包括：组织的基本情况、组织的实力情况、组织的产品与服务情况、组织的生产与工作情况、组织的管理与组织的文化建设情况、组织的重要活动情况、组织的荣誉和社会影响情况、公众对组织的评价和反映情况等。

3. 公共关系的传播媒介　公共关系的传播媒介是指信息流通的载体，也称媒介或工具，包括图书、报纸、杂志、广播、电视、网络等。不同的传播媒介其功能和效果也有所不同，影响的范围和传播的速度也有所差异，组织在运用时应当进行综合考虑，在信息传播过程中应该选择最恰当的媒介方式，进而实现传播目标，达到传播目的，收到传播效果。

4. 公共关系的目标公众　公共关系的目标公众是指与组织有着某种利益关系的特定公众。公共关系的目标公众是传播的目标和归宿，是公关活动的重点对象，在传播活动中虽然处于被动地位，但在对信息的接受上却有着决定权。因此，公共关系传播只有充分尊重公众的需要，切实反映公众的利益，并且还要从传播内容上确保公众接收的可能性，才能使公众真正接收和分享组织传来的信息，进而取得良好的传播效果。

5. 公共关系的传播效果　公共关系的传播效果是指目标公众对信息传播的反应，也是公共关系人员对目标公众的影响程度。在公共关系活动中，公关人员可以通过各种调查手段来了解公众对信息的接受程度，以便及时调整传播策略。除此之外，公关人员还应当采取多种传播方式扩大传播效果。

（三）公共关系传播的方式

1. 人际传播　人际传播是指人与人之间直接进行的沟通和交流的传播方式。它是人际关系得以建立、维持和发展的基础，也是构成并维持社会关系的前提，更是最常见、使用范围最广泛的一种传播方式。人际传播包括直接传播和间接传播两种方式。直接传播是指双方面对面的交流方式，通过言语、表情和体态等进行沟通，如组织举办的招待宴会、招待晚会等方式；间接传播主要是指利用书信、电话、电子邮件以及即时通讯工具等非面对面沟通交流的传播方式。

人际传播与其他传播方式相比，具有自己的特点。

（1）双方参与性高　人际传播是典型的双向互动的信息沟通交流方式，双方在面对面进行沟通交流时，人体所有的感觉器官都可能参与到信息的传递和接收上来，并且信息的接收者在传播的过程中并不是被动地接收信息，同时也能够对信息作出一定的反应，进而对传播者产生重要影响。

（2）信息反馈及时　在面对面的信息传播过程中，信息传播者能够第一时间了解到信息接收者对所传信息的反应，并且能够根据接收者的反馈情况及时地调整自己的传播方式，使公共关系工作能够更有效地进行。另外，即使是在非面对面的信息传播中，信息接收者也能够通过回复信息传播者的邮件、电话等进行适时地反馈。

（3）传播符号多样　在人际传播过程中，传播者不仅可以使用语言，而且还可以使用大量的非语言符号，如表情、眼神、动作、姿势、语气和语调等，在这种情况下，信息的意义也更为丰富和复杂，并且许多信息都是通过非语言符号获得的。而大众传播所使用的非语言符号相对较少。

（4）传播范围小　人际传播是人与人之间的传播。一方面，发出的信息往往只在瞬间起作用，传播双方的观点如果不借助录制设备，就只能留存在对方的记忆中；另一方面，信息传播的范围覆盖面小，无法同时让众多的公众得到传播的信息；除此之外，复制信息的能力也不强。

2. 大众传播　大众传播是指职业的传播者通过大众传播媒介将信息进行大量地复制传递给分散的大众的一种信息传播方式，它是特定的组织利用报纸、杂志、书籍、广播、电影或电视等大众媒介向社会大多数成员传送消息和知识的过程。

大众传播的特点：一般通过专业化的组织机构来运行，传播的专业水平高；面向全体公众，不具备保密性；许多信息都具有时效性和易逝性；其受众分布在不同地区、不同阶层和不同年龄段，具有复杂性；大部分传播媒介具有单向性，公众无法及时进行反馈，即使有信息反馈，通常也比较滞后；影响范围广，传播速度快。

3. 组织传播　组织传播是指组织机构之间、组织机构同公众之间、组织机构同社会环境之间的信息交流与沟通。这种传播的主体是社会组织。

组织传播的特点有以下几个方面。

（1）传播主体组织化 组织传播的主体是社会组织而不是个人，传播活动受组织目标和公关计划的制约与影响，整个传播过程都在组织的管理与控制之下。组织传播是组织经营管理的一个重要手段。

（2）传播对象复杂化 组织传播对象既有内部公众，又有外部公众；既有近距离的沟通，又有远距离的沟通；既有封闭沟通，又有开放沟通；既有受欢迎的公众，又有中立和敌对的公众。这就要求组织传播要区分对象，借助媒介有的放矢，提高传播效果。

（3）内部传播有序化 组织内部传播属于封闭沟通，有自上而下传播、自下而上传播和平行部门传播三种形式，这种传播具有层次性、有序性等特点。组织内部传播的层次性和有序性保证了组织内部系统的高效运行。

（4）外部传播手段多样化 外部传播属于开放沟通，由于组织外部公众对象的广泛性和复杂性，因此，外部传播具有公众性、大众性等特点，在传播活动中必须综合运用人际传播、大众传播等多种方式。

（5）传播目标可控化 组织传播都具有明确的目的性，即为实现社会组织的目标，为此，组织传播具有严格的可控性，即服从组织总目标而有良好的控制能力。

4. 群体传播 群体传播是指自发的一群人按照一定的聚集方式，在一定的场合为达到某种目的而接受的传播。群体传播的传播者是在一定的条件下与受传者进行信息交流沟通的，而受传者本身也往往是为了共同的目的和兴趣聚集在一起，因此，双方的交流形式灵活自由，参与者在相互交流的过程中获得了满足，进而实现了共同协作。

（四）公共关系传播的效果

1. 影响公共关系传播效果的因素

（1）传播媒介 不同的传播媒介对公众的影响力是不同的，各种传播媒介有着各自的优势和劣势，在传播过程中形成的效果也各不相同。因此，要根据传播的目的对传播媒介进行选择，以达到最优的传播效果。总的来说，公众对传播媒介的要求，一是使用起来比较简便，容易掌握，同时也容易获得；二是传播媒介有效，它的使用效果得到普遍的重视与承认。

（2）信息的内容与表现形式 信息的内容即传播者传播的信息是否被公众所关心和感兴趣，是否重要和新鲜，是否可靠和可信，这是公众价值判断的核心，也是决定传播效果的关键所在。除此之外，传播形式也非常重要，如果形式和方法不当，再好的内容也难以传播出去，同时还可能会引起误解甚至反感。

（3）信息的重复 一个人接触某一信息的次数越多，就越容易接受它。同样的信息多次发出，公众会逐渐由生疏到熟悉、由漠然到亲切，甚至在长期接触以后，会把这一特定的内容和形式融入到自己的生活。因此，同样的信息在相当长的时间里重复出现，是取得甚至增强传播效果的重要因素。

（4）公众接收信息的条件 时间、空间对公众接收信息是否有利，对传播效果有相当大的影响。如果公众接收的环境存在各种干扰或者没有足够的时间接收，那么就会影响公众接收信息，影响公众接收信息的投入度，还会使接收效果大打折扣。

（5）传播者的特点 传播者的形象、权威性以及遣词造句的方法、语气和语调等方面也能对传播效果产生一定的影响。一般来说，有魅力的传播者容易引起公众的注意，而缺乏魅力的传播者容易被人忽视；被认为成功的或可靠的传播者比那些不成功或不可靠的传播者更有影响力。除此之外，传播者的地位和能力对传播效果也很重要。

（6）传播的类型 从传播类型来看，不同种类的传播类型其效果也各不相同。人际传播在各类传播形式中传播效果最好，而其他传播形式的传播效果相对较差，但人际传播的影响范围较小。随着传播群体的增大，传播内容的针对性和具体性下降，反馈的质量和数量也在下降，人际传播与大众传播效果的差距比较模糊，并且表现不太明显。

2. 增强公共关系传播效果的途径与技巧 为求传播的最佳效果，实现传播行为所达到的预期目的，必须要为传播过程的各个环节创造有利条件，排除各种干扰，扫清各种障碍。

（1）选择恰当的传播者 树立传播者自身的良好声誉和形象对改善传播效果至关重要。传播者的声誉与形象往往和他的权威性、客观性以及与公众关系的亲密性直接相关，即传播者越是有权威，讲话越是客观，与传播对象越是亲密，其传播效果就越好。

（2）建立最好的信息条件 按信息内容或事实选择合适的信息表现形式，不同的信息形式适合表现不同的信息内容；传播者要根据受传者的经验制作传播内容，扩大与公众的共同经验范围，使其有较多的共同语言，才能引起公众对其传播的兴趣与共鸣；信息内容要针对公众的特点，要把信息内容与公众利益紧密联系起来。同时还要及时改进信息内容，以满足公众的个人需要。

▶▶ 实例分析 1-3

实例 美国一出版商有一批滞销书久久不能脱手，他忽然想出了一个主意，给总统送去一本书，并三番五次去征求意见，忙于政务的总统不愿与他所纠缠，便回了一句："这本书不错。"出版商便大作广告，"现有总统喜爱的书出售"，于是这些书一抢而空。

不久，这个出版商又有书卖不出去，又送了一本给总统。总统上过一回当，想奚落他，就说："这本书糟透了。"出版商闻知，脑子一转又作广告，"现有总统讨厌的书出售"，不少人出于好奇争相抢购。

第三次，出版商将书送给总统，总统接受了前两次的教训，便不做任何答复，出版商却大作广告，"现有总统难以下结论的书，欲购从速"。居然又被一抢而空，总统哭笑不得，商人大发其财。

问题 出版商利用总统当推销员促使推销成功的案例，带给你什么启示？

答案解析

（3）认真研究公众对象 有效的传播要看信息是否为公众所接受，要看公众接受信息之后在认识上、态度上是否引起变化，还要看公众在认识上和态度上变化之后，是否在行动上也随之变化，进而引起传播者所希望的行动。公众在接受信息时并不是被动的，他对信息具有选择性注意、选择性理解和选择性记忆，它是传播过程中的重要干扰。

（4）注意传播环境气氛的影响 一切传播活动都是在一定的社会环境、具体场合和一定的情景气氛中进行的，这些环境、场合和情景气氛就构成了传播的背景。有效的传播不可忽视具体的环境、场合以及情景气氛的影响和作用。环境不同、场合不同、情景不同，传播的形式就不同。同样的传播内容，在不同的环境、场合和背景下，就会有不同的传播效果。

（5）完善传播沟通的技巧 传播效果与传播技巧的高低是直接相关的。善于运用语言文字和非语言符号的人，能准确、通畅、淋漓尽致地表达自己的思想观点，吸引、说服、感染他的公众，达到传播的目的，一个口讷的人，就难以表达内心的激情。熟悉并掌握各种传播技巧，有利于提高传播效果。

（6）信息结构与信息数量要合理 信息结构是信息的组织与搭配方式。信息的结构性因素很多，包括信息的先后次序与空间分布等。信息的先后次序不同、空间分布不同，传播的效果往往也会不同。

另外，信息的结构性因素还包括刺激程度、对比程度、重复程度、新鲜程度等；信息数量要适宜，过少达不到传播要求，过多会使主要的信息被淹没。在必须传播较多的信息时，一定要注意分次、分阶段进行。

（7）正确选择传播媒体　不同的媒体，其特点不同，适用的传播类型也不相同，媒体选用得当，可取得事半功倍的效果；不同的传播内容应该选用不同的传播媒体；传播对象不同，媒体的选择也应该不同；使用任何传播媒体都要支付一定的费用，因此，组织在进行公关传播时，必须要同时考虑传播成本与预期传播效果两个方面。没有雄厚经济实力的组织，不应为了追求声势而盲目选用大众传播媒体。

即学即练 1-4

答案解析

某大学团委拟举办庆祝中国共产党成立 100 周年主题演讲比赛，根据公共关系传播的基本要素，作为团委负责此项工作的你，将如何向全校师生传播这一消息？

目标检测

答案解析

一、最佳选择题

1. 公共关系对（　　）的职能是直接功能。

    A. 个人　　　　　　　　B. 社会组织　　　　　　　　C. 社会　　　　　　　　D. 团体

2. （　　）是指因某一临时因素、偶发事件或特别活动而形成的公众对象，如因飞机航班误点而滞留机场的旅客等。

    A. 临时公众　　　　　　B. 周期公众　　　　　　C. 稳定公众　　　　　　D. 独立公众

3. 不以营利为目的，而以服务对象的利益为目标的社会组织是（　　），如学校、医院、社会福利机构等。

    A. 互益性组织　　　　　B. 营利性组织　　　　　C. 公益性组织　　　　　D. 服务性组织

二、多项选择题

1. 公共关系的原则包括（　　）。

    A. 实事求是原则　　　　　　　B. 双向沟通原则　　　　　　　C. 互惠互利原则

    D. 开拓创新原则　　　　　　　E. 全员公关原则

2. 公共关系对提高个人素质，使其适应现代社会发展有着积极的作用，体现在（　　）。

    A. 促使个人观念更新　　　　　　　　　B. 有利于个人实现飞黄腾达

    C. 促使个人知识更新　　　　　　　　　D. 有助于个人能力的提高

    E. 有利于实现早日成功

3. 根据公众对组织的重要程度来划分，可将公众划分为（　　）。

    A. 首要公众　　　　　　　B. 次要公众　　　　　　　C. 边缘公众

    D. 独立公众　　　　　　　E. 顺意公众

4. 公共关系传播的特点有（　　）。

    A. 社会性　　　　　　　　B. 互动性　　　　　　　　C. 道德性

    D. 情感性　　　　　　　　E. 针对性

5. 公共关系的传播媒介是指信息流通的载体，包括类别有（　　）。

A. 报纸   B. 杂志   C. 广播

D. 电视   E. 网络

6. 公共关系部是专业性职能机构，它的职责包括（   ）。

A. 收集和处理情报   B. 新闻宣传和编辑制作

C. 迎来送往   D. 协调和交往

E. 咨询和建议

三、实例解析题

2005 年 3 月 15 日，肯德基旗下的新奥尔良烤翅和新奥尔良烤鸡腿堡被检测出含有"苏丹红 1 号"。

3 月 16 日上午，肯德基要求所有门店停止销售新奥尔良烤翅和新奥尔良烤鸡腿堡。当天 17∶00，肯德基连锁店的管理公司百胜餐饮集团向消费者公开道歉。集团总裁苏敬轼明确表示，将会追查相关供应商的责任。

3 月 17 日，《南方都市报》《广州日报》等媒体在头版头条，大篇幅刊登了关于肯德基致歉的相关报道。其他许多媒体也对肯德基勇于认错的态度表示赞赏。

3 月 19 日，肯德基连续向媒体发布了 4 篇声明，介绍"涉红"产品的检查及处理情况。百胜餐饮集团总裁苏敬轼发布了调查苏丹红的路径图。

3 月 23 日，肯德基在全国恢复了被停产品的销售。苏敬轼说："中国百胜餐饮集团现在负责任地向全国消费者保证肯德基所有产品都不含苏丹红成分，完全可以安心食用"。28 日百胜餐饮集团召开新闻发布会，苏敬轼现场品尝肯德基食品。百胜集团表示决定采取中国餐饮行业史无前例的措施确保食品安全。

4 月 2 日，肯德基开始对四款"涉红"产品进行促销活动，最高降价幅度达到 3 折，肯德基销售逐渐恢复元气。6 日，肯德基主动配合中央电视台《新闻调查》和《每周质量报告》等栏目的采访，记者的关注焦点已由肯德基"涉红"转变为对原料和生产链的全方位追踪。

问题：百胜餐饮集团在处理"苏丹红"事件中策划了哪些公共关系活动？这些公共关系活动起到了怎样的作用？

四、综合问答题

1. 有的人说"公共关系就是推销"；有的人说"公共关系就是做广告"；还有的人说"公共关系就是交际"。请结合所学知识回答这些说法是否正确？为什么？

2. 面对突如其来的新冠肺炎疫情，举国上下众志成城，共同抗疫，很多企业纷纷向国家、社会、疫情区捐款捐物。请搜集、整理相关的实例，尤其是医药企业的实例，并从公共关系角度进行评价与分析。

书网融合……

知识回顾   微课1   微课2   微课3   习题

项目二　协调各类公共关系

孟子的名言"天时不如地利，地利不如人和"道出了"人和"的价值与力量。"人和"，即人心所向，上下团结。在当今社会，"人和"的意义确实非凡，对于一个人来讲，良好的人际关系，可以使其更轻松地进行各种社会活动，更好更快地成长与发展；对于一个社会组织来讲，和谐的社会关系不仅有利于社会组织的安全与稳定，更能促进社会组织的蓬勃发展。那么，在社会关系纷繁复杂的今天，社会组织尤其是企业组织，如何才能与其各类公众建立和谐的关系，以保证在激烈的市场竞争中自如地发展？

本项目主要介绍社会组织与其各类社会公众协调关系的意义与方法。

学习目标

1. **掌握**　组织与员工、股东协调关系的方法，组织与政府、媒介、顾客、社区公众协调关系的方法。

2. **熟悉**　员工关系的含义，组织与供应商、经销商等外部公众协调关系的方法。

3. **了解**　组织与员工沟通的原则，顾客的分类等。

任务一　协调内部公共关系

组织内部的公共关系，是指社会组织与其内部各类公众构成的社会关系。它包括一个组织机构里上下级之间，各个职能部门、科室、班组之间和内部员工之间的关系。其根本任务和宗旨是：团结组织内部的全体员工，协调组织内部各个部门科室之间、各类员工之间的合作关系，使组织内部各方同为组织的目标而奋斗。

一般说来，在社会组织内部，首要公众就是员工。任何组织作为一个社会单位，首先是由它的全体工作人员即员工构成的。所以，组织内部的公共关系，主要是指员工关系，即组织与员工之间纵向、横向的关系。其中，纵向关系包括领导与群众的关系、上级与下级的关系等；横向关系包括同级的部门与部门之间的关系以及正式组织与非正式组织之间的关系等。

在现代市场经济条件下，股份制已经成为重要的组织形式。股东是组织的投资者，股东大会是组织的最高权力机构，由股东大会选举产生的董事会是组织的最高权力执行机构，并且，相当一部分员工也持有股票成为股东，因此，股东属于组织内部的公众，股东关系也是组织内部重要的公共关系。

很明显，现代公共关系首先是促使组织把自身的工作做得更好，然后才是开展各种与外界的交往活动，并在社会公众心目中树立自身良好的形象。美国著名公共关系专家亨得利·拉尔特（J·Handly Wright）明确指出：公共关系 90% 靠自己做，10% 才靠宣传。因此，良好的组织形象和卓越的事业成就，来自组织全体员工的共同努力和不懈奋斗，来自组织内部良好的公共关系。

一、与员工关系的协调 📱微课 1

（一）员工关系的含义

员工关系是指社会组织与其员工之间通过双向沟通方式，在互惠互利原则下寻求并达成和谐、一致、互动的一种内部管理职能，简单地讲，就是通过良好的信息沟通，使组织与员工消除内耗，齐心协力达成共同奋斗目标。

员工是公共关系的第一公众。组织公关的首要任务是处理好员工关系，增强组织内部的凝聚力和向心力。员工是组织的细胞和组织的主人，员工关系是组织内部公共关系的起点和基础，员工关系协调是组织成功的源泉和内因，良好的员工关系又是构建良好的组织外部公共关系的条件和基础。

> **即学即练 2-1**
>
> 美国商业巨子安德鲁·卡耐基说："带走我的员工，把工厂留下，不久后工厂就会长满杂草；拿走我的工厂，把我的员工留下，不久后我们还会有一个更好的工厂。"请谈谈你对安德鲁·卡耐基这句话的理解。
>
> 答案解析

（二）协调员工关系的方法

1. 尽力保障员工的物质利益 物质利益的需要是人类最基本的需要，根据马斯洛需求层次理论，员工只有在满足基本生存需要的前提下，才能有其他需要的热情。在付出劳动之后，能否拿到合理的收入，享受到应有的福利待遇，是绝大多数员工首先关心的问题，也是能否维持员工劳动热情的基本保证。如果员工的收入较低，直接影响到他们的日常生活，他们就会失去工作的热忱，不能安心岗位工作。因此，公共关系人员对于广大员工的物质利益应给予足够的重视，及时反映员工的意见和要求，同时还要敦促组织领导重视改善员工的物质待遇，公平合理地解决工资晋升和奖金分配问题。当然，组织是不可能完全满足每位员工要求的，因此公共关系人员需要进行协调沟通，如实地向员工说明组织的经营状况与分配政策、组织的困难等，以求得下属员工的谅解和合作。

2. 高度重视员工的精神需要 精神需要既包括人们自由地发挥自己的创造性的需要，又包括人们对各种精神产品的需要。不同的员工因其文化素养、工作性质、个人经历和兴趣爱好的不同，其精神需要也存在明显的差异。一般来说，员工所关注的精神需要主要集中在：尊重员工的主人翁地位，提高员工的责任感；合理的开发和利用人才，增强员工的自信心；提高组织的向心力，培植员工的自豪感；引导员工在日常工作中寻求生活的乐趣和意义，通过培养员工对本岗位、本组织的责任心、自信心和自豪感，使每位员工获得心理上的平衡与精神上的满足。

知识链接

马斯洛需要层次理论

美国著名心理学家马斯洛把人的需要划分成五个层次：生理需要、安全需要、归属感和爱的需要、自尊需要和自我实现需要。

微课2

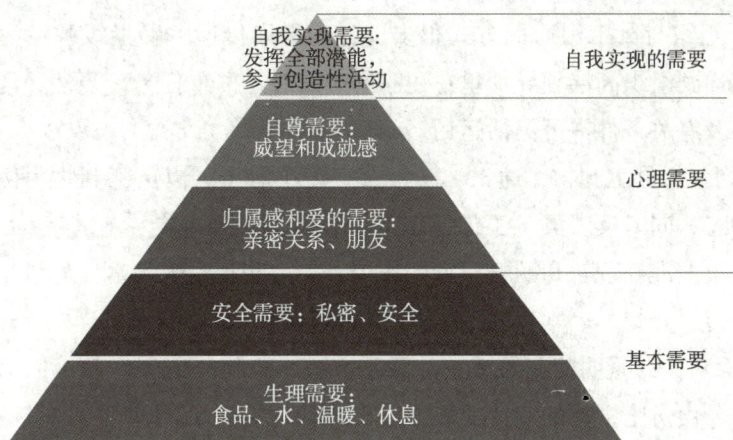

五种需要像阶梯一样从低到高，按层次逐级递升，但这种次序不是完全固定的，可以变化，有种种例外情况。

五种需要可以分为两级，其中生理上的需要、安全上的需要和感情上的需要都属于低一级的需要，这些需要通过外部条件就可以满足；自尊的需要和自我实现的需要是高级需要，它们是通过内部因素才能满足的，而且一个人对自尊和自我实现的需要是无止境的。同一时期，一个人可能有几种需要，但每一时期总有一种需要占支配地位，对行为起决定作用。各层次的需要相互依赖和重叠，高层次的需要发展后，低层次的需要仍然存在，只是对行为影响的程度大大减小。

3. 加强与员工的沟通与交流

（1）员工沟通的原则　为了保证沟通的效果，与员工沟通交流时，应把握和遵循以下原则。

1）管理部门必须有诚意让员工了解组织各方面情况　每个管理者应视与员工的交流沟通为己任，只有与员工真心相待，员工才会真心地关心、爱护组织。

2）同员工进行沟通应尽量采用双向方式　各类信息产生后，应有专人进行调查，了解员工对此的反应，并以此作为信息内容合理性及传播方式科学性的检验标准；信息接收后，也应马上作出反应，不能石沉大海，员工能给组织提一条意见、写一封信、谈一点看法、说一条建议，说明员工心里有组织，不答复就是对员工的不尊重，迟早员工也会抛弃组织。无论是直接的正面答复，还是无法直接回答，都应给员工一个回应，表明组织对员工的重视。特别要重视的是对员工提出的意见和投诉不能忽视，一定要在某个时限内给予答复，并对员工此举表示由衷的感谢。如果不及时反馈信息，还会产生谣言，谣言往往是由于不能及时得到准确消息，由此产生的种种猜想。及时反馈既能把谣言减少到最低限度，也可以缓和由于谣言所引起的紧张关系。

3）坚持诚实与公平的道德和行为准则　组织的管理者直接代表着组织的形象和精神面貌，员工也会仿效管理者的行为方式，因此，组织的管理者应起到楷模作用，以身作则。在对待员工关系上必须要做到诚实无私、秉公办事，没有这种信念与作风，就不可能取得员工的信任与爱戴，更谈不上与员工的真诚合作和良好员工关系的建立与维系。

4）与员工切身利益相关的信息应进行及时全面的沟通　组织重大发展决策、主要人事变动、新的技术和市场投入等与员工切身利益相关的信息，都应该告诉员工，让他们知晓，并欢迎他们参与讨论，从中吸收合理的修正意见。只有让员工参与决策，才能将员工的才智充分发挥出来。

此外，组织同员工之间重要信息的传递要以适当的形式，选择适当的渠道进行，以保证信息的翔实准确，避免被任意增删而造成不必要的误会和误传。

（2）员工沟通的形式　组织与员工沟通的方式很多，有的是以传递解释上级政策为主，有的则是将基层员工的意见和建议传递到组织高层领导那里；还有的则兼有这两重任务。当然，沟通的方式应根据组织特点、员工文化素质及有关条件许可灵活运用。

1）内部刊物　内部刊物包括员工刊物、通讯、小报及宣传小册子。以员工刊物为例，员工刊物是对员工传达本单位方针、动态，同时反映员工工作业绩的一种内部传播媒介，它具有沟通领导与员工、协调上下关系，保证组织政策的准确理解和顺畅执行的作用，加之刊物内容丰富，与员工关系密切，是一种相当有效的公关内部宣传媒介物。

2）会议　会议是一种面对面的最明朗、最率直的联系方法，包括传达组织政策的会议、管理层与员工直接对话的听证会，以及由员工主持的座谈交流会或工作研讨会。美国一位公关专家说："会议是公共关系活动的窗口。"调查和研究表明，把内情告诉员工，促进相互之间了解的最佳方法是多举行几次会议，这绝不是指会议次数及时间可以漫无边际，有计划的虽简短但能把握重点的会议，对增进管理者与员工之间的了解是极有好处的。

3）公告牌　公告牌包括黑板报和墙报、宣传窗这类专用性信息发布地。公告牌是最古老也是最常用的传播工具，就传播内容而言，既可以是组织决策及服务方针的广泛宣传，也可以是组织新闻、员工业绩的正面鼓励，还可以对员工感兴趣的问题进行分析讨论，寻求统一的观点和对策。由于制作简单、费用低廉，加之方式灵活、传播时效性好，因此是每个组织公共关系人员必须重视并精通的一种传播工具。

4）给员工的信　组织负责人写信给员工或员工家属，汇报组织情况并请教和讨论组织有关事务，也是一种较为有效的传播方式。尤其是这种信件花费有限，但能传达对员工的关心，容易为人接受并获得员工的信赖，科学地运用此法往往能起到相当好的效果。

5）员工手册及活页印刷品　编印员工手册，给员工每人一册，通常与口袋一样大小，以便于携带，内容包括有关部门的规章、政策、义务、禁止事项、奖罚规则等，近似于一本工作守则。通过对固定性内容的传播，让员工对组织的有关政策、制度有全面、清楚的了解和认识，并以此为行为规范，约束自我。为克服员工手册因命令条例过多而可能导致的员工反感心理，可以适当增加一些组织历史及发展介绍、产品及服务内容介绍、组织与员工光荣业绩等，以补充手册内容的不足。

6）其他活动性沟通方式　如家访、请员工就餐、集体性娱乐活动、业余文体活动及其他特殊沟通方式。

4. 创建优秀的组织文化　组织文化是一个组织所具有的价值观念、行为规范及其相应活动的总和，其核心是价值观念。优秀的组织文化，能够增进员工之间的关系，让员工在组织中找到归属感，实现员工之间的互帮互助，提升员工的团队精神。员工受到良好文化的号召，能够促使员工以饱满的热情投入到工作中，并朝着企业发展目标奋斗，从而提高组织的凝聚力和核心竞争力，促进组织长期稳定发展。

5. 完善激励约束机制　以员工目标责任为前提，制定并执行以激励约束为核心的管理制度，有助于提升员工的工作绩效和工作积极性，也能增加员工的满意度。因此，组织应当精心设计激励形式，包括物质激励和精神激励。同时，建立健全约束机制也非常重要，奖罚分明，奖勤罚懒，才能体现公平公正，也才能实现有效管理。

>> **实例分析 2 - 1**

> **实例** 某药厂建有一座碑廊，碑廊内耸立着 5 块 2 米多高的大理石碑，上面篆刻的，是该厂195 位普通工人的名字，他们都是立功受奖的人员，厂里为他们"树碑立传"。
>
> 该药厂曾有一段时间境况不佳。为了扭转这种状况，该厂领导号召全厂职工振奋精神，积极献计出力，打好翻身仗。195 位普通职工努力工作，为厂子的振兴做出了突出的贡献，立下了汗马功劳。之后，该药厂举行评奖活动，这 195 位普通工人分别荣获金羊奖、银羊奖和铜羊奖，并为这195 位普通工人树起了纪功碑。
>
> 纪功碑树立起来后，在该药厂引起很大的反响。碑上有名者感到自豪，受到鼓舞。老工人曹求抚摸着碑上自己的名字自语道，从没有想过自己竟有被"树碑立传"的一天！他决心为厂子的发展做出更大的贡献。而碑上无名者也感到学有榜样，干有方向，纷纷表示自己也要干出成绩来，争取自己的名字也被刻上纪功碑。因为他们看到，那 5 块纪功碑中的最后一块是空白的，它将留给后来人。
>
> **问题** 为普通工人树碑立传，给你怎样的启示？

答案解析

二、与股东关系的协调

所谓股东关系，就是股份企业与投资者之间的关系，又称"投资者关系"。股东，一般包括个体投资者和团体投资者。个体投资者分为股票持有者和股票交易者。股票持有者持有股票并非为了卖出，他们中有组织外部的投资者，有的则是组织的员工；而股票交易者则专门从事股票的交易。广泛吸引个体投资者，对于避免股票的高度集中有一定作用。团体投资者是指金融机构或其他组织的投资，它们中有的握有一定份额的股票，对组织举足轻重。

股东是组织的投资者，直接影响着组织的发展。因此，股东关系的协调有着重要意义。股东是企业的投资者。股东不仅是企业的"财源"，也是市场和销售伙伴。良好的股东关系可稳定和扩大股东队伍，创造良好的引资环境，扩大企业的财源，还能开辟新的市场，为企业在市场竞争中不断发展创造有利的条件。在协调处理股东关系时，应注意以下几点。

1. 激发股东的主人意识和投资热情 股东是组织的投资者和股份的所有者，是组织主要经济活动的决策者，因而在组织中享有一定的权利，是组织当然的主人。组织公共关系部门应该敦促和协同企业领导，从尊重股东"权利意识"出发，满足股东了解各种情况、掌握组织信息、参与企业管理的要求，使他们感受到自己在组织中的主人翁地位。

2. 稳妥经营，为股东谋利，保证股东应有的经济权益 一是及时地发放真实的股金红利或增配股，二是切实保障股东享有退换货转让股金的权利。

3. 艺术地调动股东积极性，扩大销售网络 组织应积极鼓励股东献计献策，并激发股东身体力行，既做公司产品或服务的消费者，又做公司产品或服务的宣传者和推销者。

4. 积极主动与股东保持有效沟通 重视股东的意见、态度、建议、投资兴趣等。利用年度报告、股东会议、信函、电话、调查表、参观等方式，告知企业状况，增强其信心。

5. 感情联络，攻心为上　利用节日、庆典、纪念日等喜庆机会，通过信函、贺卡、电话、参观、联欢、赠品、福利等方式，联络感情。

任务二　协调外部公共关系

所谓外部公共关系是指社会组织主体与其内部公众以外的其他公众的关系总和，它包括服务对象公众、传媒公众、社区公众、政府公众、业务伙伴公众等各类对组织生存与发展有着某种联系的公众。

从辩证的角度分析，当事物的内因确定之后，外因就会成为影响事物发展变化的关键因素，任何一个社会组织，既然存在于社会环境之中，就必须重视环境条件对组织的影响作用，所谓"适者生存"，就是这个道理。

从公共关系"内求团结、外求发展"的目标分析，"内求团结"是前提，"外求发展"才是根本。没有"外求发展"的目标，"内求团结"也变得毫无必要。社会组织只有在"内求团结"的基础上，及时、主动、有效地与外部公众建立良好的沟通与传播渠道，取得外部公众对组织的认同、理解、支持与合作，才能让组织进入"人和"的境界。

一、与政府关系的协调 📱微课3

（一）政府对社会组织的影响

政府是社会组织一个重要环境因素。政府之所以重要，一言以蔽之，就是因为它是拥有权力的公众，是综合协调、宏观调节的权力机构。它的许多职能部门，如国家卫生健康部门、国家市场监督管理部门、国家税务部门、各级物价部门以及审计、公安、海关部门等，都在自己的职权范围内行使行政管理职能。

（二）组织与政府关系的协调

组织的一切活动必须和政府的发展规划、产业政策、法律法规保持一致。医药企业在处理与政府的关系时应注意以下几个方面。

1. 经常沟通信息　政府作为行政管理机构，对企业一般不实行直接管理，但也需要掌握各企业的动态，以便归纳出带有普遍倾向性的问题，为宏观调控打下基础。因而，企业在举行庆典、产品投产、联谊活动、周年庆祝等活动时，应邀请政府有关方面官员参加，加强企业与政府公众在感情上的沟通，并经常上门汇报企业动态，争取获得政府的支持和扶持。

2. 争取良好的经济效益　企业是以营利为目的的经济组织，它是国家、企业、个人三者利益的交织点，企业只有取得良好的经济效益，国家才能以利税形式取得管理国民经济所需的经费，企业职工的生活水平才能提高，企业本身也能得到更大的发展。因而，经济效益好的企业往往能倍受政府公众的重视。

3. 具有良好的社会表现　企业热心公益事业，积极参与社区事务，以企业利益服从国家利益等，均有助于政府对其产生良好的印象。

4. 遵纪守法　政府通过各种法律、法令、条例、政策等来管理社会生活，规范个人和企业的各种行为，企业必须严格遵守这些规定。作为立法和执法的各级政府，当然信任、赞赏遵纪守法的企业，任何偷税漏税、违章作业、假冒伪劣、行贿受贿的企业，理所当然地不受政府欢迎。

二、与媒介关系的协调

新闻媒介，包括报纸、杂志、广播和电视等，又称大众传播媒介。所谓"大众传媒"有两个意思：一是受众数量巨大而广泛，一份报纸的读者可达几百万，电视、电台的受众则更达数亿之巨；二是指信息大量复制，报纸的印数可达几百万份，杂志可达上千万份，广播电视更是信息丰富，甚至泛滥。

（一）新闻媒介对社会组织的影响

新闻媒介具有不容忽视的特征：它传递信息迅速，远在万里之遥也能目睹"即刻"发生的事件；它的影响力大、威望度高，无论是对政治、经济、文化等均有巨大的影响力。所以西方有些国家把新闻媒介看成是立法、司法和行政三大权力以外的"第四权力"，或称之为"无冕之王"。

在现代信息社会里，大众传媒是社会信息流通过程的"把关人"，他们决定哪些信息应该中转、疏导、传播，哪些信息应该中止、抑制、封锁。公众每天所接触到的信息，大部分是经过层层"把关人"的精心筛选后报道出来的。一个企业、一个人物、一件产品，一旦被新闻界选中，成为集中报道的热点，会立即成为广大公众议论的中心，成为具有公众影响力的话题，这就是新闻界的"确定议程"功能。一个企业、一个人物、一件产品一旦成为公众议论的话题、舆论的热点，也就自然地获得较高的社会知名度，被赋予较重要的社会地位，这就是"授予地位"功能。显然，企业离不开大众媒介的支持，否则无法争取广大公众的了解和赞誉。反之，企业如有失误，如经媒介的披露则会火上加油，严重的还会危及企业的生存。因而，处理好与大众传媒的关系十分重要。

（二）组织与媒介关系的协调

1. 经常提供有新闻价值的信息 据美国新闻界统计，美国各大众传媒上的新闻、消息，一半以上是由各类社会组织提供的。因此，企业在与新闻界交往时，除适时召开记者招待会、组织记者参观访问外，还应及时、经常、客观地向新闻界提供具有新闻价值的、符合新闻传播规律的新闻稿，这是受新闻界欢迎的举措。

当然，在大众传媒面前企业是被动的，没有准予报道的决定权，但企业仍可以通过自身努力，争取大众传媒的注意和报道。为此，要充分了解大众传播媒介特点，掌握各新闻机构的编辑方针和报道计划。要知道什么信息具有新闻价值，这些价值的信息该如何用文字、图像来表达。

2. 与大众传媒建立长期稳定的联系 经常及时地向大众传媒提供企业内的有关情况，供其选择，尽可能使大众传媒有机会参与企业的各项活动，使之成为企业中的一员。当传媒有困难时，要及时提供帮助。最好指定专人负责与有关记者、编辑保持联系，争取建立超过一般工作关系的人际关系。有了这样一批新闻界人士，他们会在必要时助一臂之力。

当然，对待记者要一视同仁，以礼相待。不论大报小报、中央地方，不论写表扬稿或批评稿的记者，都要以同样的热情和规格相待。

3. 以礼相待，提供真实情况 新闻必须具有真实性，向记者提供虚假的信息，一旦揭露出来，不但失信于社会公众，而且也失去了大众传媒这一特殊公众的信任。企业中发生的事情并不一定同新闻界有关，但他们往往比那些直接关联人更有兴趣，更为好奇。企业从自身利益出发，倾向于提供好消息，掩饰坏消息，这就酝酿着企业和新闻界的矛盾和摩擦。因此，对于企业中的家丑决不可掩盖起来，而应该讲真话，说实情，并提出解决问题的措施，从而取得新闻界及广大公众的谅解和支持，使坏事变成好事。

4. 以"淡化矛盾"原则处理与媒介的冲突　企业与媒介之间由于立场、角度等不同，不可避免地会产生一些分歧。对此，企业应以淡化矛盾为原则，以解决问题为基础，避免矛盾的产生。因为企业只有依靠媒介公众，并与之建立良好关系，才能为自己开创一个良好的舆论环境。

"淡化矛盾"指在发生纠纷时，应循求同存异的思维，而不是抓住枝节不放，把自己放在媒介的对立面。当企业确有失误时，应敢于承认错误，避免与媒介矛盾激发。即使出现了失实报道，也应侧重于沟通情况，促进相互了解，消除沟通中的障碍。

▶▶ **实例分析 2-2**

　　实例　北京一家晚报某日刊登了这样一则新闻：以生产酸梅汤而闻名京城的某老字号饮料厂，因食品不卫生被市卫生监督部门处以 1700 元罚款。不久前某公司购买了该厂生产的 1000 瓶山楂蜜果汁，用于给职工发放福利，结果几名职工饮用后出现恶心、腹泻等症状。市卫生监督部门接到消息后，遂派监督人员前去检查，发现灌装车间苍蝇乱飞，原料红果片中存在飞虫杂质，桂花酱桶盖儿上有虫，墙角乱堆着杂物，房屋破损不堪，消毒池里无消毒液，且无成品库。市卫生监督部门当即通知禁止该批饮料产品出厂销售，并处以相应罚款。该新闻刊出后，引起用户的强烈反应，纷纷要求撤销合同，金额达几十万元。面对新闻媒体的监督与批评，该厂领导显得十分不冷静，他们没有认真查找企业自身的原因，反而以该晚报报道严重失实为由，向人民法院提出诉讼，指责晚报的报道多处失实，是市卫生监督部门监督人员挟私报复。饮料厂起诉某晚报的行为，引起了媒体界的强烈不满，多家媒体纷纷报道饮料厂的产品质量有问题。人民法院接到起诉后，经过认真的调查取证，确认了晚报的批评报道属实，判决饮料厂的控告不能成立，原告败诉。

　　问题　饮料厂的做法对吗？饮料厂应如何面对媒体的批评报道？

答案解析

（三）新媒体时代媒介关系管理策略

1. 新媒体的概念　新媒体（New media）的概念是 1967 年由美国人戈尔德马克率先提出的。新媒体是相对于传统媒体而言的，是数字技术、网络技术、移动技术等新的技术支撑体系下出现的媒体形态，如数字杂志、数字报纸、数字广播、手机短信、移动电视、网络、桌面视窗、数字电视、数字电影、触摸媒体、手机网络等。相对于报刊、户外、广播、电视四大传统意义上的媒体，新媒体被形象地称为"第五媒体"。

新媒体具有交互性与即时性、海量性与共享性、多媒体与超文本、个性化与社群化等方面的特征。

相对于传统媒体，新媒体主要具有以下优势：传播与更新速度快，成本低；信息量大，内容丰富；低成本全球传播；检索便捷，多媒体传播；超文本；互动性强。

📱 **知识链接**

什么是超文本

超文本（Hypertext）是用超链接的方法，将各种不同空间的文字信息组织在一起的网状文本。超文本更是一种用户界面范式，用来显示文本及与文本之间相关的内容。现时超文本普遍以电子文档方式存在，其中的文字可以链接到其他位置或者文档，允许从当前阅读位置直接切换到超文本链接所指向的位置。我们日常浏览的网页上的链接都属于超文本。

"超文本"使得每个读者摆脱了文本线性的控制，读者可以随意地在哪个地方停下来，进入另一个文本，从而使读者成了真正的上帝。

2. 新媒体时代的特点　①每个人都可能成为传播信息的渠道，都可能成为意见表达的主体，就如同每个人面前都有一个麦克风一样。②各阶层实现网上平等对话，且互联网成为不同利益群体进行利益表达，特别是弱势群体维护基本权益的发声平台和展示伤痕、相互取暖的地方。③传统媒体的舆论监督功能持续弱化，新媒体成为民众利益表达的第一通道，互联网成为老百姓最便捷地表达利益诉求和赢取公众支持的通道。④由于网民深度探索欲望和能力强，"关联性"话题层出不穷，使得新媒体成为突发公共事件的第一信息源和重要的网络舆论载体。有关统计显示，来自新媒体的信息是来自传统媒体信息的 2 倍。

3. 新媒体时代媒介关系管理策略　对组织而言，在新媒体时代实施有效的媒体关系管理，建立良好的媒体关系，既可以避免或成功化解组织危机，也是塑造组织形象和实现组织战略目标的重要支撑。

新媒体时代媒介关系的管理，除了可以借鉴组织与媒介关系的协调方法外，还应该注意以下策略的运用。

（1）分析媒体，定位出相关媒体，建立媒体资源库　从庞杂的媒体分类中找出与组织核心价值传播相关的媒体范围，建立媒体资源库。

（2）建立专业维护团队　建立一支熟悉新媒体、懂公关、善于发现舆论问题、沟通力强的专业维护团队，其职责是：做好日常舆情监控，关注业内动向和热点话题，引导公众舆论；及时、快速地应对和处理一般性危机；运用多种手段维护与媒体的关系，如举办年终媒体答谢会、组织媒体旅游、参与业内媒体举办的行业活动，创造媒体与组织高层的交流与互动的机会，等。

（3）巧借"事件"，保持活跃度　内容决定传播，有营养、有价值、有亮点的内容，会吸引大众的眼球，吸收更多的粉丝。组织的公共关系部门及公共关系人员应巧借热点事件、重大事件、网络话题等，借力打力，制造话题，利用新媒体与各类公众进行持续、良好的互动，营造传播氛围，扩大组织的社会影响力。当然热点事件、重大事件、网络话题等都必须建立在实事求是的基础上，必须是组织内部或社会上发生的真实事件。

三、与顾客关系的协调　◉微课4

顾客在这里不仅仅指生活资料消费者，也包括生产资料消费者；既包括物质产品消费者，也包括精神产品消费者；不仅仅指个体消费者，也包括集体消费者。因而，我们可以把"顾客"定义为：使用进入消费领域产品和服务的消费者和生产者。对于一个企业而言，顾客就是企业组织活动的目标市场，其影响程度远超过前两个方面，因为失去了顾客就意味着失去了市场，赢得了顾客就赢得了市场，医药企业的一切营销活动都是以满足顾客需求为中心的。

（一）顾客需求的分类

对社会组织来说，顾客需求是千差万别的，可以从不同角度分类。

1. 消费资料需求和生产资料需求　消费资料需求是消费者出于自身的生理和心理上某种尚未得到满足的需求，生产资料需求则是生产者在生产过程中派生出来的需求。两者至少有两个不同点。第一，消费需求的目的是为了满足自身的需要，生产者需求则是为了盈利。第二，消费资料需求以个人满足为基准，决策往往是非合理的，有时还是冲动的；生产资料需求一般以计划、专业技术为基准，对决策的要求趋向理性。

2. 现实需求和潜在需求 现实需求是指有支付能力并且已经意识到的需求，潜在需求是指在未来时期内对商品或劳务可能产生具有支付能力的需求。潜在需求的形成有两方面原因：一是对商品和劳务的需求是具备的，但因购买力原因使需求一时不能实现；二是消费者具有一定的购买力，可是由于商品和劳务不符合需要，或者由于价格、储蓄利率、服务质量、市场稳定等因素使消费者持币待购。

3. 个人消费需求和团体消费需求 个人消费需求和团体消费需求不能等同于消费资料需求和生产资料需求，在团体消费需求中也有购买消费品的需求，如政府机构采购、企事业单位的非生产性采购、集体福利购买等。这部分购买力大，值得企业关注。

4. 生存需求、享受需求和发展需求 生存需求主要是基本的食物、衣着、住房和其他与生存相关的商品，对于这类商品，消费者在选择时不很复杂，企业所需要的销售技术也比较简单。随着生产力的提高和生活水平条件的改善，消费需求会不断变化。特别是当人们闲暇时间增多以后，享受发展方面的需求也就越来越多，休闲商品、观赏商品、礼品等就有了足够的发展。

（二）企业与顾客关系的协调

顾客关系是企业与本企业产品或服务的购买者、消费者之间的关系。在现代社会，顾客关系的对象是广义的，包括一切物质产品、文化产品及服务的购买者、消费者。顾客公众是最权威的公众，处理好与顾客的关系是非常重要的，因为在商品经济条件下，顾客就是企业的市场，市场导向实质上就是顾客导向。只有在顾客心目中树立良好的形象，企业的生存和发展才有保证。正是从这个意义上，我们才讲"顾客是上帝"。建立良好顾客关系的主要方法如下所述。

1. 提供优质的产品和服务 顾客花钱是为了能给自己带来某种享受，满足自己某种需要，这一切首先取决于产品和服务的质量。如果在这一问题上有闪失，企业给顾客的形象将毁于一旦。

2. 认真听取顾客意见 我们经常可以听到这样一句话："顾客永远是正确的。"事实上，挑剔的、无理取闹的顾客不是没有，但现代商人们仍把这句话看作是一种哲理。这是因为，这句话典型地概括了企业和顾客的关系，说明企业在处理这一关系时要处在主动地位，应负主要责任。听取顾客意见，这是尊重顾客态度的一种表现。国内外不少企业还"主动"花钱买意见，从顾客意见、建议中了解顾客需要和期望，为进一步改进工作打下基础。

3. 维护顾客的基本权益 对于顾客来说，希望企业能尊重和维护自身的权益。我国《消费者权益保护法》规定了消费者享有安全权、知悉权、选择权、公平交易权、受尊重权等10项权利。企业应站在顾客的立场上，想顾客之想，急顾客之急。尊重顾客的权益，这本身也是一种信誉、一种形象。

4. 培养、引导积极的消费者意识 消费者希望和企业之间建立一种商品交换关系之外的关系。国外一些企业认为，要为现代企业营造一个健康、良好、稳定的消费者环境，就必须通过各种工作，培养现代消费意识。企业通过印发指导性手册、举办操作表演会、实物展览会、举办培训班、开设陈列室、成立企业消费者俱乐部等方式，培养清醒的、健康的、能自觉维护自身权限的消费者。

5. 及时、恰当地处理消费者的投诉 "智者千虑，必有一失"，企业无论如何努力，也难免出现一些问题，遭遇消费者的投诉也就难以避免。因此，对待消费者的投诉，应采取积极主动的态度，在热情接待、仔细聆听、耐心解释的基础上，积极寻求适宜的解决方式，并及时加以处理。

及时、恰当地处理好消费者的投诉，不仅有利于了解消费者的真正需求，获取更广泛的产品信息，同时也更能有助于发现企业经营管理或产品中存在的不足，不断改进和提升企业的产品和服务的质量，更好地塑造企业的形象。

四、与供应商、经销商关系的协调

（一）供应商对企业的影响

供应商是向企业提供生产产品和服务所需资源的企业或个人。企业要从事生产和经营活动，没有原材料、资金、能源、人力、设备等资源的输入是无法正常运转的。供应商对企业活动的影响主要体现在以下几个方面。

1. 供货的及时性和稳定性　现代市场经济中，市场需求千变万化且变化迅速，企业必须针对瞬息万变的市场及时调整计划，而这一调整又需要及时地提供相应的生产资料，否则，这一调整只是一句空话。企业为了在时间上和连续性上保证得到适当的货源，就应该和供应商保持良好的关系。

2. 供货的质量水平　任何企业生产的产品质量，除了严格的管理以外，与供应商供应的生产资料本身的质量好坏有密切的联系。其质量水平可从下列方面进行判断：医药生产企业或医药批发企业主体是否合法；企业的规模、信誉如何；能否提供合格的产品报验资料、药检报告、授权委托书、增值税发票等；医药商品的生产或经营是否符合国家政策法规；医药商品的质量如何；医药商品的价格是否合理；包装是否有利于保证质量和进行销售。医药生产企业能否提供全套的市场开发操作计划；广告力度、促销支持和服务水平如何；有无严格的市场保护措施以杜绝窜货和不正当竞争；有无完备的退货制度；医药生产企业或医药批发企业的付款是否具有优惠条件。

3. 供货的价格水平　供货的价格直接影响到产品的成本最终会影响到产品在市场上的竞争能力。企业在日常工作中应密切注意供货价格变动的趋势，特别要密切注意对构成产品重要部分的原材料的变化，使企业应变自如，不至于措手不及。

（二）企业与供应商关系的协调

1. 树立互惠互利观念　现代社会经济交往中的主要原则是"双赢原则"，即通过互惠互利的交往，交易双方均是胜利者。企业和供应商虽有竞争的关系，但更应该是合作伙伴，更应注意建立长期的稳定的伙伴关系和供应链，使外部交易成本下降，避免两败俱伤。

2. 加强双向信息沟通　处理与供应商关系的重要手段是加强信息沟通。企业应及时将自身经营状况、产品调整情况、企业对供应货物的要求（价格、供货期限、质量要求等）告诉供应商，以便协调双方立场。

3. 对供应商进行分类管理　根据供应商供应货物的重要程度、稀缺程度、供应量大小等标准划分不同等级，以便重点协调，兼顾一般。

4. 使供应商多样化　企业过分依赖一个或几个供应商，会导致供应商任何的细微变化都会过分影响企业的正常经营运作。为此，企业应使供应商多样化，使企业始终处在一个有利的位置。当然，在确定这一原则时还必须与一些主要供应商保持良好关系，处理好多样化和特殊性的关系。

（三）经销商

经销商是把产品从生产者流向消费者的中间环节，专门从事商品流通的经济组织，主要包括批发商和零售商两大类。医药批发商是专门从事医药产品采购然后再转售给零售商的经营企业，为生产企业储存医药产品，帮助企业开展促销活动，为企业提供反馈信息等，对组织发展有重要作用。医药零售商是将医药产品直接销售给消费者以盈利的组织。目前履行医药零售商职能的最重要的两种组织就是医院与药店。医院中所消耗的医药产品占整个医药零售额的 80%，是医药生产企业的主要用户，但是其消耗量受到医院高层、相关药剂科室、医护人员（尤其是医生）乃至政府、医院管理部门等多种因素的影响，比较复杂。药店一般是医药公司、药材公司或单位、个人设立的用于获得营业利润的组织。

一般地说，与供应商相比，经销商更为重要。这是因为经销商处在一种十分灵活和可以选择的地位，当一种商品滞销，经销商可以转向从另一家生产厂商进货。尤其在供大于求的市场态势下，对于许多生产厂商而言，与经销商关系的协调仍是十分紧迫的。

与经销商关系的协调是一个复杂的系统工程，包括经销商的选择、激励、监督、调整、评价等。

五、与社区关系的协调

社区关系是指与某个社会组织主体有地域上互邻且利益上相关的一种公众关系。

（一）社区关系协调的重要性

俗话说"远亲不如近邻"，社区是社会组织生存和发展的根基，组织能否"永续经营"，"睦邻"工作扮演着相当重要的角色。

1. 社区是劳动力的主要来源地 社区成员与组织员工间互相渗透，有着千丝万缕的关系，也正因为这样一种关系，组织内部的情况往往会很快被社区成员知晓。同时社会组织的主要管理骨干也往往是以本社区成员为主，这是因为生长在同一地域，在信息沟通上较易达成共识。

2. 组织的维系和发展有赖于社区的支持 从能源、水电、交通到邮政、网络、生活用品供应都必须寻求社区的支持。

3. 良好的社区关系能较好地促进组织主体的发展 曾有人问一位公共关系专家，社会组织为什么需要同社区公众建立良好的关系，这位专家回答："如果一家人经常同左邻右舍产生纠纷，他们的家庭生活能够幸福吗？"良好的社区关系有四个标志：第一，本组织的基本情况为社区公众所熟悉；第二，本组织所生产的产品或提供的服务使社区公众喜爱该组织；第三，组织受到社区政府部门和其他社会团体的尊重；第四，本组织成员同社区公众保持良好的人际关系。具备了上述四项条件，组织主体也就具备了良好的"人和"条件，一方面员工为在该组织工作而感到骄傲，并促使其更加努力工作；另一方面，社区公众对组织形象的正面宣传，能进一步促进组织环境的和谐。

（二）社区关系协调的内容

1. 维护社区环境 保护人类的生存环境，珍爱地球上每个生命，是任何社会组织必须正视的问题。有许多社会组织在其运作过程中，存在着环保与效益的矛盾，即在生产效益的同时，也在生产着污染，尤其在一些不发达地区，更是将自身效益建立在对周边环境的恶意毁损上，许多地下造纸厂、化肥厂、农药厂不停地向外排放各种有毒污染物，使居民苦不堪言，甚至个别不法之徒从国外进口废塑料、洋垃圾，从中牟取暴利，而全然不顾环境保护。这一切随着政府对环境保护的日益重视和民众环保意识的逐步觉醒，会很快得到根治，对于现代组织而言，绿色营销（环保营销）是其发展的必由之路。

所谓绿色营销是指组织在经营战略制定、市场细分与目标市场选择、产品生产、定价、分销、促销过程中注重个体利益与社会整体利益的协调统一，并在此前提下追求经济利益的一系列经营活动。它不仅包括保护生态环境，消除一切污染环境的经营行为和有副作用、危害消费者身体健康的产品，也包括保护消费者心理健康，树立良好的社会风尚。它体现了社会组织兼顾消费者利益，符合人类共同愿望，建立人类与大自然对立统一的协调机制，代表着组织未来的发展方向。

在保护社区环境的同时，社会组织还应积极美化社区环境，尤其是自身生产与经营环境的美化。实际上，整洁的建筑、充满大自然气息的厂区和宁静、祥和、卫生的工作环境，也是一种赢得公众喜爱的举措。

2. 支持社区公益活动 社区关系不能仅停留在社会组织自身行为约束上，而应积极参与社区建设，促进社区繁荣与发展，与所在社区形成"共存共荣"的关系，尤其是在对社区公益性活动的支持上，应不遗余力。

社区的各类领导者与意见领袖一般都希望本社区的社会组织能为社区的健康发展提供多方位的支持，尤其是在资金、人力等方面能给予扶植。如兴办教育、投资科技、赞助社区文体活动、安置老弱病残、支持社区绿化等，这是正常的要求。社会组织身为社区的成员应以此为己任，树立正确的社区意识，取之于民、用之于民，才能让"新睦邻"变成现实，让社区的所有公众真正以组织的存在为荣，从而建立起良好的"地利"环境。

3. 促进社区的安定与繁荣 让社区在繁荣发展过程中，同时拥有一种和睦、友善的氛围，一种高就业率、低犯罪率、人员间祥和、安定的生活环境，是每一位社区公众的理想，社会组织也应积极承担起此项职责。

4. 给社区带来光荣和骄傲 社区里有闻名的古迹、美丽的景观、漂亮的建筑，这些自然是社区居民引以为豪的资本，但如果让社区拥有一个令人侧目、让人尊敬的组织，又何尝不是社区居民的一件荣事呢，社区公众也会从自豪中发自内心地真心喜爱、关心这些给他们带来光荣和骄傲的组织。

> **即学即练 2-2**
>
> 为协调好与社区之间的关系，请列举出你所在的学校可以开展的支持社区公益活动的具体内容或方式。
>
> 答案解析

（三）社区关系协调的手段

1. 通过社区传媒与公众沟通 利用社区大众传媒或组织通讯、年度报告书、小册子、组织刊物等，定期或不定期地向社区公众传递组织运作信息，包括组织运作状况、经营业绩、对社区的贡献等，营造良好的社区舆论环境。

2. 与社区领袖的主动接触沟通 有时，社区领袖也是政府公众关系对象，社会组织应主动向他们汇报组织运作计划与业绩，所承担的社会责任，并征求他们对组织的要求，让这些社区领袖在获得尊重中，更全面地了解组织，并通过他们进而影响社区其他公众的思想。

3. 开放组织 让公众到组织实地进行考察，亲眼目睹整个运作过程，加深对组织的了解。这种印象要比一般的宣传介绍更有效，同时也可借此纠正公众对组织的诸多误解。另外这种直接的接触也能加深组织与社区公众的感情联系，营造"人和"环境。

4. 发挥员工力量，开展全员"公关" 通过良好的内部沟通，增强员工的内聚力，进而充分调动员工积极性，发挥员工人数多、接触广的优势，利用各种场合，为组织作正面宣传，让社区公众在单个人际传播中接受组织信息，认同组织行为。

5. 展览与陈列 利用社区公共设施，抓住合适时机，一方面通过积极参与社区组织的专题宣传活动，展示组织的风采，如通过参加社区的"禁烟活动板报展示""社区建设成就汇展""社区文艺活动"

等，让社区公众知晓组织的行为与立场；另一方面，主动发起组织某项主题宣传活动，让组织从中扮演社区活动热心倡导人角色。

6. 拜访社区机构　配合某些特定日子，如重阳节、妇女节、儿童节、母亲节、教师节等，主动拜访社区有关机构，像学校、福利院、地方政府机构，向他们表示慰问与感谢，适当时候还可附赠些礼品，让他们感受组织的亲和力。

目标检测

答案解析

一、最佳选择题

1. （　　）是组织内部公共关系的起点和基础，其关系的协调是组织成功的源泉和内因。

    A. 顾客关系　　　　　　　B. 政府关系　　　　　　　C. 员工关系　D. 股东关系

2. 社会组织与员工进行沟通，应尽量采用（　　）。

    A. 单向方式　　　　　　　B. 双向方式　　　　　　　C. 面对面方式　D. 非面对面方式

3. （　　）是一种面对面的最明朗、最率直的沟通方式。

    A. 内部刊物　　　　　　　B. 会议　　　　　　　　　C. 公告牌　D. 给员工写信

4. （　　）是最古老也是最常用的传播工具。

    A. 内部刊物　　　　　　　B. 会议　　　　　　　　　C. 公告牌　D. 给员工写信

5. 西方有些国家把（　　）看成是"第四权力"，或称之为"无冕之王"。

    A. 立法　　　　　　　　　B. 司法　　　　　　　　　C. 行政　D. 新闻媒介

6. 对于社会组织来说，（　　）是最权威的公众。

    A. 政府公众　　　　　　　B. 媒介公众　　　　　　　C. 顾客公众　D. 社区公众

二、多项选择题

1. 股东关系，就是股份企业与投资者之间的关系，一般包括（　　）。

    A. 个体投资者　　B. 团体投资者　　C. 自然人　　D. 法人　　E. 政府

2. 组织与员工沟通的方式包括（　　）

    内部刊物　　B. 会议　　　C. 公告牌　　　D. 给员工写信　E. 员工手册

3. 组织与政府协调关系，应（　　）

    A. 经常沟通信息　　　　　　　B. 争取良好的经济效益

    C. 具有良好的社会表现　　　　D. 遵纪守法

    E. 一视同仁

4. 企业与供应商协调关系，应（　　）

    A. 树立互惠互利观念　　　　　B. 加强双向信息沟通

    C. 对供应商进行分类管理　　　D. 使供应商多样化

    E. 强化对供应商的奖励

三、实例解析题

4月的某一天，杭州消费者起诉王老吉，称自己的胃溃疡是由于饮用王老吉所致。5月11日，国家疾控中心营养与食品安全所经检测给红罐王老吉定了性：王老吉中的有些成分和原料，不在《食品安全法》规定的既是食品又是药品的名单之列。王老吉卷入"添加门"。由于王老吉巨大的知名度与品牌影响力，使得"添加门"事件迅速点燃了众多媒体的兴奋点，在客观报道的同时，各种各样的谣言与攻击也铺天盖地而来，王老吉一时间背负着巨大的舆论压力，危机风波骤然掀起。

危机之后的第二天，广东省食品协会紧急召开记者招待会，称王老吉凉茶中含有夏枯草配方是合法的，不存在添加物违规问题。事发仅4天，国家卫生健康部门也发布声明，确认王老吉凉茶在2005年已备案，并认可夏枯草的安全性。不久，王老吉"添加门"事件得以平息。

王老吉"添加门"事件带给你哪些思考？

四、综合问答题

1. 一些医药企业为自己的员工过生日，为顾客过生日，这一做法运用了沟通的哪种形式？有什么作用？

2. 美国有一个安塞公司，在看到其所在的社区中一些单位或居民经常发生各种事故，大至房屋倒塌、火灾爆炸，小至设备故障，电器失灵。公司决定成立一个"抢救队"，由职工自愿参加，天天日夜值班，只要社区公众发生了事故打一个电话，他们就赶到公众家中或出事地点，帮助解决问题，不收报酬。公司这一举动，深受社区公众欢迎。请回答下列问题。

（1）什么是社区关系？安塞公司处理这一关系的目的是什么？

（2）处理好社区关系的重要性有哪些？

（3）假如你是该公司的公关人员，你还有其他与社区公众协调关系的方法吗？

3. 著名教育家苏霍姆林斯基说过："集体是教育的工具"。班集体是学生成长的重要场所，一个班集体的品质直接决定了学生的个体发展。一个积极进取、全面发展的优秀班集体必将对每一个学生的个体发展起着巨大的潜移默化的教育作用，会始终激励着每一个学生不断进取，主动、健康地成长，充满激情地投入到学习、生活与工作当中去。但现在有一个这样的班集体：每次组织班集体活动，总有大概1/3的同学不参加；班里的同学都是一个个小团体，平时都是固定的几个人活动，很少与其他同学一起沟通；舍友之间沟通比较多，与其他宿舍的同学很少交流沟通；……。

请你列举出解决该班级问题的方法和措施。

书网融合……

| 知识回顾 | 微课1 | 微课2 | 微课3 | 微课4 | 习题 |

项目三　遵循公共关系工作程序

学习引导

公共关系不是一种盲目的、随意性的活动，而是有意识、有计划的行为。不同于人际交往或日常事务活动，它是一种系统性的信息管理与传播工作，需要遵循一定的工作程序，而不是仅仅依赖于个人感觉和经验行事。那么想让一个组织在公众心目中树立起良好的形象，公关人员可以采取哪些科学的方法？怎样对各项活动进行周密的组织与计划？具体的工作程序都有哪些？

本项目主要介绍公共关系的工作程序，即公共关系调查、公共关系策划、公共关系实施和公共关系评估这四个环节，以及各环节的原则、方法和内容。

学习目标

1. **掌握**　公共关系的工作程序；公共关系调查的内容和方法；公共关系调查报告和公共关系策划书的撰写方法。
2. **熟悉**　公共关系策划的程序；公共关系实施过程中的障碍及障碍排除。
3. **了解**　公共关系评估的内容和方法。

公共关系工作的基本内容即是公关主体在遵照和外化自身运营文化与理念的基础上，依据公共关系学的基本规律，通过科学的措施手段应对各类公关问题，有效开展公关工作，加强社会组织与公众彼此理解、信任、互动的过程。

1952 年，美国学者斯科特·卡特利普和森特在被誉为"公关圣经"的《有效公共关系》一书中提出了公共关系的"四步工作法"，即：公共关系调查、公共关系策划、公共关系实施和公共关系效果评估，从而确立了公共关系工作程序的基本范式。在实际工作中，这四个环节既相互独立又相互衔接，构成了一个完整的公共关系工作周期。

任务一　开展公共关系调查

公共关系是塑造组织形象和改善组织环境的重要手段。组织内外环境是否和谐、组织能否得到社会公众的认可与支持是组织能否顺利发展、完成组织预期目标的关键。公众如何评价组织，组织的内外环境究竟存在怎样的问题？组织当下发展面临的危机有哪些？公众对组织的需求是什么？正所谓知己知彼，百战不殆，只有清晰地了解和掌握这些问题，才能有效地开展组织的公共关系工作。而这一系列工作必须通过公共关系调查完成，不进行公共关系调查的组织，其公共关系工作是不可能取得成功的。

美国公共关系专家 R·西蒙曾经说过："不论人们如何表达公共关系活动的流程，调查研究都是举足轻重的。如果把公共关系活动视为一个'车轮'，调查研究便是这个车轮的'轴'。"公共关系调查作为开展公共关系工作的第一步，是卓有成效地开展公共关系工作的前提和基础，同时也是公共关系从业人员必须熟悉、掌握的基本方法和专业技能。

▶▶ 实例分析 3-1

实例　青岛海尔集团要在美国打开洗衣机市场，而美国的洗衣机市场在许多人眼中早就处于饱和状态，海尔想要挤进这个市场被认为是"鸡蛋碰石头"。但海尔对自身实力进行了准确的评估，并在前期对美国的洗衣机市场进行了深入详细的调查研究和分析。经调查，海尔发现美国的小容量型洗衣机市场仍存在空隙，最终海尔凭借自己优良的产品质量、大方的外观设计和精准的决策谋划，在"最无人情的竞争地"美国市场占据了一席之地。

问题　海尔的成功给你什么启示？

答案解析

公共关系调查是运用科学的方法、技术、工具及各类媒介，有计划、有步骤地收集相关信息，考察社会组织的内外公共关系状况，对社会组织公共关系工作开展所需的各类信息进行搜集、整理、归纳、分析，从而为后续公共关系工作开展提供科学有效的依据和指引。

广义上看，公共关系调查属于社会调查的一种表现形式。公共关系调查兼具科学性和技巧性，既要确保调查的效用，又要提高调查的艺术。正确地开展公共关系调查并取得最佳效果，不仅要严格按照科学的原则、方法和程序施行，也离不开必要的公共关系调查技巧。

一、公共关系调查的原则 🄴 微课1

（一）客观性原则

客观性原则是公共关系调查的首要原则。首先，要坚持公共关系调查内容的客观性。公共关系调查人员在公共关系调查过程中，必须坚持从客观事实出发，尤其应注意甄别被调查公众的客观态度和主观臆想；其次，要坚持公共关系调查人员的客观性。公共关系调查人员在调查过程中，切忌主观性，既不可随意主观推断客观事实，也不可以个人主观猜测替代客观事实，而应始终坚持从客观事实出发，不回避、不掩盖事实；再次，要坚持公共关系调查过程的客观性。公共关系调查过程中的各个环节，如对象的选取、数据的采集、信息的处理等必须按照科学的方法和程序来进行，只有这样，才能保证最终调查结果的信度和效度。

（二）全面性原则

全面性原则主要有两层含义：一是指公共关系调查的对象必须有公众代表性；二是指调查的资料必须全面，既要包含正面的、有利的因素，又要包含负面的、不利的因素。公共关系调查的全面性原则要求公共关系调查中既要反映调查对象的正反两方面意见，又要涵盖各方公众的意见，切忌一叶障目、顾此失彼、以偏概全。

（三）时效性原则

时效性原则包含了两层含义：首先，公共关系调查只能了解调查对象在某一确定时段内的有关信息，调查结果会随时间变化而不断发生变化。公共关系调查人员既要准确把握信息发展变化的趋势规律、及时形成有效的调查计划和方案，又要随时剔除过时无用的信息；其次，一般而言，公共关系调查中对时效性信息反应和处理得越快，社会组织在竞争中的主动权和优势往往也越大。因此，公共关系调查人员在确保客观性、全面性的基础上，也要充分重视信息传递的及时性、迅捷性。

（四）计划性原则

公共关系调查必须坚持计划性原则。首先，公共关系调查作为社会组织公共关系工作的重要组成部分，必须列入组织的整体发展规划中，实现制度化、规范化。制度化、规范化可以增强公共关系调查的反应性和系统性，使组织不仅能适时得到有价值的信息，而且能不断地总结调查经验，提高公共关系调查工作的质量；其次，对一项具体的公共关系调查而言，确立了完整、严密、务实的调查计划，合理规划好公共关系调查中所需的人力物力，对可能遇见的各类问题及对策都提前做好预案，能够避免公共关系调查的失败，降低调查的成本，提高调查的效率，更好地衔接调查同公共关系其他工作环节之间的关系。

（五）伦理原则

公共关系调查人员在实际工作中应坚守伦理底线并努力扩大同公众的伦理共识，应尊重调查对象的人格尊严和人身权利，在真实、公开、坦诚的友好氛围中获取公众的信任与支持。在公共关系调查的过程中，既要确保调查的科学性，又要使调查行为符合伦理道德规范，不能使调查对象受到任何伤害，不能对调查对象采取任何形式的欺诈或胁迫，不能使调查对象处于某种心理压力之下，任何情况都不得以牺牲伦理原则为代价来获取资料。

二、公共关系调查的内容

公共关系调查主要包括社会组织的基本情况、社会组织的形象、公众的状况和社会环境状况等方面的调查。

（一）调查社会组织的基本情况

社会组织作为公共关系工作的主体，其自身的基本状况从根本上影响制约着一切公共关系工作的开展，因此，社会组织的基本情况是公共关系人员首先必须熟悉和掌握的。

社会组织的基本情况可以分为社会组织的基础性要素和社会组织的发展性要素。

1. 社会组织的基础性要素　是指社会组织基本构成的关键性要素以及既有的相对稳定性因素，主要包括以下几个方面。

（1）社会组织的总体情况，如社会组织的宗旨、类型、主业、规模，组织的管理模式、机构设置、主管部门等。

（2）社会组织的运营模式，如发展目标、发展模式、运营战略，为社会提供的产品、服务及特色等。

（3）社会组织的历史沿革及荣誉，如社会组织的发展历史、重大事件及影响，外界对社会组织的既有评价、组织获得的各种称号与奖励等。

（4）社会组织的文化和理念，如社会组织的精神、道德规范、文化传统以及特有文化标识等。

2. 社会组织的发展性要素　是指社会组织运营发展中能够创造经济效益和社会效益的物资基础和

技术力量，主要包括以下几个方面。

（1）社会组织的既有物资基础，如用于生产经营的区域条件、生产经营设备、信息化支持技术及各种附属设施等。

（2）社会组织的技术能力，如所拥有技术人员的数量和知识结构、科研支撑、关键技术的领先程度等。

（3）社会组织的财务情况，如社会组织的固定资产和资产总额、现金流、平均利润率等。

（4）社会组织成员的待遇情况，如工资、奖金、津贴水平及住房面积、劳动保护情况等。

（二）调查社会组织的形象

社会组织形象是指公众心目中对一个组织的全部看法和总体评价，社会公众往往根据自身对社会组织形象的了解决定对组织的态度是排斥还是认可。良好的组织形象是重要的无形资产；组织形象的塑造与传播是组织公共关系工作的首要目标和重要内容，而组织形象调查则是完成这一目标内容的前提和基础。

1. 内部形象调查和外部形象调查

（1）组织内部形象调查：主要采集组织内部员工对组织实际形象评价与期望形象要求的相关信息和数据。

调查对象主要为：组织领导层、中级干部层与普通员工层。调查的主题通常包括：经营（管理）方针、经营政策、管理制度、决策能力、计划能力、信息畅通度、办公环境、生活环境、财务状况、薪资福利、发展前景、员工关系等。

（2）组织外部形象调查：主要采集组织外部公众对组织实际形象的评价以及公众需求的相关信息。

调查对象主要为：各类外部公众。调查主题通常包括：产品质量、服务质量、专业化水平、售后服务、外部包装、产品价格、组织信誉、社会责任履行等。

2. 自我形象预定调查、实际形象调查和组织形象差距比较分析

（1）自我形象预定调查：每个社会组织都有一个自我形象的预期标准。自我形象预定调查主要通过对组织凝聚力、组织实际状态、基本条件以及员工对组织形象的要求与期望的调查完成。在组织自我期望和实际可能相结合的基础上，确定本组织的自我期望形象。

（2）实际形象调查：通过调查公众对组织知名度、美誉度和信誉度的评价完成。

知名度是衡量社会组织及其产品在社会公众中的影响力大小，反映公众对社会组织的知晓乃至熟悉的程度。知名度调查可分为知晓度调查和熟悉度调查。知晓度调查侧重调查社会组织为社会公众所知晓的情况，主要内容包括知晓公众的总体数量、基本特点、区域分布情况及局部区域内知晓公众的比重等。熟悉度调查侧重反映社会公众对社会组织的认知熟悉程度，即在对社会组织充分知晓的基础上进一步达到能够区分社会组织信息细节、解读社会组织深层文化的程度。熟悉度调查主要包括熟悉公众在公众中所占的比重、区域分布、类型划分以及对其他公众的影响力等。

美誉度是在充分认知、熟悉社会组织的所有公众中，对社会组织进一步产生情感趋同，对组织及其产品持欢迎、喜爱、信赖、赞赏态度的公众比例。美誉度是衡量社会组织与公众关系的一个关键性指标。美誉度程度的高低，实际上决定着社会组织与公众关系的性质和水平。

信誉度是公众对组织的信任程度。

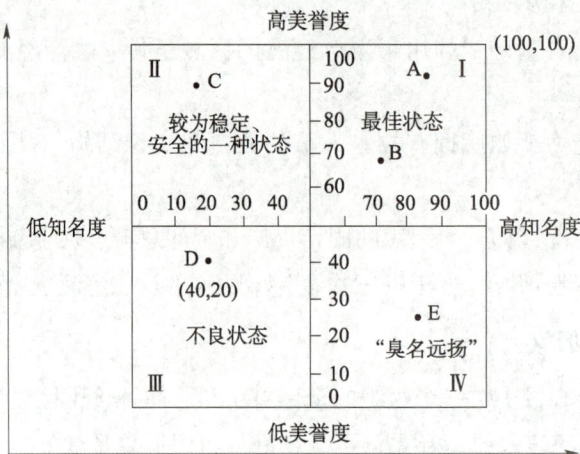

象限 I 代表 高知名度高美誉度，象限 II 代表 低知名度高美誉度
象限 III 代表 低知名度低美誉度，象限 IV 代表 低美誉度高知名度

图 3 - 1 美誉度与知名度

一般而言，一个真正良好的组织形象应该是既有知名度又有美誉度，但在实际组织形象状态中，知名度和美誉度并不是正向关联，有知名度不一定有美誉度，有美誉度也不一定有知名度。组织知名度高，其美誉度不一定高。组织知名度低，其美誉度不一定低。有知名度而无美誉度是一个不好的公关状态，有美誉度而无知名度也将失去很好的市场机会（图 3 - 1）。信誉度与美誉度则呈正向关联，信誉度高的组织都有良好的美誉度，有良好美誉度的组织也一定是由高的信誉度引发而来。信誉度和美誉度的区别在于，信誉度以组织的经济指标和行为指标为衡量依据，美誉度则是以公众对组织的态度和评价为标准。

即学即练 3 - 1

从知名度和美誉度的角度来看，下列哪项符合"酒香不怕巷子深"的描述？

A. 高知名度/高美誉度　　　　　B. 高知名度/低美誉度

C. 低知名度/高美誉度　　　　　D. 低知名度/低美誉度

（三）调查公众的状况

公众是组织公共关系活动的直接对象，是影响组织发展的重要微观环境，调查公众的状况主要通过以下三个方面。

1. 公众构成

（1）内部公众构成情况　如内部公众的数量、职称职务、劳动态度、思想素质等。

（2）外部公众构成情况　如外部公众的数量、空间、特征、需求、观念、与组织的结构状态、对组织的重要性、对组织的依赖性等。

2. 公众需求　社会组织服务公众的本质即是有效恰当地满足公众的需要。因此，社会组织的公共关系工作，必须做好对公众需求情况的调查工作，准确掌握公众的需求信息。公众需求情况调查可以通过两个方面来进行，一是公众的物质需求情况。如公众对改善物质生活环境的需求、对获得优质物质产品的需求、对获得各种有形服务的需求。二是公众的精神需求情况。如公众对组织接纳的需求、对合法权益的需求、对获得满意服务的需求、对获得重要信息的需求、对获得组织重视的需求等。

沃尔玛一家分店的营销经理曾对超市的销售数量进行设定跟踪，一次他发现了一个奇怪的现象，啤酒与尿不湿的销量在周末总会出现成比例的增长。超市立即对这个现象进行了分析和讨论，并派出专门的工作人员在卖场内进行全天候的观察。最后，谜底终于水落石出，调查发现啤酒和尿不湿多为男人在周末采购，而购买这两种产品的顾客一般都是年龄在 25 至 35 周岁的青年男子，由于孩子尚在哺乳期，多数男人都接到了夫人的"圣旨"，下班后带尿不湿回家，而周末正是美国体育比赛的高峰期，喝着啤酒看比赛是多么惬意的事！这位经理从中受到启发，重新调整超市的物品摆放，将卖场内原来相隔很远的妇婴用品区与酒类饮料区的距离拉近，将啤酒与尿不湿摆放在一起，同时将牛肉干等一些简易的下酒食品也放在旁边。这样全年下来，营业额竟然增加了几百万美元，而这正得益于沃尔玛充分了解并满足了消费者的购物需求。

3. 公众对组织的评价　任何公共关系工作的开展，必须基于对组织实际社会形象的清晰认识。所谓组织形象，实际上是公众对社会组织各种评价的综合。社会组织开展公共关系调查，必须着重收集公众对组织的评价性信息。公众对组织的评价主要包括：第一，对组织产品的评价。如对产品的内在质量、产品外型、产品价值等的评价。第二，对组织服务质量的评价。如公众对组织服务项目、服务方式、服务措施、服务水平等的评价。第三，对组织管理水平的评价。如公众对组织管理机构及其办事效率、对组织经营创新和管理革新、对组织管理效益等的评价。第四，对组织人员素质的评价。如公众对组织领导人、中层管理人员、专业技术人员、一般员工、公共关系人员及特殊人物的评价等。第五，对组织外向活动的评价。如公众对组织公关宣传活动、对外形象展示、慈善项目等的评价。

（四）调查社会环境状况

公共关系中的社会环境是指社会组织在生存与发展中所要面对的、能对其产生促进和制约作用的各类公众和社会条件的总和。

1. 社会基本环境调查　需要调查分析与本组织相关的政治、经济、法律、文化环境，如党和国家颁布的各种相关的政策、法律、法规，评估其对组织发展的影响；国家及地方政府有关部门制定的规章制度对本组织经营行为的影响。

2. 市场经济环境调查　市场经济环境调查主要包括三个方面：第一，市场需求状况调查。如市场容量、社会购买力、居民的消费结构和消费水平、现有和潜在的购买人数、近期需求与长远需求及其需求变化趋势、国家是否鼓励某项消费等。第二，消费者消费欲望与购买动机、消费者偏好及影响消费者偏好的因素等。第三，市场竞争状况调查。如市场是否形成竞争态势、竞争对手的生产能力、产品特色、销售政策、服务措施、在消费者心目中的印象、与中间商的关系、广告宣传力度、公关促销手段等。

3. 行业环境调查　调查所属行业组织的经营方针、人员素质、技术力量、资金占有、经营管理水平、产品与服务、在同行中的排名地位等。

三、公共关系调查的方法

公共关系调查方法是指保证公共关系调查目的得以顺利实现的途径、手段、措施等。公共关系调查方法主要有科学观察法、询访调查法、问卷调查法、量表测量法、文献调查法等。

（一）科学观察法

科学观察法是公共关系调查人员根据一定的调查目的和调查任务的要求，亲临现场，具体观察调查对象的行为表现及其所处状态，以搜集所需公共关系信息资料的调查方法。科学观察法大多是在调查对象没有察觉的情况下进行的，因此调查结果比较客观。但采用此方法往往只能了解被观察者的表面现象和行为活动，并不能看出其内部特征，尤其不能发现被观察者的内心世界，无法深入了解他们的行为动机、态度、打算等，因而调查深度往往不够。

（二）询访调查法

询访调查法是公共关系调查中常用的一种信息资料搜集方法，它是公共关系调查人员根据一定的调查目的和任务要求，通过向调查对象提问，与调查对象交谈而搜集所需的公共关系信息资料的调查方法。

询访调查法按其所采用的信息媒介、手段划分，可分为面谈询访、书面询访、电话询访、电子邮件询访等。各种询访方法各具利弊，各有长短，有一定的适用范围。究竟采用哪种方法，应根据具体情况确定。一般来说，搜集简单的、时间性强的信息资料，以电话询问为好；搜集涉及面广、深度要求高的信息，则以面谈为佳；涉及不便当面谈的内容信息，则以书面询访为宜。如面谈法主要适用于较为复杂的信息搜集，可对各种相关因素做细致深入的了解，但这种方法花费时间长，对询访者的语言表达能力和综合分析能力要求高，还需询访者具备一定的临场经验和丰富的知识。

不管采用哪种方法，在访谈前，都要设计访谈提纲。访谈提纲一般包括：确定访谈调查目的（为什么谈）、确定访谈员（谁去谈）、确定访谈记录方式（怎么记）、确定访谈报告方式（怎么写）。如果是标准化访谈，必须使用组织统一设计的访谈问卷；如果是非标准化访谈，提纲则无须有严格的分类和固定的回答方式，但必须把与调查主题相关的主要项目和问题列出，问题要简练、明确。

（三）问卷调查法

问卷是用于搜集信息资料的一种重要工具，形式是一份精心设计的问题表格。问卷调查法是由调查人员向被调查对象提供问卷，并请其回答其中问题而搜集所需信息资料的调查方法。

从问卷的结构来看，一份完整的问卷通常都包含标题、前言（卷首语和指导语）、问题、答案、结束语等几个部分，其中问题和答案是问卷的主体。在问卷设计的过程中，关键是要设计好问卷的问题和答案。问卷依其问题的构成特点，可分为封闭式问卷和开放式问卷两种。封闭式问卷是在提出问题的同时给出若干个备选答案，要求被调查人员从中选择一个或几个作为回答；开放式问卷是只提出问题，不提供具体答案，而由被调查人员自由发挥进行作答。

问卷调查法是现代公共关系调查的一种科学规范的调查方法。其优点是具有较好的匿名性，有利于搜集真实的信息；可以节省时间、人力和经费，所获得的信息资料便于定量处理和分析；可以较好地避免调查人员的主观偏差，减少人为误差。缺点是回收率一般较低，不适用于对文化水平低的人作调查；由于被调查人员填写问卷时调查人员一般不在场，因而所获得的信息资料质量往往难以保证。

下面是××医学院附属医院进行公众调查的调查问卷。

××医学院附属医院调查问卷

亲爱的朋友：

您好！为了提升医院业务水平，改善服务质量，更好地服务社会大众，我院现进行公众问卷调查，请您于百忙之中抽出几分钟时间作答。该问卷不记名，且回答无对错之分，请放心填写。

感谢您的支持，祝您工作顺利，生活愉快！

×× 医学院附属医院

×× 年 × 月 × 日

1. 您的性别是（　　）

    A. 男　　　　　　　　　　　　　　　B. 女

2. 您是（　　）

    A. 本地人　　　　　　　　　　　　　B. 外地人

3. 您的年龄是（　　）

    A. 22 岁以下　　　B. 23 ~ 35 岁　　　C. 36 ~ 49 岁　　　D. 50 岁以上

4. 您的职业是（　　）

    A. 教师　　　　　B. 商人　　　　　C. 学生　　　　　D. 工人

    E. 公务员　　　　F. 农民　　　　　G. 其他

5. 您的家庭人均月收入是（　　）

    A. 2000 元以下　　B. 2000 ~ 4000 元　C. 4001 ~ 6000 元　D. 6000 元以上

6. 您是否有医疗保险（　　）

    A. 是　　　　　　　　　　　　　　　B. 否

7. 您是否来 ×× 医学院附属医院就诊过（　　）

    A. 是　　　　　　　　　　　　　　　B. 否

8. 您是从何处了解到我院的医生信息或就诊信息（　　）

    A. 医院官网，微信公众号等　　　　　B. 报纸书刊

    C. 熟人朋友介绍　　　　　　　　　　D. 其他_____

9. 您觉得 ×× 医学院附属医院的就医环境如何（　　）

    A. 干净整洁，井然有序　　　　　　　B. 不好不坏，很一般

    C. 环境杂乱，秩序混乱

10. 您在窗口挂号、划价、收费、取药所需的等候时间是（　　）

    A. 不超过 10 分钟　　　　　　　　　B. 10 ~ 20 分钟

    C. 20 分钟以上

11. 您对我院门诊医生、医护人员等工作人员的服务态度（　　）

    A. 满意　　　　　B. 基本满意　　　C. 不满意　　　　D. 非常不满意

12. 您对我院门诊医生、医护人员等工作人员的服务水平（　　）

    A. 满意　　　　　B. 基本满意　　　C. 不满意　　　　D. 非常不满意

13. 您对我院医生对您病情的合理用药和进行相关检查的满意度为（　　）

    A. 满意　　　　　B. 基本满意　　　C. 不满意　　　　D. 非常不满意

14. 您觉得我院就医费用（　　）

    A. 偏低　　　　　B. 合适　　　　　C. 偏高

15. 您每次在我院的消费金额是（　　）

    A. 100 元以下　　B. 100 ~ 300 元　　C. 300 元以上

16. 您认为我院目前急需解决的问题是 (　　　)

    A. 就医环境问题　　　　　　　　　　B. 医疗设备问题

    C. 医务人员问题　　　　　　　　　　D. 其他_____

17. 当您的权益受到侵害时，您会如何解决 (　　　)

    A. 不知道该如何维权

    B. 情况较严重时才会采取正当的维权手段

    C. 明白维权手段，但觉得太繁琐所以放弃

    D. 只要权益受损就一定会采取维权手段

    E. 其他_____

18. 对于××医学院附属医院，您还有什么意见或建议?_____

(四) 量表测量法

量表测量法是公共关系调查人员根据一定的调查目的和任务要求，借由测量量表对调查对象的主观态度和潜在特征进行测量，以搜集信息资料的调查方法。量表由一组精心设计的问题构成，用以间接测量调查对象对某一事物的态度、观念和某方面的潜在特征，可以较为精确地反映其主观态度和潜在特征。

(五) 文献调查法

文献是以文字、图像、符号、声频、视频等为主要记录手段的知识载体。文献调查法是调查人员根据一定的调查目的和任务要求，通过搜集现有文献来获取资料的调查方法，具有简单、快速、节省调研费用、不受时空限制等优点，尤其适用于对历史资料和远程区域信息资料的搜集。它既可作为一种独立的调查方法运用，也可作为实地调查等方法的补充，是一种间接的调查方法。

四、公共关系调查的程序

公共关系调查的程序一般可以分为五个阶段。

(一) 调查准备阶段

调查准备阶段是公共关系调查的基础阶段和首要环节。公共关系调查能否达到满足公共关系工作所需信息的要求，很大程度上取决于调查准备阶段的工作内容与工作质量。调查准备阶段的工作内容主要包括以下三项。

1. 确立调查任务　公共关系调查人员要通过对社会组织面临的现实公共关系问题进行探讨，根据社会组织公共关系工作对公共关系信息的实际需要，确立具体、可行的公共关系调查任务，使公共关系调查真正做到有的放矢。

2. 进行调查设计　要有效地完成公共关系调查的任务，首先必须进行周密的公共关系调查设计，而不是急于去搜集资料。公共关系调查设计的任务较多，主要包括调查课题设计、调查指标设计、调查样本设计、调查问卷设计、调查过程设计、调查方案设计等。

3. 做好调查准备　调查准备主要涉及三个方面：一是人员准备。公共关系调查人员不仅有数量上的要求，还有知识、能力、素质等方面的要求，社会组织要根据公共关系调查的需要，有针对性地开展调查人员的培训工作。二是经费准备。要努力确保经费充足和及时到位。三是物质技术条件准备。公共

关系调查往往需要一些物质技术手段的支持，如录音机、录像机、摄影机、计算机等。

（二）资料搜集阶段

资料搜集阶段也称具体调查阶段，是整个公共关系调查过程中最为重要的阶段，也是公共关系调查唯一的现场实施阶段。因此，根据调查方案的要求，采用各种调查方法，实际搜集资料是本阶段的根本任务，其他工作都要围绕这一根本任务来进行。

公共关系调查所要搜集的资料可以分为两种：一是原始资料，二是现成资料。原始资料也称第一手资料，即调查人员深入现场实地调查所搜集的资料，是公共关系对象中资料搜集的重点，属于直接资料。现成资料也称第二手资料，即经过他人搜集、记录或已经整理好的资料，属于间接资料。无论原始资料还是现成资料，都应以保证资料的真实准确、全面丰富为基本原则。

（三）整理分析阶段

整理分析阶段也称研究阶段，是运用科学的方法，对搜集得来的公众调查资料进行提纯、整序，并加以分析、研究的信息处理过程。整理分析阶段的主要任务有两项：一是整理调查资料，二是分析调查资料。

1. 整理调查资料　整理调查资料的工作内容主要包括：第一，按照真实性、准确性、完整性、标准性的要求对调查资料进行审核；第二，按照科学性、实用性、渐进性、相斥性的原则对调查资料进行分类；第三，按照条理化、系统化、精练化、规范化的要求对调查资料进行加工。

2. 分析调查资料　调查资料分析是指调查人员运用一定的科学分析法，对调查资料的内容进行深度加工的过程。这一过程运用的分析方法很多，一般可概括为定性分析法和定量分析法。

📱 知识链接

定性分析法和定量分析法

定性分析法，就是对研究对象进行"质"的方面的分析。具体来说就是运用归纳和演绎、分析和综合以及抽象与概括等方法，对获得的各种材料进行思维加工，从而去粗取精、去伪存真、由此及彼、由表及里，达到认识事物本质、揭示内在规律的目的。

定量分析法，就是对研究对象进行"量"的方面的分析，是对社会现象的数量特征、数量关系与数量变化的分析，其目的在于揭示和描述社会现象的相互作用和发展趋势。

定性分析与定量分析是相互补充的，定性分析是定量分析的基本前提，定量分析使定性分析更加准确、科学，并且可以使定性分析得出广泛而深入的结论。在进行调查的时候，必须将二者有机结合起来，这样才能对所调查的问题进行系统分析，最终得出正确结论。

（四）报告写作阶段

当完成调查资料的整理分析后，就要撰写调查报告，调查报告是用以反映调查所获主要信息或初步认识成果的一种书面报告。通过调查报告，调查人员可以将调查过程中获得的信息和认识成果展现出来，便于组织的领导者或公共关系部门负责人参考使用，同时将公共关系调查成果尽快应用于公共关系科学运作中，取得良好收效。

公关调查报告在撰写过程中应满足以下三点要求。

1. 要确保内容的客观性和真实性　确保调查报告内容的客观性和真实性是最起码的要求，绝对不能弄虚作假。

2. 要确保调查报告体例的系统性和完整性 系统性是指调查报告的内容体例应有系统，能全面且合乎逻辑地表述。完整性是指调查报告的形式体例应当完备，一般来讲，需包括题目、目录、概要、正文、结论、建议和附件等内容。

3. 要确保调查报告的准确性和便读性 调查报告的语言表达与一般文体有所区别，主要要求准确、便读。准确是指行文要把握分寸，恰到好处地将事实表达出来；便读是指内容应简洁朴实，通俗易懂，不拐弯抹角。

（五）总结评价阶段

总结评价阶段是公共关系调查的最后阶段，主要包括两项工作。

1. 评估调查成果 评估调查成果是指评估调查成果的价值，一般通过两个指标进行，一是调查成果的学术价值，二是调查成果的应用价值。在学术价值方面，主要应对公共关系调查所提供事实和数据资料的完整性、真实性、可靠性等做出客观评价，以及对所提出理论观点和研究结论的科学性、合理性、创新性等做出客观评价。在应用价值方面，一般要根据公共关系调查成果被采用情况、公共关系调查成果对公共关系科学运作的实际指导作用和所取得的实际效益，通过成果应用者评估、同行专家评估、组织领导评估等来做出具体评价。

2. 总结调查工作 总结调查工作，实际上是对整个公共关系调查活动的工作过程和有关情况进行回顾总结。内容主要包括：第一，公共关系调查工作的完成情况。如是否按时完成了调查任务，是否真正达到了调查目的，是否需要补充调查或重新调查等。第二，公共关系调查工作的经验教训。如本次公共关系调查的成功和不足之处，调查各阶段取得的工作成绩和收获，调查的条件、方法、手段是否合理等。

任务二　进行公共关系策划

《中国公共关系大辞典》把策划定义为："是人们为了达成某种特定的目标，借助一定的科学方法和艺术，为决策、计划而构思、设计、制作策划方案的过程。"换言之，策划是决策前的准备工作，它为决策进行设计和创意，为决策提供依据，进行运筹。

公共关系策划是在充分调查研究的基础上，根据组织自身形象现状和目标要求，分析现有条件，对公关活动的主题、手段、形式和时机进行构思设计，确定公共关系的战略与策略，并制订出最佳计划方案的过程。公共关系策划具有战略性、策略性和创造性，是一门科学，也是一门艺术。因此，有人将公关策划称为公共关系的最高层次。

一、公共关系策划的原则

（一）公众利益优先

任何组织的生存与发展，都离不开公众的支持，如果公共关系策划只追求经济效益，只顾自身利益而不顾公众利益、社会效益，就失去了组织与公众沟通、获得社会认可支持的基础，最终为社会所不容。成功的策划是以组织利益和社会利益的统一为宗旨，尤其应把公众利益放在优先地位，只有这样才能赢得公众，最终实现组织的目标。

（二）尊重客观事实

公关策划必须坚持以客观事实为依据，做到客观、公正、真实、全面。所谓客观，就是反映事物的本来面貌，不以推断和想象代替事实，更不能有意识地"造假"；所谓公正，就是以公正的态度对待事实，站在公众能够接受的立场上处理问题，不护短，不推诿，不文过饰非；所谓真实，就是直面事实，既不夸大，也不缩小；所谓全面，就是充分掌握事物的全貌，反映、传播需要公开事实的全部材料，决不以偏概全，更不能有意掩盖事实真相。组织必须经过周密细致的公关调查，制定切实可行的公关目标，排除各种虚假因素的干扰，在充分掌握客观事实的基础上，策划出公众可接受的方案。

（三）创造性与务实性相统一

成功的公共关系策划是一次创造性的劳动，是对公共关系理论创造性地应用，以新颖、独特的内容吸引公众。公共关系策划要根据组织环境和社会公众各方面的发展变化状况，以及组织内部条件，提出富有独创性的公关方案，这样才能使公关活动标新立异，收到良好效果。在进行公共关系策划时，组织需要和实现的可能性二者必须统一，对策划者来说，既要考虑组织所要达到的公共关系目的，也要考虑外部环境和内部条件，使公共关系策划的方案目标是可实现的，程序是可行的，范围是力所能及的，手段和方法是可利用的，为公共关系活动的有效开展奠定基础。

（四）计划性与灵活性相统一

经过策划所形成的行动方案，涉及到组织各方面工作的协调，涉及到人、财、物的配备，具有较强的计划性，所以方案一经确定，应尽量保持其稳定性，保证整个方案的贯彻实施。但是，公共关系策划方案不是一成不变的，组织的主观条件和外部环境随时都在变化，方案应有充分的回旋余地，灵活的补救措施，尤其当环境变化对目标的影响很明显时，应及时适当地调整公共关系策划活动或者公共关系目标。只有把计划性和灵活性有机统一起来，才能保证公共关系工作达到更好的效果。

（五）与社会组织整体计划相一致

公共关系策划是在组织总体发展目标约束下进行的。在进行公共关系策划时，必须把策划目标看作是组织整体目标的一部分，与组织的整体目标统一起来。策划必须根据组织的特定目标来设定策划方案的目标，否则，与组织的发展目标相悖，再好的行动方案也只是不切实际的空想。无论是专业性的公共关系公司，还是组织内部的公共关系部，在进行公共关系策划时，都要认真研究现阶段、现时期组织的目标是什么。作为医药企业，在进行公关策划时还应注意以下几点。

1. 策划者应具有医药专业素养　医药公关策划人员不仅应具备公共关系专业知识和技能，还必须拥有足够的医药专业知识，懂得国家医药政策法规，熟悉医药行业，准确掌握公众用药心理等。

2. 策划目标应具有社会责任感　医药企业的公关战略目标应当是在公众心目中树立富有社会责任感、尊重生命、科学严谨的药企形象。

3. 策划对象的广泛性和诉求的一致性　从购药的需求来看，医药企业面对的是最广泛的公众群体，公众对医药企业有着共同的健康诉求。

4. 策划内容的社会性和公益性　医药企业公关策划的战略目标和战术方案应当围绕医药企业服务社会、履行社会责任等方面展开设计。

二、公共关系策划的内容

以医药企业为例，公共关系策划的内容主要包括以下几个方面。

（一）策划公关目标

对医药企业来说，公共关系的总目标就是塑造医药企业良好的形象，提升企业的社会声誉，但是由于医药企业特性的差异，公众对医药企业的心理期望是不同的，这就需要每一家医药企业设计契合自身需要的具体公关目标。公共关系目标可以是医药企业希望通过公共关系活动达到的形象状态和理想标准，也可以是针对所存在的企业形象问题的改善目标。

医药企业公共关系目标可以按照时间维度和功能维度来划分。按照时间长短可分为长期目标和近期目标。长期目标涉及医药企业长远发展和经营管理战略等重大问题，与医药企业的整体目标相一致，其时间跨度可在5年以上；近期目标主要指围绕长期目标制定的具体实施目标，例如年度工作目标、定期活动、专题活动等内容。

按照功能划分，公关目标还可以分为信息传播、联络感情、改变公众态度、改变公众行为等四种情况。

信息传播主要是提升医药企业对公众的知名度，包括医药企业正式出台的政策、重大人事变更、推出新的产品服务，重要的信息要迅速传播给特定公众等。联络感情是指对特定公众对象情感的投资，这既是医药企业公关人员的长期工作目标，也是短期内医药企业公关形象维护与强化的工作。如美国通用食品公司每年圣诞节为股东寄上公司新出的罐头礼品，并提供公司产品购买优惠政策，定期联络与各位股东的感情，加强股东对公司的归属感、自豪感，从而使公司的各项政策与措施都能得到股东们的大力支持。改变公众态度，是指有效地运用多种传播手段，努力加深特定公众对象对医药企业的了解与好感，促成公众对医药企业正面态度的生成巩固。一般来说正面态度包括同情、亲近、了解、信赖、好感等，负面态度包括偏见、敌视、冷淡、怀疑、无知等。改变公众行为是在改变公众态度基础上发生的，当公众对组织的态度发生转变时，行为也会随之变化。如消费者最开始对某一医疗保健器械持怀疑态度，但经过营业员为其耐心讲解并亲身试用后发现效果良好，遂对产品态度由负面转向正面，产生了信赖好感，最终影响了其行为，愉快购买。

（二）策划公关对象

策划公关对象即界定医药企业公关活动的公众。策划者对公众进行具体科学的分类，以便确定实施方案所需的目标、战略和战术。

界定公众一般分为两个步骤，首先鉴别公众的权利要求，公众关系在本质上是一种互利关系。其次，对公众的各项权利要求进行概括分析，找出哪些是共性要求，哪些是特殊要求，哪些与医药企业目标相符，哪些与之相悖，做到区别对待。

不同公众对医药企业的期望与权利要求是各不相同的。具体如下：

1. 员工 就业安全和适当的工作条件；合理的工资和福利；培训和发展的机会；了解公司的内情；社会地位、人格尊严和心理满足；不受上级专横对待；和谐的人事关系；参与表达的机会等。

2. 股东 参与利润分配；参与股份表决和董事会选举；了解公司的经营动态；优先使用新产品；有权转让股票；有权检查账目、增股报价、资产清理，有合同所确定的各种附加权利等。

3. 顾客 保证产品质量及适当的保质期；公平合理的价格；优良的服务态度；准确解释各种疑难或投诉；提供完善的售后服务；获取必要的产品技术资料及增进消费者信任的各项服务；必要的消费指导和消费教育等。

4. 竞争者 由社会或本行业确立竞争活动准则；平等的竞争机会和条件；竞争中的相互协作；竞

争中的现代企业家风度等；尊重合同；平等互利；提供技术信息和援助；为协作提供各种优惠和方便；共同承担风险。

5. 社区公众 向当地社会提供生产性的、健康产业的就业机会；保护社区环境秩序；关心支持当地政府；支持文化慈善事业；赞助地方公益活动；正规招聘，公平竞争；以人力、财力、技术扶持地方小企业的发展等。

6. 政府 保证各项税收；遵守各项法律政策；承担法律义务；公平竞争；保证安全等。

7. 新闻媒介 公平提供消息来源；尊重新闻工作者的职业尊严；有机会参加组织的重要庆典等社交活动；提供采访的便利条件等。

（三）策划公关时机

策划公关时机即确定实施公共关系方案的时间和契机。公关时机的策划包括两个方面。

首先，选择公关"由头"，也就是理由。公关"由头"是一个公关活动开展的价值与依据，由三个要素组成：一是符合公众利益，为公众提供信息、知识、思维性服务；二是符合医药企业机构的总体目标和自身利益，与医药企业的性质相关，不至于牵强附会；三是具有新闻价值，活动策划应体现其传播效用。新闻策划，是指社会组织或个人在尊重事实、不损害公众利益的前提下，有目的地策划、组织、举办具有新闻价值的事件，制造新闻热点，争取报道机会，通过新闻媒介向社会传播，以达到吸引公众注意、扩大组织知名度和影响力的目的。它具有新、奇、特的特点，必须要符合新闻规律，要真实可靠，不允许编造事实欺骗公众，这是公共关系利用舆论的主要手段，也是它与广告在传播上的最大不同。

其次，选择公关时机。公关时机可分为常态公关、特殊时期公关、危机公关。运用各种特殊时机来策划公关活动是常见的方法，如遇重大节日、重大纪念日、其他规律性的节日；运用各种传播事件或活动来策划专项活动，如学术活动、发布活动、艺术展览、比赛活动等；运用各种偶然机遇和社会热点话题来策划专门的公关活动。在公关时机的选择上，应注意不要在同一天或短时期内策划两项内容不同的专项公关活动，以免影响公关效果。

（四）策划公关策略

策划公关策略即对公共关系活动方案的设计，也是公共关系活动的战略模式和战术模式，其中主题设计是公共关系活动策划的精髓，是整个公关方案设计的重要环节。一般来说，公共关系活动主题必须与公关目标一致，其传递的信息必须新颖独特且具有感召力。同时主题设计还应契合公众的心理需求，生动形象，可信可靠，简明扼要，易播易记。

（五）策划公关媒体

公关活动传播的媒介，是医药企业与公众进行有效沟通的渠道与桥梁。不同的传播媒介有不同的传播效果和传播特点，资金投入和传播效果也迥异。因此，公共关系活动应选择恰当的传播媒介，合理整合媒介资源，有效地传播医药企业形象。

（六）策划公关效果

公关效果是对公关活动应当发挥的作用和成效的预测，是公共关系活动应达到的预期目标。

三、公共关系策划的程序

公共关系策划的程序是根据社会组织内在和外在的客观状况以及策划的具体内容而定，一般说来，大致可以分为四个阶段、14 个步骤（图 3 – 2）。

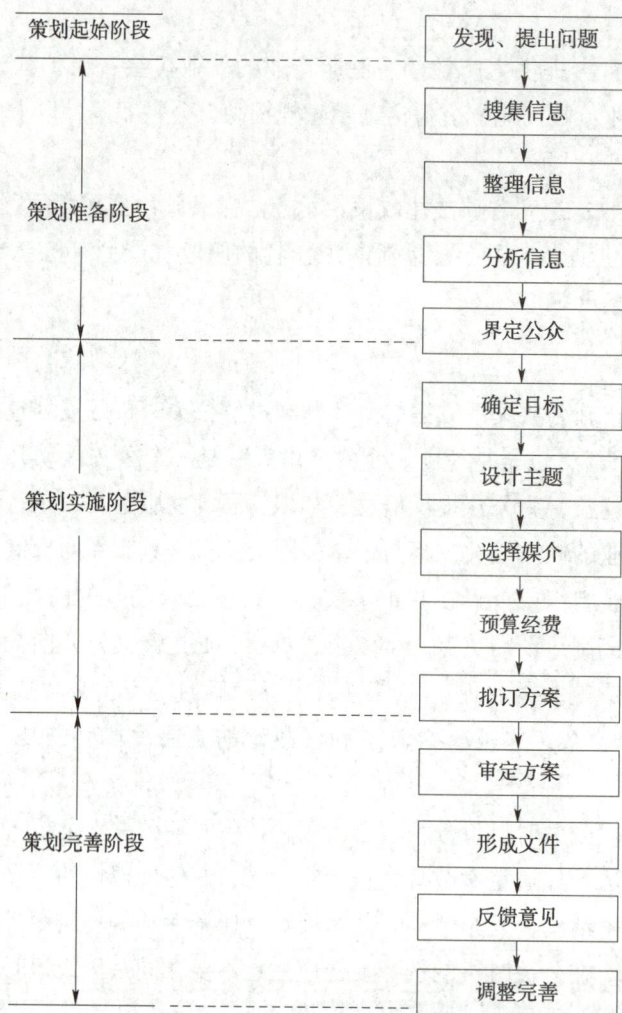

图 3 – 2　公共关系策划的程序

（一）策划起始阶段

公共关系策划是以问题的存在为前提，围绕解决问题展开活动。因此发现问题、提出问题是公共关系策划的逻辑起点，解决问题是公共关系策划的目标，贯穿于公共关系策划的全过程。

那么如何发现组织所存在的问题呢？一般常用的方法有例外法则、偏差记录、组织诊断、缺点列举。

1. 例外法则　把社会组织的理想目标与现实状态加以对照，如果两者相符则属于正常，如果两者不符则属于例外，从"例外"中寻找差距，发现问题。

2. 偏差记录　社会组织安排相关人员周期性地调查和询问组织内外发生了哪些变化，出现了什么异常现象，把脱离组织正常运行轨道的偏差记录下来，然后对这些偏差进行分析研究，从中发现问题。

3. 组织诊断　社会组织聘请有关专家，对社会组织的机体或运行状况进行检测、评估和分析，以便发现潜在的问题。

4. 缺点列举　社会组织通过召开各种形式的员工会议或者公众座谈会，请与会者专门就组织的某一方面情况列举组织存在的缺点，从大家漫谈所列举的缺点或不足中发现存在的问题。

（二）策划准备阶段

当社会组织发现问题之后，就要通过具体的公共关系活动来解决问题。为了使公共关系活动有针对性、计划性并能达到预期效果，必须针对发现的要解决的问题进行公共关系策划，公关策划进入准备阶段。这一阶段包括搜集信息、整理信息、分析信息、界定公众四个步骤。

1. 搜集信息　针对发现并试图解决的问题，搜集相关信息，以便为公共关系策划奠定基础，为审定公关策划方案限定参照标准，为开展公共关系活动创造条件。

2. 整理信息　对搜集到的信息进行归类和初步加工处理，便于信息的保存、分析、应用。

3. 分析信息　针对公共关系策划活动的实际需要，运用专门的信息分析方法对搜集到的、经过初步整理的信息，进行比较、估量、计算、筛选等加工分析，从而弄清现状，找出差距；总结经验，发现优势；获取新知，寻觅时机；设计新路，确定目标。

4. 界定公众　界定公众有利于明确公共关系活动目的、设计公共关系活动主题、组建公共关系活动队伍、选择传播媒介。公共关系活动的目标公众，是根据公共关系活动的内容、目标及公众状况来确定的。针对发现并要解决的问题，根据搜集信息所反映出的特定公众情况，通过信息分析对公众加以界定，确定目标公众，以便为正式策划做好准备。

（三）策划实施阶段

公共关系策划准备工作就绪之后，就可以进入正式策划实施阶段，这是公共关系策划最重要也是最富有成效的阶段，这一阶段包括确定目标、设计主题、选择媒介、预算经费、拟订方案等五个步骤。

1. 确定目标　确定目标必须以发现并试图解决的问题为出发点，以搜集的信息及对信息的分析、对公众的界定为依据和前提条件，以预期效果即对问题的解决程度为归宿。确定目标，可以为策划指明方向，为策划的实施提供依据，确定公共关系目标要建立在对环境及其发展趋势充分研究估量的基础上。

（1）理论目标　按时间幅度可分为长期目标和近期目标；按组织需解决的问题可划分为建设性目标、解释性目标、纠正性目标、创造性目标等；按公共关系目标实现的顺序可划分为传播信息、联络感情、改变公众态度、改变公众行为等。

（2）实践目标　解决社会组织公共关系实践中面临的问题。

📱 知识链接

公共关系实践目标

英国公共关系专家弗兰克·杰夫金斯将公共关系实践目标概括为以下16种。

（1）新产品、新技术、新服务项目开发过程中，要让公众有足够的了解。

（2）开辟新市场、新产品和服务之前，要在新市场所在地的公众中宣传组织声誉，提高组织的知名度。

（3）转产其他产品时，要调整组织的对外形象，树立新的组织形象以便与新产品相适应。

（4）参加社会公益活动，并通过适当的方式向公众宣传，加深外部公众对组织的了解与好感。

（5）开展社区公共关系活动，与组织所在地的公众沟通，得到他们的支持。

（6）本组织的产品或服务在社会上造成不良影响后，通过公共关系活动，挽回组织形象。

（7）为本组织新的分公司、新的销售店、新的驻外办事处进行宣传，使各类公众了解其性质和作用。

（8）让广大公众了解组织领导层关心社会、参加各种社会活动的情况，以提高组织的美誉度。

（9）发生严重事故后，要让公众了解组织的处理过程、采取措施，解释事故的原因以及做出的努力，以取得公众的谅解。

（10）创造一个良好的消费环境，在公众中普及同本组织有关的产品或服务的消费方式、生活方式。

（11）创造股票发行的良好环境，在本组织股票准备正式上市前，向各类公众介绍产品特点、经营状况、发展前景、利润情况等，宣传组织的投资环境和条件。

（12）通过适当的方式向儿童宣传介绍，使成长的一代了解本组织产品的商标牌号、企业名称、服务特色。

（13）争取政府对组织性质、发展前景、需要得到支持的情况的了解，协调组织关系。

（14）赞助社会公益事业，赢得社会好感和关注，扩大组织影响力。

（15）准备同其他组织建立合作关系时，对组织的公众、组织的合作者及政府部门宣传合作的意义和作用。

（16）处在竞争危机时刻，通过联络感情等方式，争取有关公众的支持。

2. 设计主题　公共关系活动主题是联结所有公关活动项目的核心，是统领整个活动、连接各项目、各步骤的纽带。主题确立之后，所有的公关活动都要围绕这一主题展开。例如，"希望工程"的各种专题展览、印刷品、文艺汇演等自始至终围绕"为了千万个失学儿童"这一主题。

公共关系策划设计的主题，应当是公共关系活动内容的高度概括，一般用提纲挈领式的语言来表达。主题的表达方式多种多样，它可以是一句口号，也可以是一句陈述或一段表白。在设计时必须认真思考，反复推敲，争取使主题简洁明了，富有意蕴，且能够充分体现活动宗旨，对公众有较强的感召力。

3. 选择媒介　媒介是公共关系传播的载体，一般常见的传播媒介有以下几类。

（1）人际传播媒介：主要包括个人间面对面交谈、微信、书信来往、电话联系等。

（2）群体传播媒介：主要包括各种座谈会、新闻发布会、联谊会以及一般性会议等。

（3）大众传播媒介：主要包括报纸、杂志、广播、电视、网络、各种宣传材料等。

4. 预算经费　公共关系活动需要一定的物质基础。公共关系策划方案必须建立在一定的物质条件基础上才可能实现，无论是出于何种目的而开展的公共关系活动都应该考虑投入与收益的关系。因此，预算经费便成为公共关系策划的重要一环。

经费预算项目可以分为行政开支和项目开支两大类。

行政开支 = 劳动成本费用 + 日常行政费用 + 设施材料费用。

项目开支 = 已经进行的项目费用 + 计划进行的项目费用 + 预测可能进行的项目费用。

5. 拟订方案　公共关系活动方案是为了实现公关目标所拟订的各项措施、办法、策略、技巧的汇总。拟订公共关系活动方案，是公共关系策划阶段的核心环节，是策划目标得以实现的基础。

拟订方案的意义主要为明确公共关系所面临的任务，确定适宜的公共关系目标，编制公共关系工作程序，分清公共关系工作的轻重缓急，以便有条不紊地组织开展公共关系活动，展现行动结果。拟订公共关系方案，应该以对所掌握各方面信息的科学分析为前提，以目标公众、目标系统、活动主题、传播媒介、活动经费、结果预测等为依据。

（四）策划完善阶段

策划完善阶段是公共关系策划的最后一个阶段，它主要包括审定方案、形成文件、反馈意见、调整完善四个步骤。

1. 审定方案 拟订出来的公关活动方案，仅仅是关于如何开展公共关系活动的基本构想，为了使其更加科学完善，还必须加以审定。审定方案一般是由有关领导、专家、具体工作人员组成方案审定委员会（审定小组、工作小组），对方案进行讨论评估、选择优化。

2. 形成文件 将公共关系策划过程及其结果加工整理，转化为书面材料，形成的文件就是公共关系策划的正式方案。

3. 反馈意见 不仅在策划方案、最终形成方案文本的过程中要不断地反馈相关的信息意见，在方案实施过程中也要及时收集反馈信息意见。这样可以发现实施过程中的偏差，对方案作必要的调整，有利于活动的顺利开展，同时也有利于总结经验，为以后的公共关系策划提供有益的借鉴启迪。

4. 调整完善 根据反馈的信息意见，以及必要的反馈评估，对策划方案进行调整，使之更加完善。

四、公共关系策划的方法和技巧

组织的公共关系策划可分为战略策划和战术策划。

（一）公关战略策划

公关战略策划是指对组织形象的整体定位。战略策划应与组织发展的战略思想、愿景规划和组织文化相结合。战略策划是组织公关的战略目标策划，是对组织形象的宏观设计，主要是明确组织形象发展方向、提出标志组织形象的口号和纲领。

国内著名医药企业白云山和黄埔中药有限公司在组织形象管理过程中提出了"四化"理念，即"以科技创新带动中药现代化，以合资合作带动中药国际化，以公民企业带动中药大众化，以文化建设带动中药科普化"，这"四化"理念清晰地传达出白云山和黄埔中药有限公司希望在公众心目中留下这样的印象：这是一个不断进取、勇于创新、开放而又富于合作精神的国际化、现代化中药企业，它富有社会责任感，重视文化传承，是一家值得信赖的企业。"四化理念"无疑既是企业发展的战略思想，又是组织公共关系的战略目标，特别是将追求"负责任的公民企业"和"中药文化的传承者"作为其企业公共关系和组织形象建设的核心内容，为企业今后公共关系活动的战术策划明确了方向。

任何一家医药企业在其经营管理和发展过程中，都应当充分重视企业公关的战略策划，塑造一个稳定、持续发展的企业形象。企业的公关战略策划方案一旦形成，付诸实施，就不能随意改变，否则将造成企业形象朝令夕改、公众无所适从的不利局面。

组织公共关系战略策划实际是组织根据自身所处的环境条件，围绕建立和谐公共关系、传播良好组织形象这一核心，以未来为导向而制定的长期性、整体性的对策与谋划。组织公共关系战略策划的方式可细化为以下几个步骤。

1. 战略目标策划，清晰形象定位 公共关系战略策划的核心是战略目标的设计，它又集中体现为组织的形象定位。所谓"形象定位"，就是确定组织在其公众心目中应具有的形象和位置。组织公共关系的战略策划即是对组织形象的确认和描述，一旦目标形象确定后，就需要通过各种努力和行为来实现这一既定的良好形象。

2. 战略重点策划，明确组织形象核心要素 比如对于医药企业，可以将"药品质量可靠、安全、科学，是严谨、负责任的企业"作为其公关战略策划的重点。

3. 战略步骤实施策划 是组织在确定公关战略目标和战略重点后，在时间上的战略确定，也就是制定一个实现战略目标的宏观时间表。

根据组织所处的环境和现实状况，常用的公关战略实施模式有以下五种。

（1）**建设型公共关系** 适用于组织初创阶段塑造形象时，如开业庆典、剪彩等。

（2）**矫正型公共关系** 适用于组织遇到危机形象声誉受损时，比如危机公关。

（3）**进攻型公共关系** 适用于组织与环境发生某种冲突矛盾时，组织为摆脱被动局面而以攻为守、树立组织新形象。

（4）**防御型公共关系** 适用于组织出现潜在危机防患于未然时，如组织平时的居安思危和危机预警等。

（5）**维系型公共关系** 适用于组织稳定、顺利发展时，组织要维持良好形象。比如保持一定的见报率、逢年过节的专访、老顾客的优惠或奖励等。

（二）公关战术策划

公关的战术策划主要是指在一定时期内，组织围绕公关战略目标或当前存在的公共关系问题而设计的具体公关行动方式。公关策划的战术方式多种多样，不拘泥于形式。

1. 宣传性公共关系策划 是借助媒介和内部沟通的方式传播组织信息，达到塑造组织良好形象的目的。宣传性公共关系活动具有目的明确、传播面广、效果显著的特点。宣传性公共关系活动的形式有很多种，比如以下几个方面。

（1）**巧抓时机，发布信息** 过"腊八节"是中国的传统习俗。这一天，中国人要煮腊八粥喝，寓意一年之末的大丰收以及来年的风调雨顺，全家平安。2020年1月1日傍晚，浙江某医药连锁公司精选大米、黑米、米仁为主料，配红枣、莲子、桂圆、红豆为辅料，并加入山药、枸杞等一些名贵中药材，由工作人员通宵熬煮，制成了冬日养生滋补的佳品——秘制腊八粥。2日腊八节当天凌晨5时，公司派专车将熬制好的2万多份腊八粥送往各个活动门店，公司旗下的杭州、绍兴、嵊州等14家连锁药店参加了此次活动。绍兴公司还专门派出两个小分队，为绍兴塔山夕阳红乐园和绍兴福利院的老人和孩子们送去热乎乎的腊八粥。为了让市民喝到承载浓郁传统特色的腊八粥，该连锁公司在腊八节前夕做了充分的准备工作：在《绍兴晚报》上刊登相关活动信息，市内相关药店门口放置宣传板，各门店门口张贴通知等。早晨4时许，就有市民在店外等候，直到上午10时多，领粥场面依然火爆，绍兴电视台的《直播绍兴》《师爷说新闻》以及《绍兴晚报》栏目组都闻讯赶来采访。该医药连锁公司借用传统节日传播了企业形象，抢占了市场。

（2）**整合媒体优势，借力发力** 江西仁和药业公司冠名的"闪亮新主播"借助湖南卫视这一目前中国最强劲的娱乐媒体平台，巧妙地将企业精神融入其中，在节目热播的同时传播企业信息。"闪亮新主播"节目共吸引了15万名各年龄层的人报名参与，公司知名度直线上升，其主打产品"闪亮滴眼露"销量也随之增长了8倍。

（3）**创办组织媒体，传播组织信息** 目前许多组织都创办了自己的组织刊物和线上网站，及时地将组织信息传播给组织的内外部公众，满足公众对组织的知情权。

2. 社会性公共关系策划 是通过举办或资助各种社会性活动开展公共关系活动模式，社会性公共关系活动具有内容的公益性、影响的社会性、利益的长远性三大特征。

3. 服务性公共关系策划　是以提供优质服务为主要手段的公共关系活动模式，具有行动性、全员性和直接的效益性。

太阳石药业集团是妇女儿童药品制造商之一。面对日趋激烈的市场竞争态势，2018 年，集团明确了"全面呵护女性健康，帮助孩子健康成长"的企业使命。为此，以社区公众为目标公众，推出"太阳石智慧新妈妈与健康好儿童评选活动"，以"一起成长"为主题，结合社区公众的接受度和认知特点，传播科学育儿方式，通过有效地健康教育，吸引儿童和女性参与，最终赢得公众对企业和产品的关注与信赖。

4. 交际性公共关系活动　是通过人际交流来开展公共关系活动的模式。目的是借助与人的直接接触加强感情联络，为组织缔结人缘，构建广泛的社会网络，其特点是个体作用大、灵活性强、感情色彩浓。

组织公关策划活动具有整体性、目的性、主动性和谋略性。组织的公共关系策划应当纳入组织的战略管理和战略发展中，并与组织的经营理念、企业文化相结合，使组织的公共关系活动常态化、系统化，形成长效机制。

五、公关策划书的撰写 　📱微课2

（一）公共关系策划书的内容要素

公共关系策划书没有固定的格式，策划人员一般根据实际需要和自己的文笔风格来撰写，但无论策划书的形式、内容有何差别，理应包含的要素不可缺少。概括起来，一份完整的公共关系策划书应当具备 5W、2H、1E，具体如下所述。

Why（为什么）——策划的缘由；

Who（谁）——策划者、策划方案针对的公众；

What（什么）——策划的目的、内容；

Where（何处）——方案实施地点；

When（何时）——方案实施时机；

How（如何）——方案实施形式；

How much（多少）——活动经费预算；

Effect（效果）——活动实施效果预测。

上述 8 个要素就是一份完整的公共关系策划书应当具备的基本骨架。不同组织、不同内容与形式的公共关系策划方案，都应围绕这 8 个要素，根据自己的需要去丰富完善和组合搭配。公共关系策划书的创造性与个性风格，就存在于对要素的丰富完善和组合搭配的差异中。

（二）公共关系策划书的撰写

公共关系策划书一般可分为三个部分：标题、署名及成文日期，正文，附件。

1. 标题、署名及成文日期

（1）策划书的标题　策划书的标题必须详细清晰，让人一目了然。策划书标题字号稍大于正文，居中排列，形式可以有以下三种。

公关主体＋事由＋文种。由组织聘请的公关顾问和公关公司策划公关活动方案，一般采用这种形式的标题。如实桥公司开业庆典策划书、巨能钙公司消除"双氧水事件"影响的公关活动策划书。

事由＋文种。由组织内设的公关机构策划公关活动方案，一般采用这种形式的标题。如：爱美奖学金计划十周年纪念活动策划书、心理健康知识宣传活动策划书。

主标题＋副标题。主标题一般是公关活动主题，副标题即常用策划书名称。如："感恩生活，关注心理健康——心理健康知识宣传活动策划书"、"节奏狂飙 炫音魅影——百事可乐炫音飞车音乐活动计划"。

（2）策划书署名　策划书署名为策划者单位或个人名称。如方案系群体或组织完成，可署名"××公关公司""××公关部"；对其中起主要作用的个人，也可在单位名称之后署名，如"总策划×××""策划总监×××"。方案如系个人完成，则直接署名"策划人×××"。

（3）策划书成文日期及其他

成文日期。在署名下面注明策划书完成的具体日期，一般加括号。如：（2020 年 12 月 18 日）。

编号。对策划书进行编号，便于存档和查找。编号标识一般位于策划书标题右上角。比如根据策划方案顺序编号，根据方案的重要程度或保密程度编号，根据方案治理的分类编号等。

版记。如策划方案尚属草稿或初稿，还应在标题下括号内注明，写上"草稿""讨论稿""征求意见稿"等字样。假如前有"草稿"，决策拍板后的策划方案就应注明"修订稿""实施稿""执行稿"等字样。

2. 正文　策划书正文可分为活动背景、活动方案和效果预测三个层次展开。

（1）活动背景　活动背景分析主要是让公关活动主体领导者、活动实施者了解本次活动要解决什么问题以及活动的鲜明记忆点。因此，活动背景分析应是公关策划者在综合分析公关主体面临的公关问题基础上，对制定公关活动方案的依据、主要目的和创意进行简要说明。

这部分内容应根据策划书的特点在以下项目中选取做重点阐述。

——组织面临的公关问题及环境特征；

——组织的发展历史及组织立场；

——实现组织既定目标需要克服的障碍；

——开展公关活动的原因；

——开展公关活动的目的动机等。

（2）活动方案　这是公关策划书的核心部分，其主要内容包括活动目标、活动主题、活动内容、经费预算。这一部分的写作需要周到，以纲目式为好，但不必过分详尽地加以描述渲染。

（3）效果预测　活动效果预测主要是让公关活动主体领导者和活动实施者明确公关策划期望达到的效果，以及活动能否达到预期。

3. 附件　不一定每份策划书都需要，应视具体情况而定。重要的附件通常有以下几个方面。

——活动筹备工作日程推进表；

——有关人员职责分配表；

——经费开支预算明细表；

——活动所需物品一览表；

——场地使用安排表；

——相关资料；

——注意事项等。

（三）公共关系策划书实例

××药业有限公司公共关系活动策划书

一、活动方案

1. 活动目的　进一步密切和广大客户的关系，扩大企业影响力。

2. 活动主题　你我有情，欢乐共享。

3. 活动时机　××××年6月25日。

　　××××年6月25日是中国传统的端午佳节，如果这个庆典活动举办成功，既可以利用此活动提高员工的士气，树立公司的良好印象，又可以加深公众对公司及其产品的良好印象，使我们的客户和广大消费者与我们共同分享欢乐，这是一个很好的感情融和手段。

4. 活动地点　××公园。充分考虑诸多方面的因素，如交通、安全、观赏性、场内设施、人数与场内空间的比例、气象、通讯、电力照明等，将活动地点确定在××公园内，公园地处繁华地带的风景区，可以吸引众多公众前来观看。

5. 活动内容　以公司全体员工上街拜访公司的所有客户和广大消费者为开头，晚上在×××施放烟火，感谢全体市民。具体安排：

　　（1）6月24至25日两天，公司组织安排80多对拜访小组，分别拜访全市340家客户，征求他们的意见，感谢他们一年来对公司业务的大力支持。

　　（2）6月24日一天，派出四辆广告送货车，慰问全市交警，感谢他们长期对公司的支持和为全市交通所作出的贡献。

　　（3）6月25日，在全市20个活动点开展现调凉茶赠送活动，并向广大消费者发放感谢信，以感谢广大消费者对公司的厚爱。

　　（4）6月25日晚，举办庆祝活动，进行员工卡拉OK比赛，并评出优秀员工家属，公司领导感谢广大员工和员工家属为公司发展所作出的努力。晚会结束后，放烟火与全市人民同乐。

6. 传播媒介

　　（1）找一个好的新闻由头。国家专利产品×××开创国内药疗、磁疗、方便涂抹于一体之先河，国内独家，绝无仅有。以这个为新闻由头，写新闻稿，6月24日在当地的各大报纸上都发布这一消息。

　　（2）充分利用广告。6月24日在当地主要报纸上刊登整版祝贺广告，把企业想对广大消费者说的话都写在上面，尽量以文化的形象出现。

　　（3）精心组织活动。6月25日当天，全体员工挂上绶带，上面写着"××药业有限公司向全市广大消费者问好"，拜访客户和消费者。

　　（4）利用各种媒介手段。除了6月25日的报纸广告和之前的报纸新闻外，邀请当地的电台和电视台进行现场采访，把活动内容和公司的成就宣传出去。所有采访分别于6月25日中午和晚上的新闻节目中播出。

二、活动实施

1. 感谢客户

　　参加部门：销售部、行政部、财务部、生产部、品控部所有员工，两人一组，组成80对拜访队伍。

拜访对象：市内340家客户。

任务：感谢客户、收集意见，每组拜访4~5家客户，随身携带：绶带、感谢信、拜访登记表，A、B类客户送古典画。

拜访要求：统一服装，佩戴绶带，主动热情，谦虚礼貌，衷心感谢，以情动人，倾听意见，认真记录，不做承诺，反馈消息。

2. 客户赠饮（带有公司统一包装的凉茶）

赠饮地点：市内繁华地带20个现调机点，每点4人，限赠800杯，赠完为止，赠饮总量16000杯（400桶）。

3. 交警赠饮

地点：市内全部××个岗亭值班交警。

总量：每人250ml菊花枸杞茶一瓶，合计80箱。

4. ××之夜晚会

地点：××剧院。

内容：祝词、表扬模范家属、自助餐、卡拉OK比赛、烟火。

程序：

16:00~18:00　准备。

18:00　晚会开始　主持人：×××。

18:00~18:10　×××总讲话。

18:10~18:20　×××董事长讲话。

18:20~18:40　宣布模范家属并授奖。

18:40　自助餐开始。

19:30~20:30　卡拉OK比赛。

20:30~21:00　施放烟火。

21:00~21:30　宣布卡拉OK获奖者并授奖。

21:30~22:00　员工离场。

三、费用预算

1. 感谢客户

A类客户40家　×××元。

B类客户180家　×××元。

绶带和印刷品　×××元。

小计　×××元。

2. 客户赠饮　×××元。

3. 交警赠饮　×××元。

4. 定点赠饮和调查　×××元。

5. ××之夜晚会　×××元。

6. 报纸广告　×××元。

7. 其他费用　×××元。

合计现金：×××元。

实　物：×××元。

总　计：×××元。

四、活动评估标准

1. 交警、客户、员工、广大市民对此次活动和公司的看法、评价。

2. 新闻媒体报道的数量和质量。

即学即练 3-2

康惠药店坐落于一所大学附近，该大学有 10000 余名在校生。康惠药店经营品种齐全，数量达 6000 余种，经营范围包括化妆品、中成药、中药饮片、化学药制剂、抗生素、生化药品、生物制品、医疗器械等。但药店自开业以来，产品销量和经济效益一直不好。近日恰逢药店 2 周年店庆，请为康惠药店策划一次公关活动，以帮助其摆脱困境，提升知名度和美誉度，更好地拓展市场。

要求：

1. 4~6 人一组，在讨论的基础上，完成公关活动策划书的撰写。

2. 公关活动应力求新颖性和可操作性。

答案解析

任务三　实施公共关系活动

当公共关系调查和公共关系策划完成以后，接下来便是将公共关系计划、方案付诸实施。它是公共关系工作的第三个步骤，也是最为复杂、最具变化性的环节。所谓公共关系实施，就是社会组织为了实现既定的公共关系目标，充分利用现实条件，根据公共关系策划方案，进行公共关系实施策略、手段、方法设计并进行实践与管理的过程。通过公共关系实施，经由选定的传播渠道，把必须、应该向公众传播的信息传递给公众，进行必要的反馈调整，加强与公众的联络、沟通，影响或改变公众对社会组织的情感、态度和行为，从而创造出有利于社会组织的舆论环境，树立组织的美好形象。

公共关系的终极目标不是研究问题而是解决问题，即使最优秀的策划方案，如果不付诸实施，也只是"一纸空文"。因此，公共关系的实施是整个公关活动中最为关键的部分和中心环节，它直接决定着组织的公关目标能否完成和公关活动成败。

一、公共关系活动实施的原则 *微课 3*

（一）目标控制的原则

目标控制就是在公共关系计划实施的过程中，保证公共关系实施活动不偏离公共关系计划目标。也就是说公共关系人员要以目标为导向，对整个活动进行制约、引导和控制，把握实施活动的进程、方向，并通过具体实施活动使公共关系计划向既定的目标迈进。

（二）全面协调的原则

全面协调就是在公共关系计划实施的过程中使工作所涉及的各方面配合得当，达到一种和谐统一的状态。全面协调注重理顺实施过程中的各个环节之间、部门之间及实施主体与其公众之间的关系，尽量避免各种矛盾的产生，并对已发生的矛盾及时协调解决。

协调的目的是使全体人员在认识和行动上取得一致，最大限度地保证实施活动的同步和谐，提高实施工作的效率效益。

（三）信息反馈调整原则

对反馈信息进行整理、分析，并以此来调整公共关系计划的实施，就称为反馈调整。反馈调整贯穿在公共关系计划实施的全过程中。在公共关系计划实施的准备阶段，通过收集、分析有关人员对实施方案的评估信息，反馈调整公共关系计划；同样在实施的执行阶段和结束后，利用反馈信息比较实施结果与原定目标的差距，调整后续公共关系计划与实施方案。

另外，对于制定公共关系计划或措施的领导层，不仅要注意那些对计划持积极肯定态度的正反馈信息，更要注意那些反映计划实施过程中存在的问题和失误，促使领导层采取措施，修正、调整原有计划以缩小与既定目标差距的负反馈信息，这也是反馈调整的主要作用所在。

（四）正确选择时机的原则

这里的时机主要是指公共关系计划实施的时间。正确选择时机就是在了解公众心理特点的基础上，掌握公共关系计划实施的时机和规律，想方设法克服时机障碍所带来的消极影响，精心选择与安排适当的时机进行公共关系计划的实施，并使实施中传播出的信息为公众所接受，这是很值得公关人员注意的问题。例如生产高档保健品的今日集团，抓住田径健儿"马家军"威震世界体坛，名扬天下的有利时机，制造"搭车新闻"，花费一千万元买回"马家军"秘密配方——生命核能，从而在消费者群众中造成了轰动效应，取得较好的公关效果。

在实施公共关系计划时，应从以下两方面考虑，以达到正确选择时机的目的。首先要注意避开或利用重大节日。如果公共关系活动本身与重大节日没有任何联系，应避开节日，以免活动效果被节日气氛冲淡；如果公共关系活动与节日有密切的联系，则可利用节日气氛强化公关效果，如有关儿童保健品和药品的公关促销活动可以选择在"六·一"儿童节前后举行。其次，要注意避开或利用国内外重大事件。另外，还要注意避免在相距较短的时间内同时开展两项重大公共关系活动，以免其效果相互抵消。总之，一切从实际出发，正确地选择公共关系计划实施的时机，是确保公共关系目标顺利实现的必要前提。

> **实例分析 3-2**
>
> **实例** 四川航空股份有限公司推出"浓情三八节，浪漫蓝天行"活动，向社会征选三对夫妇，让丈夫在成都至广州的往返航班上做"空少"，为妻子端茶送水，同时进行"心有灵犀一点通"的游戏活动，并让乘客从三位男士中评选出一位最称职的丈夫，川航将送出国内任一航线免费往返机票两套。飞机落地后，三位妻子收到丈夫给自己"三八节"的礼物——情书。
>
> **问题** 四川航空的"浓情三八节"活动体现了公关活动实施的什么原则？
>
> 答案解析

公共关系计划的实施除了要遵守以上四个主要原则，还应注意把握控制好进度，以及明确分工等其他原则，以期在公共关系计划实施过程中投入较少的人力、物力和财力，取得最好的公共关系效果。

二、公共关系活动实施的步骤

公共关系实施是一个复杂的动态过程，涉及到多方的参与合作，受诸多因素影响。因此，要全盘考虑、周密安排，根据实际情况及时协调，做到万无一失。公共关系活动的实施可分为实施的准备阶段、实施的执行阶段和实施的结束阶段三个阶段。

（一）实施的准备阶段

实施的准备阶段实际上是形成公共关系实施方案的过程，在这一过程中需要对公共关系策划方案中涉及到的公共关系活动项目等进行细化，使之更为具体和系统。公共关系实施方案又称公共关系策划的实施文案或公共关系技术文案，它是保证公共关系实施取得成功的关键。

1. 分解活动项目　公关活动项目是围绕公关目标开展的一系列具体活动。一个公关目标的实现，往往要开展多个具体活动，一个具体活动即为一个活动项目，也可视作一级活动项目。每级活动项目又可分解为若干个下级活动项目，如一级活动项目可分解为若干个二级活动项目，二级活动项目同样可分解为若干个三级活动项目，直到不能分解为止。一般把不能再分解的最后一级活动项目作为公关工作内容。例如，克兰罗尔奖学金计划 10 周年庆祝活动共有 6 个一级活动项目：征募赞助委员会成员、奖学金获得者近况调查、评选十佳获奖者、工作与家庭问题专题研讨、午餐庆祝会、新闻专访。"午餐庆祝会"又可以分解为"会议筹备"和"会议材料准备"两个二级活动项目。"会议筹备"又可以进一步分解为"策划会议议程""确定主持人、发言人""邀请嘉宾""选择会场""布置会场""会前宣传"和"会议物资采购"7 个三级活动项目。

2. 明确实施方法　通过对活动项目的分解，可以设计若干工作内容。在公关工作内容设计完成后，就要对每项工作内容提出实施工作要求，并根据要求设计具体的工作方法。所谓实施工作要求是指公关工作内容的操作目标、原则及注意事项，实施工作方法是指公关工作内容的操作方法。仍以克兰罗尔奖学金计划 10 周年庆祝活动为例，对"策划会议议程"这一工作内容，可以提出"简朴、隆重、气氛热烈"的实施工作要求，其实施工作方法则是公关策划方案中所确定的"庆祝生日"式的庆典活动。会议筹备组就应按照这种要求和方法策划出具体方案后，报庆祝会领导小组审议。

3. 制定实施流程　公关实施流程是指各项公关工作内容之间衔接、协调和关系配合及其有机组合的过程。制定实施流程即在完成公关活动实施工作内容、工作方法的设计后对实施时机、工作进度和各项工作间的关系配合进行策划和设计。

（1）细化公关活动实施时机　公关活动实施时机是指能够使公关活动取得最佳效果的开始时间和结束时间。如同对公关活动项目进行分解一样，制定公关活动实施流程时，也要对策划方案中选择的公关时机进行具体细化，以增强公关活动的可操作性。

（2）编制公关活动实施进度　公关活动实施进度是在确定公关活动实施时机后，对各项公关实施工作内容所需时间进行日历进度安排，最直观的方法是拟出活动时间进度表。编制公关活动实施进度要注意两点：一是必须保证在确定的最佳开始时间启动相关工作，在最佳结束时间完成操作；二是要充分估计各种因素的干扰，时间进度安排要留有余地。

（3）制定公关活动实施流程　公关活动实施流程中的时间衔接、分工协调和有机组合关系最好通过流程图来表示，并配以文字说明。流程图中的文字说明，主要是对各项工作之间的协作关系、责任关系进行规定划分。

4. 分配预算经费　对于举办大型活动来说，经费如果落实不了，活动的实施就成了一句空话。在设计活动实施方案时，必须将策划中的总体预算经费合理分配到各项公关工作内容中去，以保证各项工作开支需要。需要提醒的是，公关策划中的经费预算要留有余地，目的是防止意外工作增加或策划不周而造成经费不足，通常在分配预算经费时要留下 5%～10% 的经费备用。

5. 组建实施机构　在公共关系活动实施前先要组建一个专门负责此次公关活动实施的工作机构（小组），主要是确定该项目的总负责人及其助手、各专案负责人，明确其职权及工作分工。在进行人员分工时一定要注意：每一项工作内容要落实到具体人员；项目工作安排两个以上人员操作时，要确定一个负责人，并进行分工；一人负责多项工作时，要考虑工作内容间的内在关系，使其运作能高效、便捷。

6. 培训实施人员　公共关系活动的实施要靠公关人员进行，其人员素质对公共关系活动能否成功会产生较大影响。因此在实施公共关系活动时，前期需要对参与人员进行培训，主要内容包括实施工作制度教育、操作方法学习与研讨。

公共关系实施工作制度教育，即让每一个工作人员都能明确本次活动的意义、作用和要求，明确自己负担的工作、承担的责任，同时对特殊规定、易违反的规定进行重点说明与强调，通过灌输组织自身文化理念，提高公关实施人员思想道德水平。操作方法是公共关系活动实施的具体操作规程，在进行公共关系活动实施准备时，通过讲解、模拟训练等形式将正确的方法贯彻下去，让每一位公关实施人员都能够熟练掌握运用，将失误率降到最低。

（二）实施的执行阶段

在实施的执行阶段，公关实施人员应按照之前设计好的实施方案，落实各项措施。同时做好实施过程的检查工作，检查计划完成的进度，注意防止外部因素的干扰，确保各项工作按期按时进行。

在公共关系实施准备工作就绪后，实施成败的关键就在于实施的领导与控制。

1. 实施领导与指挥　公共关系实施过程，其实就是实现公共关系目标的过程，在这一过程中，可将公共关系总目标进行分解，分配到实施机构的每一个部门、每一个岗位、每个人中间，要求他们进行自我管理，这就要求实施机构的领导动员全体实施人员参与公共关系目标的制定，通过充分协商，使实现公共关系目标成为每个人的自觉行为，从而达到对实施人员的民主管理。同时将实施过程看作一个系统来考虑，使各项工作之间、各种工作方法之间、实施人员之间、部门之间、上下级之间都能够完整统一衔接，有序地实施公共关系计划。

2. 实施控制与反馈　将实施过程中的各项工作与公共关系目标相对照，一旦发现偏差，及时采取补救措施，保证公共关系目标的实施。

（三）实施的结束阶段

每一项公共关系活动实施结束后，都要将实施执行的情况进行总结。比如，执行过程中的一些突发事件、经费预算过少、新闻媒体宣传出现的问题等，将这些情况汇总成报告，如期、如实地向上级汇报，为下一步的公共关系效果评估做好相应的准备。

三、公共关系活动实施的障碍及排除

公共关系活动的实施往往不是一帆风顺的，影响公共关系活动实施的因素和障碍很多，例如来自公共关系计划本身的目标障碍，即公共关系计划目标拟定的不正确、不明确或不具体，从而给实施带来一定的困难，即使实施人员尽心尽力，仍达不到预期效果。

(一) 公共关系活动实施的障碍

从具体实施来看，实施过程中的主要障碍还是传播沟通障碍。公共关系计划的实施过程，实际上就是组织运用各种传播媒介，将预先制作好的公共关系信息传递给以目标公众为主的各类公众，以引导他们改变态度和行为，创造出有利于社会组织存在、发展的社会环境和舆论环境的过程。但实施过程中的传播沟通常常因传播沟通的方式方法不妥、传播媒介选择不当等因素，使实施工作不能取得良好效果，因此有必要对传播中的几种主要障碍进行分析。

1. 语言障碍 语言与人的思维紧密相连，人们只有借助语言才能更方便地向外界传播信息，也可以接收信息。在传播沟通时，一定要强调语言的运用技巧，如修辞、比喻、音调等，否则会对某些特定的接收对象造成语言方面的沟通障碍。如高级知识分子用大量专业术语写成的新闻广播稿，就不能吸引只接受过小学教育的人。同一国家、同一民族因居住地区不同而造成语言不通，也常给人们的生活和工作带来麻烦，更不用说不同国度、不同民族间的语言沟通障碍了。因语言沟通不畅造成沟通失误，甚至引发纠纷，在日常生活和工作中比比皆是，而存在于公共关系计划实施过程中的语言沟通障碍常会造成公共关系工作的被动局面。

2. 风俗习惯障碍 所谓风俗习惯，是指在一定的历史文化背景下形成的、约定俗成的、调整人际关系的社会因素，如道德习惯、礼节礼貌、审美传统等。风俗习惯是世代相传的一种习俗，不仅不同国家、不同民族的风俗习惯不同，有时同一国家、同一民族因居住地距离的远近也会形成不同的习俗。社会组织在实施公共关系时绝对不能违反相应的道德、礼仪、传统与风俗。

3. 观念障碍 观念是指在一定的社会条件下人们接受、信奉并用以指导自己行动的理论和观点。观念对沟通起着巨大的作用，有的观念会极大地促进沟通的顺利进行并取得良好效果，而有的观念则会成为沟通的障碍，如保守落后、封建迷信、短浅片面等，都会成为公共关系实施过程中的巨大障碍。

4. 心理障碍 心理障碍是指人的认知、情感、态度等心理因素对沟通造成的障碍。公众心理的复杂性与多变性要求信息传播必须符合公众的心理特征，如果不能做到与公众心理有机融合，必然会造成公众的抵制和排斥心理，或出现理解偏差、信息阻塞等情况。

除以上四种主要传播障碍外，还有因组织机构臃肿、信息传递层次过多造成的沟通缓慢、信息失真等组织沟通障碍，以及一些由于政治、生理方面的原因或技术方法不当所造成的障碍。

(二) 公共关系活动实施障碍的排除

因为某些主观或客观因素，又因为环境情况总在不断地变化，公共关系活动实施起来会遇到障碍，这就需要不断地排除出现的障碍，以便顺利达到预期的目标。

1. 沟通障碍的排除 在排除传播沟通障碍时，社会组织要特别注意以下两方面的问题。

一是要切实了解和掌握公众的"优势需要"。美国著名的心理学家马斯洛认为，人有 5 种基本需要，其中生理需要、安全需要属于低级需要，社交需要属于中间层级需要，尊重需要和自我实现需要则属于高级需要。只有先满足低级的需要，然后才能逐级产生更高层次的需要。然而在现实生活中，公众的行为往往受多种需要的支配，在一定条件下，多种需要中，总有一种最为迫切并起到主要支配作用的优势需要，而优势需要决定着人们的行为。只有切实了解和掌握公众的优势需要，在实施过程中，才有可能与公众产生共鸣，才能进行有效的双向沟通。

二是要选择和运用好传播媒介和沟通方法。面对众多的传播媒介，应该如何选择和应用才能更加有效和经济；面对繁多的沟通方法，应该如何选择和应用才能使公众更乐意参与和接受，这是社会组织必须要考虑的。社会组织的公关经费一般都有限，即使经济效益较好的社会组织也应该本着勤俭节约的原则，开展公共关系活动。成功的传播沟通应该是在最经济的条件下，去争取实现尽可能大的社会传播效应。

2. 组织管理障碍的排除　公共关系活动说到底是组织行为，是社会组织精心策划、具体实施的公关活动，然而在具体实施过程中，也有许多不尽人意之处，出现组织管理方面的障碍。当社会组织在进行公共关系实施的过程中，发现组织管理方面存在问题、出现障碍时，必须及时采取有效措施排除障碍，具体措施有以下三点。

一是针对组织机构重叠的现象，要精简机构。精简机构的要义并不在于"减"，而在于"精"，在于强有力地发挥出组织管理的职能。这样可以缩减传播层次，减少不必要的环节，保证信息沟通的及时性和准确性。

二是针对组织机构分工混乱的现象，要制定相应的规章制度，并严格按照规章制度办事，要着力健全各种信息传播渠道，使之畅通无阻。

三是针对组织机构内部协调不力的现象，要加强内部公关，增强内部员工的凝聚力和向心力，增强员工的荣誉感和责任心。

四、公共关系实施的注意事项

（一）以公众的需求为出发点

公共关系工作自始至终不能脱离公众，否则就没有公共关系工作可言。公共关系实施过程中，以公众的需求为出发点要特别注意以下两个方面。

1. 要选择公众所喜欢的传播媒介或渠道　公共关系活动实质上是针对公众进行的信息传播活动，要想使这种传播活动取得良好的效果，必须使发出去的信息为公众所接受，这就需要选择公众习惯使用的传播媒介或渠道来传播信息。社会组织可以根据公众的人员情况、年龄结构、职业状况、教育程度、兴趣爱好、行为习惯等特征来选定他们所喜欢的传播媒介或渠道。

2. 在设计制作信息时要考虑公众的特点和兴趣　公关人员在设计制作信息时，一定要充分考虑在调查研究和制定计划过程中所了解到的公众的文化、社会、心理等方面的特点，并参照这些特点，编写出适合公众口味的新闻稿件、广告词、展览说明、宣传小册子等，这样才能引起公众的兴趣，使传播取得良好的效果。

即学即练 3-3

答案解析

社会组织在面向青年大学生群体进行信息传播时，选择下列哪种传播媒介或渠道比较合适？

A. 报纸　　　B. 杂志　　　C. 广播　　　D. 互联网

（二）选择最佳的活动时机

在公共关系活动中，各项计划的实施都要选择适当的时机才能取得最佳的效果。选择以下几种时机开展公共关系活动，可以收到事半功倍的效果。

1. 在组织开业或更名时隆重"亮相" 俗话说："良好的开端意味着成功的一半。"抓住社会组织开业或更名的大好时机开展各种刻意创新的公共关系活动，将社会组织的宗旨、经营方针、业务范围、技术力量、产品质量等向公众做详细介绍，这样做既显得十分自然，又能从一开始就给公众留下深刻的印象。

2. 在组织转产或开拓新产品、新业务时推销形象 社会组织改变经营方向，开拓新的业务，推出新的产品，在市场经济条件下屡见不鲜，这正是开展公共关系活动的大好时机。社会组织在向公众大力介绍新的经营项目、新的产品、新的业务的同时也提高了社会组织的形象，让新的经营项目、新的产品、新的业务和社会组织一起在公众脑海里留下深刻的记忆和美好的印象。

3. 在组织知名度不高或下降时加强组织形象的宣传彰显 如果社会组织知名度不高或出现下降，其产品的销售量和经济效益也会不高或随之下降。常有这样的情况，企业原有生产规模小，不为人知，或原来的产品质量有问题，美誉度不高，后来通过努力，在规模、产量、质量等方面都有了大幅进步，但公众并不知情，还是以原来的老眼光看待这家企业的形象和产品。遇到这种情况，社会组织必须抓住时机，开展有效的公关活动，制造轰动的新闻事件，以创造良好的社会效应，提高组织的知名度，使公众对企业"刮目相看"。

4. 在组织出现失误或被公众误解时维护形象 突发的危机事件对社会组织是沉重的打击，严重损害社会组织的形象，甚至有可能危及社会组织的生存和发展。遇到这种情况，社会组织不能消极对待、坐以待毙，而必须积极主动地采取措施进行矫正型公共关系活动挽回声誉，重塑形象。

（三）在实施计划的过程中实行计划控制

所谓计划控制，就是社会组织在实施计划的过程中，根据出现的新问题、新情况，及时纠正计划中所出现的偏差。或者，根据信息反馈的结果，对原有的计划进行适当地调整和修正。没有计划就没有控制，反之没有控制或者控制不好，计划就不能顺利实施。计划是控制的基础，控制是实现计划的保证，两者从计划实施开始直至终结，始终联系在一起。两者关系处理得好，实施计划的结果就必然良好。计划控制的程序主要有：设定控制标准；将计划实施情况与控制标准进行比较；发现偏差，分析原因；采取纠偏措施，保证计划的顺利实施和公共关系目标的顺利实现。

任务四 开展公共关系评估

20世纪20年代，美国公共关系先驱者洛特扎恩说："当最后一次会议已经召开，最后一批宣传品已经散发，最后一项活动已经成为历史记录的时候，就应该在自己的头脑中把所有使用的方法重新过滤一遍，总结经验和教训，供下一次活动借鉴。"这段话表明公共关系评估的重要性。

公共关系评估，就是根据特定的标准，对公共关系策划、实施及效果进行衡量、评价和估计。在肯定成绩的同时，发现新的问题，不断调整组织的公共关系目标、公共关系政策和公共关系行为，使组织的公共关系成为有计划、持续性的工作。公共关系评估是公共关系工作程序的最后一步。

一、公共关系评估的内容

公共关系评估工作贯穿于公共关系实践的三个阶段——准备阶段、实施阶段及影响效果的分析阶段，评估工作在其中发挥着不可低估的作用。

公共关系评估是对公共关系工作各个步骤的合理性做出客观的评价。公共关系评估是一个连续不断的活动，一旦进入公共关系工作过程，评估活动也就开始了。公共关系评估可以根据对象的不同进行分类，比如对于公共关系活动的评估、公共关系状态的评估、公共关系机构工作绩效的评估等，具体内容包括以下三类（图 3-3）。

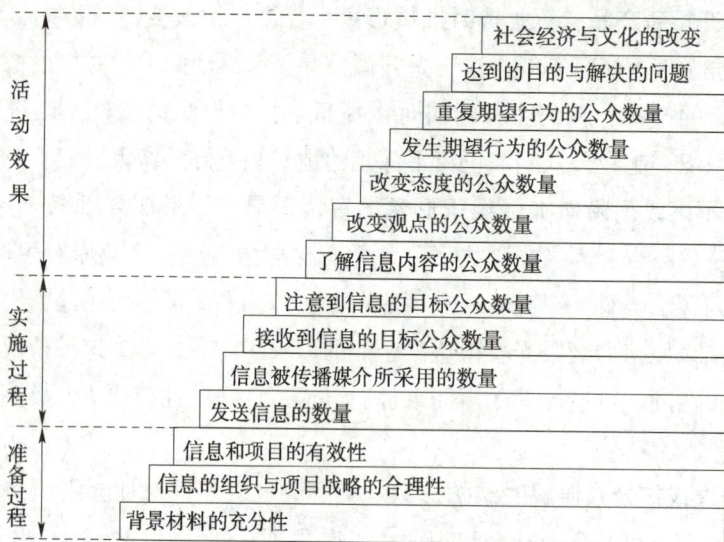

图 3-3　公共关系评估的内容

（一）准备过程的评估

1. 背景材料的充分性　评估的主要任务是检验前几个程序中是否充分利用资料及分析判断的准确性，重点是及时发现在环境分析中被遗漏的、对项目有影响的因素。

2. 信息的组织与项目战略的合理性　整个评估过程要紧紧围绕公共关系活动是否适应形势要求而展开，分析公共关系活动中准备的信息资料是否符合问题本身、活动目标及媒介的要求，沟通活动是否在时间、地点、方式上符合目标公众的要求，有无对沟通信息和活动的对抗性行为，有无制造事件或其他行动配合此次公共关系活动，人员与预算资金是否充足到位等。

3. 信息和项目的有效性　检验有关信息传递资料及宣传品设计是否合理、新颖，是否能引人注目，具体包括文字语言的运用、图表设计、图片及展示方式的选择等。这是对公共关系活动组织者专业技能的检验，常会受到组织者主观因素的影响。

（二）活动实施过程的评估

1. 发送信息的数量。

2. 信息被传播媒介所采用的数量。

3. 接收到信息的目标公众数量。

4. 注意到该信息的公众数量。

（三）活动影响效果的评估

1. 了解信息内容的公众数量。

2. 改变观点、态度的公众数量。

3. 发生期望行为和重复期望行为的公众数量。

4. 达到的目标和解决的问题。

即学即练 3 – 4

答案解析

下列不属于公共关系评估内容的是（　　　　）

A. 活动影响效果　　　B. 活动实施过程　　　C. 活动收尾过程　　　D. 活动准备过程

二、公共关系评估的标准

公共关系的评估标准主要因公共关系计划实施的前、中、后各阶段工作内容的不同而不同。

（一）实施前准备阶段的评估标准

1. 背景材料准备的是否充分、内容是否全面　此阶段评估的主要任务就是检验公共关系活动所需背景资料的占有量大小。这些材料的内容是否正确、是否全面，尤其是对整个公共关系活动的开展有着重要影响的因素，如目标公众的意见，领袖公众是否被遗漏，新闻界所需的资料是否准备充分等。通过对有关背景材料的全面评估，为实施计划找准找好依据。

2. 信息内容是否正确充实　首先，要评价公共关系活动中所准备的信息资料是否紧紧围绕着本次公共关系活动的目标或主题。其次，评价这些信息资料的来源是否准确可靠，其内容的正确性有多高。既要防止客观原因造成的信息内容失真，又要杜绝策划人员凭主观想象而捏造出的假信息，否则会造成不堪设想的后果。最后还要评价所传播信息在设计、加工、制作等各个环节的表现力，如版面颜色对比是否强烈，广告词能否恰当地展现制作意图，公众是否接受认可传播的信息内容等。

（二）实施过程中的评估标准

1. 检查组织发送的信息数量和被媒介采用的信息数量　这一评估的主要目的是了解所有信息资料的制作情况及信息传播的程度与层次。检查发送信息资料的数量，可以了解公关宣传工作的努力程度，而检查被传播媒介所采用的信息数量，则可以了解到宣传工作所达到的层次与取得的成果。也就是说，只有发送出的信息资料被大众传媒采用，才能有效保证这些信息被公众接触到，也才可能对公众产生较大的影响。

2. 检查收到信息的目标公众数量与受到影响的一般公众数量　对于评估来说，了解收到信息的公众结构比了解公众的绝对数量更重要。在评估过程中，应主要考察在收到信息的公众中目标公众所占比例的高低，这也是决定公共关系传播活动成功与否的一项重要指标。例如，面向城市的有关农药、化肥的公关广告宣传就不如面向农村来得效果好，原因在于城市中相关的目标公众数量远远少于在农村的目标公众数量。另外，还要了解注意到该信息的公众数量，也就是要了解信息影响的广度，以便预估出可能受到影响而转变态度的公众数量。

（三）实施效果的评估标准

公共关系活动的实施效果评估是一种总结性评估，是对公共关系活动成效的一次全面、结论式的评估。它的评估标准主要包括以下几个方面。

1. 检查"知晓信息内容"的公众数量　公共关系活动的基本目的就是对公众施以广泛的影响，增加公众对组织的整体了解或加深了解的程度，运用各种手段或方法来调查公共关系活动前后（知晓所传播信息内容的）公众数量的变化，可以简单地预测出公共关系活动影响的广泛程度和公共关系活动的基本效果。

2. 改变态度行为的公众数量 这里的"态度"是指人们对特定对象的认识、情感、意向等比较持久的内在结构。所谓改变态度就是将公众对组织（产品）的负态趋向——敌视、偏见、漠然、无知转变为正态趋向——了解、感兴趣、接受、好感。有多少数量的公众改变了态度，又有多少公众由于态度的转变而采取了合作行动，这些是衡量公共关系活动效果和目标实现程度的一项重要评价指标。

3. 目标的实现程度和问题解决的范围 公共关系活动的最终目的就是协助实现组织的总目标，完成公共关系活动的任务——"内求团结，外求发展"，创造一个和谐稳定的内外环境。在一项公共关系活动结束或结束后的一段时间内，可以运用各种手段去调查活动的效果、目标实现程度以及问题解决的范围。例如公共关系计划目标或任务的实现可表现为销售额的增加、立法的通过等。

4. 公共关系活动是否以较小的投入获得较好的效果 公共关系活动中的投入成本不仅表现为投入到公共关系活动中的经费数量，还包括在公共关系活动中因一些不确定因素造成的风险成本等。因此，公共关系成本不只是表现为一种数量概念，更应表现为一种意识，即在保证公共关系计划目标得以实现的前提下，尽量以较小的投入或代价，取得最好的公共关系效果。

值得注意的是，公共关系活动中货币投入少并不一定意味着公共关系效果的降低，如组织内部公共关系中的"感情投资"就基本上无货币投入，而另外有些公关活动花费的钱财不少，却由于公共关系目标不明确或实施不得法而造成无效果或负效果的局面。

三、公共关系评估的程序

（一）设立统一的评估目标

统一的评估目标是检验公共关系工作的参照物。有了参照物才能通过比较来检验公共关系计划与实施的结果，即使这一评估目标更多是定性的而非定量的，仍需制定出一个统一的评估目标。这就需要评估人员将有关问题比如评估重点、提问要点形成书面材料，以保证评估工作的顺利进行。

（二）编制评估计划

评估不是公共关系计划的附属品或计划实施后的事后思考和补救措施，而是整个公共关系计划的重要组成部分。因此，对评估应该给予足够的重视，对评估的方法、程序等方面予以充分的考虑和周密的筹划。

（三）统一评估意见

负责人要认识到，即使是公共关系人员本身也不能一下就把公共关系活动无实物性结果的性质和它的可测量效果联系起来。要给他们足够的时间认识效果评估的作用和现实性，并允许他们通过自己的亲身体验加深这一认识。

（四）细化项目目标

在项目评估过程中，应该将项目目标具体化。例如，谁是目标公众，哪些预期效果将会发生以及何时发生等，没有这样的目标分解，项目评估就无法进行。同时，目标分解还可以使公共关系计划的实施过程更加明确化、准确化。

（五）选择评估标准

评估标准是检验公共关系绩效的依据，有了评估标准，才能通过对比来检验公共关系计划与实施的结果。评估目标反映了组织的期望效果，评估标准是评估目标的具体体现，也是评估工作的尺度。如果一个组织将"让公众了解自己支持当地福利机构以改善自己的形象"作为公共关系活动的目标，那么，评估这样的公共关系活动的标准就不应该是了解公众是否知道当地报纸哪一个专栏报道了此消息，占用了多大篇幅，而应该是了解公众对组织的认识情况以及观点、态度和行为的变化。

（六）全面实施评估

全面实施评估的过程实际上就是收集信息、汇总资料的过程。通过全面实施评估，可以获取与此项公共关系活动有关的大量信息和资料。在搜集有关评估资料方面，没有绝对的、唯一的最佳途径，方法选择取决于评估的目的、提问的方式以及前面已经确定的评估标准。

（七）撰写评估报告

公共关系评估结束后，要撰写评估报告。评估报告的基本内容应包括工作过程、目标完成情况、预算的执行情况、取得的成绩、仍存在的问题及采取的相应对策、下一阶段工作的任务和重点等。

（八）报告评估结果

把公共关系的评估结果以书面形式向社会组织的管理层和决策层进行汇报。它的作用一方面可以保证组织管理者及时掌握情况，有利于进行全面协调；另一方面也可以说明公共关系活动持续地保持与组织目标相一致及其在实现组织目标过程中的重要作用。

四、公共关系评估的方法

（一）公众意见法

公众意见法包括公众意见征询法和公众问卷调查法。所谓公众意见征询法是在公共关系活动过程中和结束后，通过对公众访问和举行公众代表座谈会，以电话或口头交谈的方式来征求公众的意见。问卷调查则是在公共关系活动的准备阶段、结束阶段与结束后 3~6 个月内向目标公众发放问卷，通过对问卷的整理、统计、分析来评估本次公共关系活动的效果。

（二）专家意见法

专家意见法也被称为德尔菲法，是一种利用函询或电话、网络的方式进行的集体匿名思想交流过程。组织者聘请那些公共关系知识丰富并具有实践经验的专家，请专家们就事先拟订的问题，以匿名的方式独自发表意见和建议，然后由组织者将专家意见汇集整理、匿名反馈，请他们再次发表意见，如此循环往复直至最终得出比较一致的意见。

这种方法能够充分发挥专家们的作用，集思广益，准确性高；能把各位专家意见的分歧点表达出来，取各家之长，避各家之短；同时又能避免权威人士的意见干扰影响他人。缺点是操作起来比较复杂，花费时间较长。

（三）民意测验法

民意测验法在公关评估中运用较为普遍。这种方法的基本做法是，按抽查法的要求，在选定的公众群体中，选择一定数量的测验对象，用问卷、表格等方式征求他们对指定问题的意见、态度、倾向，再做出统计说明，分析公关活动的效果。

民意测验法应用领域较为广泛，能迅速地了解群众对某些问题的看法，及时反映社会舆论的变化情况；调查结果能推论总体的一般状况，具有较高的代表性；只需抽取较少比重的样本就能了解全局的情况，相对来说能节省人力、财力，且简便易行。

缺点是由于民意测验法用简化的方式来了解公众的一般态度，它对不同含义、不同程度的意见、态度都用是或否、赞成或反对这两种答案来概括，因此很难做出深入的分析和理论解释；只限于询问一些公众熟悉、易答的问题，它获得的信息较为表面化、简单化，缺乏深度；对于公众不熟悉或缺乏了解的问题，回答的信度和效度则可能较低。

（四）组织活动记录法

在组织实施公共关系活动前后，坚持在组织的日常活动中，记录有关标志和指标的变化。全面、准确的活动记录是重要的效果评估资料，如企业的产品销售额、宾馆的住宿人数等。在进行评估时，要根据记录的资料，选择一定的标准进行比较，然后得出评判结论。

（五）实验法

这种方法的实质是利用事物、现象间客观存在的相互关系，通过调节某个变量（如公关活动前后某个企业的声誉），测定另一些量（如产品销售量、订货量）的增减。实验法可以在经历和未经历公关活动的两组公众之间展开。例如，一家化妆品公司，在报上连载宣传夏季正确使用化妆品的方法，旨在向公众传授不同季节正确选用化妆品的知识。采用实验法对该项活动的效果进行评估：先测验一组报纸订户（实验组）的化妆品选用知识，再对另一组未接触过该报纸的公众（控制组）进行有关知识测验，将两次测验结果作比较，就很容易得出评估结论。实验法的关键在于，在确保实验对象代表性的同时，尽可能地缩小实验范围。

（六）自我评判法

自我评判法是由公关实施人员对公关活动效果进行的一种主观评估。采用这种方法的前提是公关人员在公共关系活动的全过程中，或者在组织的日常活动中坚持记录有关指标和数据的变化。例如通过公共关系活动前后企业的销售额数据、企业的知名度、美誉度等量化指标的记录与对比就可以比较准确地评估出本次公共关系活动的效果。不仅如此，全面、准确的活动记录还可以帮助公关人员以时间为周期，如按年度评估公共关系活动的整体效应。采用这种方法要尽可能做到客观、公正、实事求是，尽量消除主观色彩。

目标检测

答案解析

一、最佳选择题

1. 公关调查中最古老、最传统的调查方式是（　　　）

    A. 抽样调查　　　　　B. 问卷调查　　　　　C. 文献调查　　　　　D. 访谈调查

2. 当组织"臭名远扬"时，组织的实际形象状态为（　　　）

    A. 高知名度/高美誉度　　　　　　　　B. 高美誉度/低知名度

    C. 低知名度/低美誉度　　　　　　　　D. 低美誉度/高知名度

3. 搜集简单、时间性强的信息资料，应该选择（　　　）

    A. 电话询访　　　　　B. 面谈询访　　　　　C. 书面询访　　　　　D. 电子邮件询访

4. 专家意见法又被称为（　　　）

　　A. 头脑风暴法　　　　　B. 德尔菲法　　　　　C. 博弈法　　　　　D. 实验法

5. 公共关系活动策划是公共关系活动的（　　　）

　　A. 基础　　　　　B. 最高层次　　　　　C. 最后环节　　　　　D. 部分工作环节

二、多项选择题

1. 公共关系实施过程中可能遇到的障碍有（　　　）

　　A. 心理障碍　　B. 观念障碍　　C. 语言障碍　　D. 风俗习惯障碍　E. 行为障碍

2. 公共关系调查的内容有（　　　）

　　A. 社会组织的基本情况　　　　　B. 社会组织形象

　　C. 公众情况　　　　　D. 组织内部员工家庭状况

　　E. 社会环境情况

3. 一份完整的公关策划书应包含哪些部分（　　　）

　　A. 正文　　　　　B. 附件　　　　　C. 署名　　　　　D. 成文日期　　　　E. 标题

4. 公共关系工作程序包括（　　　）、（　　　）、（　　　）、（　　　）四个环节（顺序不可颠倒）。

　　A. 公共关系评估　　　　　B. 公共关系实施

　　C. 公共关系调查　　　　　D. 公共关系策划

　　E. 公共关系预测

三、实例解析题

　　2015 年 2 月 5 月，陕西三明调味品厂在报纸上刊登广告，声明"明天吃醋不要钱"，消费者凭 2 月 7~9 日的报纸可在西安小寨商场等 5 个地点领取该厂生产的陈醋一瓶。2 月 7 日当天，有十几万消费者纷纷来到指定的商场门前领醋。由于现场人数太多，一时间领醋成了抢醋，各商场难以招架，被迫挂出停业牌，无数消费者大有被戏弄之感。他们质问商场，质问厂家，一场官司不可避免地打到了工商局。

　　实际上，这个让陕西人感到陌生的厂家地处偏僻，只不过是一家有 20 多名员工、固定资产 50 万、流动资金不足 70 万的小企业。2014 年 6 月厂家研制成功一款新产品——"陈醋王"。"陈醋王"质量的确很好，据检测它不含任何防腐剂，无细菌、无杂质、无化学药剂。然而，自 8 月份该产品投放市场以来，销量并不乐观，部分原因是其价格太高。不过，厂家却认为其价格并不高，因为他们深信产品本身质量好，销路不好的主要原因是其名声不响。于是，厂家不惜血本，开始在广告宣传上大做文章，试图以新奇的营销方式冲击消费者的视听，达到出奇制胜的目的。然而从厂家到新闻媒体都忽略了一个基本事实：厂家有这个实力吗？事后看来，这次赠送活动的实施是非常缺乏理智的，一个实际上只为此次活动准备了 12000 瓶醋的小企业敢对消费者口出狂言："明天吃醋不要钱！"厂长事后说："我们没有想到领醋的人会这么多，更没想到会出现抢醋的现象。"

　　当然，负责宣传的媒体也难辞其咎，2 月 5 日报纸称"明天吃醋不要钱！"有消费者 6 日就去领醋，而赠送活动却从 7 日才开始，报上写"赠完为止"，又言一张报纸一瓶醋，语焉不详，引人误解，不指明发送量有多少，便有欺诈消费者之嫌。

　　整个策划活动在具体实施中也有问题，厂家事前并未通知有关商场，仅是自己出动了十几名公关专业的大学生帮忙，以如此人数应对如此大规模的赠送活动，自然是杯水车薪。结果由于厂家从策划、筹备到实施的急功近利，使得在"在错误的时间、错误的地点、打了一场错误的仗。"

　　问题：请分析三明调味品厂公关促销活动失败的原因。如果由你来主持这项公关工作，你将如何策划设计该活动？

四、综合问答题

1. 假设你是一名医药企业的员工，企业想要了解目前北京市感冒药市场及消费者使用情况，以更好地改善提升现在生产的感冒药品，需要你设计一份关于感冒药的调查问卷。

要求：（1）自行设计问题，问题数量控制在20题以内。

（2）调查内容要包括消费者感冒药使用现状、对感冒药的认知（品牌、功效、副作用……）、购买渠道和方式、对感冒药市场的建议等。

2. 医药行业关乎国计民生，一直受到社会各界的关注，虽然处方药不能在大众媒体上做广告，但众多过分夸大的医药广告、医师与药商之间的"灰色关联"以及部分企业自身的信誉问题，使医药企业面临着社会各界的广泛质疑，甚至引发了席卷全行业的信任危机。

思考：在如此严峻的行业大环境中，医药公关如何帮助企业摆脱来自公众的"信任"危机？在医药广告受到严格限制和严厉监管的条件下，公共关系如何帮助企业传播与建立强大的品牌？

书网融合……

知识回顾　　微课1　　微课2　　微课3　　习题

学习引导

社会组织为了提升主体形象，往往会利用特定的时机，举办有特定主题的公共关系活动。公关专题活动又称"公关专门事件"，是社会组织围绕某一明确的目标而开展的活动，是一项操作性、应用性和技术性很强的工作。成功的公共关系专题活动将会对组织产生巨大的效应。那么，通常有哪些常见的公共关系专题活动？又该如何有效地实施？

本项目主要介绍新闻发布会、庆典活动、赞助、展览会等专题活动的概念、特点、策划、实施，以及相关的技巧与注意事项。

学习目标

1. **掌握** 各种公共关系专题活动的策划、实施程序、举办方法和技巧。
2. **熟悉** 各种公共关系专题活动的涵义及特点。
3. **了解** 常见的公共关系专题活动及其类型。

任务一　举办新闻发布会 微课1

新闻发布会，是政府、企业、社会团体等邀请各新闻机构的有关记者，由专人宣布某一重要消息，并接受记者采访，然后进行回答，具有传播性质的一种特殊会议。新闻发布会是社会组织广泛传播各类信息最常用的方式，同时也可借助新闻媒体的影响力来提高自身的形象，以获得公众的好感和了解。

新闻发布会是现代社会组织从事信息传播的一种十分正规和隆重的活动，它一般具有三项基本功能：首先，提高组织的知名度。组织机构通过发布信息，以引起公众对自身的关注，从而扩大组织在社会上的知名度。其次，建立与媒介的良好关系。社会组织通过新闻发布会向新闻界提供了解自己的机会，借以建立或巩固与新闻媒介的良好关系。第三，影响和控制社会舆论。社会组织通过阐述自己的方针政策，引导公众意见和舆论朝着有利于自己的方向发展。

一、新闻发布会的特点

新闻发布会属于传播当中的两级传播模式，即社会组织将信息告知记者，再通过记者所属的大众传播媒介告知公众。它一般具有以下几个特点。

1. 程序规范，形式隆重 新闻发布会形式比较正规、隆重，规格比较高，国内外多年来的实践已经形成了基本的规范、相对固定的程序。除非出于组织机构的特殊需要，一般情况下，不做大的改动。

2. 渠道丰富，沟通活跃 一方面，公众可以通过多种大众媒介获得信息，在深度和广度上，比其他新闻发布方式更具有优越性；另一方面，新闻发布会过程中体现双向互动，通常先发布新闻，后请记者提问回答。

3. 信息权威，价值较高 一般举办新闻发布会的都是政府部门、社会团体、企事业单位等，代表的是某一组织的最高权力，且新闻发布会的形式正规、隆重，因此发布的消息真实可靠并具有较高的权威性。此外，新闻发布会一般在组织急需的情况下举行，因此具有较高的新闻价值，值得新闻媒体的广泛报道。

4. 方式优越，传播迅速 新闻传播面广，报刊、电视、广播、网站、移动媒体等集中发布（时间集中，人员集中，媒体集中），可迅速扩散到公众。新闻发布会的快速性有两层意思：一是指信息本身的时效性，即发生即发布；另一方面是指信息传播的快速性，不受时空限制。

5. 要求较高，难度较大 对发言人和主持人的素质要求比较高，与其他专题活动相比，难度较大。

二、制定新闻发布计划

新闻发布会是重要的公共关系活动，新闻发布的计划主要围绕以下几个方面进行。

1. 确定新闻发布会的主题 新闻发布会是一种比较正规和隆重的公共关系专题活动，需要投入较多的人力、物力、财力，所以在召开新闻发布会之前，首先要明确发布会的主题。而确定新闻发布会的主题应从新闻价值和组织自身的利益出发，明确所发布的信息能否引起社会公众的兴趣，是否具有广泛传播的新闻价值。如新创企业的成立、重要的庆祝活动、新技术新产品的开发、企业上市以及组织倒闭或破产等。这些具有新闻价值的事件都可作为新闻发布的主题，而且整个新闻发布会的始终都应紧密结合主题，切忌偏离主题。

一般而言，新闻发布会的主题大致上有以下三类：①说明性主题，即向社会公众宣布一项重要的决定，如医药企业进行兼并、欲投资兴建新的项目、某种特殊商品要进行价格调整等。②宣传性主题，例如当企业研制出新产品，而这种新产品又暂时没有被社会公众所接受时，新闻发布会的主题就是公布这条新闻并为之进行必要的说明。③解释性主题，例如某医药企业在生产经营中受到社会舆论的谴责，产品质量出现了问题，提供的社会服务发生了意外等。新闻发布会就是对所发生的事件进行解释。

2. 确定会议的时间和地点 新闻发布会的时间通常也是决定新闻何时播出或刊出的时间。首先，应根据新闻发布会的紧迫性来决定会议时间，会议应及时举行，要与将发生或已发生的事件在时间上靠近，而不应该等到时过境迁；其次，发布会应该尽量不选择在上午较早或晚上。部分主办者出于礼貌的考虑，有的希望可以与记者在发布会后共进午餐或晚餐，这并不可取。如果不是历时较长的邀请记者进行体验式的新闻发布会，一般不需要做类似的安排。有一些以晚宴酒会形式举行的重大事件发布，也应把新闻发布的内容安排在最初的阶段，给记者的采访、撰稿、发稿留有时间。最后，在时间选择上还要避开重要的政治事件和社会事件，媒体对这些事件的大篇幅报道，会冲淡企业新闻发布会的传播效果。

在地点选择上，应根据发布信息的内容和影响的区域来选择具体场所，可以选择户外，也可以选择在室内，根据发布会规模的大小，室内发布会可以直接安排在企业的办公场所或者选择酒店。无论是室内还是室外，都应考虑是否能给记者创造各种工作的条件，要尽量选择内部设施良好，环境优雅，方便记者们联络发布信息，通讯和交通都比较便利的场所。

3. 确定邀请的对象　根据新闻发布会的内容和重要性，有选择地邀请有关的记者来参加。如果需要邀请的记者覆盖面广，就应尽量照顾到各方的新闻媒体机构；如果需要控制媒体范围，就要控制邀请的密度。例如，是应邀请地方性媒体记者还是全国性媒体记者；是中文报刊记者还是外文报刊记者等。此外，会议还可邀请一些知名人士和有关方面的专家，发挥意见领袖作用，以提高会议的影响力，增加会议内容的可信度。邀请对象确定后，邀请的时间一般以提前 3～5 天为宜，发布会前一天可做适当的提醒。联系比较多的媒体记者可以采取直接电话邀请的方式。相对不是很熟悉的媒体或发布内容比较严肃、庄重时可以采取书面邀请函的方式。

> **即学即练 4－1**
>
> 答案解析
>
> 举办新闻发布会可以邀请哪些记者参加？（　　　　）
> A. 与本组织有长期良好合作关系的记者。
> B. 对本组织有误解，需加深关系的记者。
> C. 对新闻发布会的主题有直接了解的记者。
> D. 名气较大，在媒介有影响力的记者。

4. 选定会议的主持人和发言人　由于新闻记者的职业要求和习惯，他们大都会提出一些尖锐、深刻甚至较为棘手的问题，这就对会议的主持人和发言人有着极高的要求。因此，一场新闻发布会能否成功，主持人和发言人的选择是关键。

（1）新闻发布会的主持人应当语言流畅、反应灵敏，能在把握会议主题的基础之上引导记者提问，并善于控制时间，大都由主办单位的公关部负责人担任。

（2）会议的发言人一般要求思维敏捷、学识渊博、能言善辩，大都由本单位的领导人或专门新闻发言人担当，他们对本单位的方针、政策以及各方面的情况都比较了解，由他们回答记者的问题更具有权威性。

主持人和发言人都是组织形象的化身，对公众认知会产生重大影响。因此，良好的外型和表达能力、现场调控能力、执行原定计划并加以灵活调整的能力都是必不可少的素质要求。

5. 准备好会议的相关材料　在新闻发布会之前要准备好各种相关材料，主要包括以下几种。

（1）会议议程　议程要发放给参会者。

（2）发言稿　发言稿不仅要紧扣主题，而且要全面、详细、真实、生动。

（3）回答稿　可事先预测一下记者可能问到的问题并准备好答案，以使发言人在现场回答问题时心中有数，表现自如。

（4）报道提纲　事先可将报道的重点、有关数据、资料编印出来，作为记者采访报道的参考资料，明确召开新闻发布会的宣传目的。

（5）其他辅助材料　包括会议所需的图片、实物、模型、影像等，其目的是强化发言人的讲话效果，加深参会者对会议主题的认识和理解。

需要特别注意的是，在会议召开前，应将会议主题、发言稿、报道提纲在组织内部传阅熟悉，以统一口径，避免引起记者的无端猜疑和出现混乱情况。

6. 做好会议的经费预算　根据会议的规格和规模作出可行的经费预算。

7. 会后活动　必要时可安排一些会后活动，如小型酒会或茶会、参观等，以密切关系和加深印象。

三、新闻发布会的内容

一般新闻发布会包括以下几项内容。

1. 宣布会议开始　由主持人宣布新闻发布会开始，并致以简短欢迎词，再介绍主题和议程，然后推出新闻发言人。

2. 发布新闻内容　新闻发言人讲话，可以直接宣读事先准备好的新闻发言稿，也可以按发言提纲发布新闻。

3. 回答记者提问　由主持人指定提问记者，由新闻发言人回答记者提问。主持人要控制提问时间和节奏，按事先规定的时间，宣布"最后一位记者提问"。

4. 宣布会议结束　新闻发言人答完"最后一位记者提问"后，主持人宣布新闻发布会结束。

5. 提示会后安排　如果会后有安排活动，主持人应提示记者会后参加，如参观组织全貌、生产车间、科技成果等。如有礼物或资料提供，主持人可以提示记者会后领取所赠礼品和资料。

四、新闻发布会的程序

1. 参会来宾签到、分发会议材料　新闻发布会的入口处要设立签到处，安排专人负责签到、分发相关材料、引入会场等接待工作。

2. 会议过程　新闻发布会开始后，基本按照以下流程进行。

（1）会议主持人简要说明新闻发布会的目的，所要发布的信息等。

（2）发言人讲话，宣布重大新闻，介绍新闻的具体信息。这一部分是发布会的重点部分。

（3）记者提问。新闻发布会的发言人回答参会记者的相关提问。

（4）会议结束。等记者提问结束或者到了计划结束的预定时间，主持人宣布新闻发布会结束。

3. 会后活动　会后如有必要，还可以安排参观、举行茶话会或酒会等招待活动，还可以向参会者赠送一些小礼品，个别记者有特殊问题时，有关人员还应耐心地予以答复，做到善始善终，保持良好形象。

4. 会后效果评估　新闻发布会后，公共关系人员应及时广泛搜集所有到会记者在各种媒体上的报道，检查是否达到了新闻发布会的目的。最后，对本次活动应写出评估总结报告。

五、新闻发布会的注意事项

1. 主持人应充分发挥主持和组织作用　在一场新闻发布会当中，主持人应当能够以庄重的言谈和感染力活跃会议气氛，引导记者踊跃提问。当记者的提问偏离会议主题时，能善于巧妙地将话题引向主题。当会议出现紧张气氛时，能够及时调节以及缓和气氛，掌握好预定的会议时间而不能随意延长。

2. 所发布的信息应准确无误　新闻发布会中所发布的信息要做到真实、准确并没有错误，如果发现错误应及时予以纠正，对不宜发表或透露的信息，应委婉地作出解释。如果发布信息时总是吞吞吐吐、闪烁其辞，势必会引起记者追根究底而造成尴尬局面，甚至会导致记者因此发表一些对组织不利的负面报道。

3. 不应随便打断记者的提问　记者在提问时，即便所提的问题过于尖锐或挑衅或者带有偏见，主持人都不能抢白记者，或用其他言语或非语言表示不满，而应用冷静的态度和缓和的话语来陈述事实，对不实之词坚决纠正和反驳。遇到难以回答的问题，也应采取通权达变的办法予以回答，避免引起记者的反感。

4. 注意做好服务礼仪 若需要签到，应由服务人员安排来宾签到，签到后由引领人员引导来宾就座。会前要把茶水、毛巾等摆好。记者入场后，服务人员应热情照顾记者饮水，注意续添桌上的饮品，及时收回空瓶；引领主席台人员入座。所有服务人员退到厅内两侧。当主持人入场时，会议服务人员要协助主办单位人员疏通走道，同时要防止记者因抢拍镜头而碰到厅内陈设和用具。此外，由于新闻发布会记者较多，携带的设备也多，服务人员应提示用电安全。

5. 会后做好效果评估 作为一项活动的完整过程，招待会结束之后，要及时检验会议是否达到了预定的效果。会后工作主要有以下内容。

（1）搜集到会记者在报刊、电台上的报道，并进行归类分析，检查是否达到了举办新闻发布会的预定目标，是否由于工作失误造成消极影响。对检查出的问题，应分析原因，设法弥补损失。

（2）对照会议签到簿，看与会记者是否都发了稿件，并对稿件的内容及倾向做出分析，以此作为以后举行新闻发布会时选定与会者的参考依据。

（3）收集与会记者及其他代表对会议的反应，检查招待会在接待、安排、提供方便等方面的工作是否有欠妥之处，以利改进今后工作。

（4）整理出会议的记录材料，对招待会的组织、布置、主持和回答问题等方面的工作做一总结，从中认真汲取教训，并将总结材料归档备查。

6. 避免新闻发布会的误区 新闻发布会应避免以下几个误区。

（1）没有新闻的新闻发布会 有些企业似乎有开发布会的嗜好，很多时候，企业并没有重大的新闻，但为了保持一定的影响力，证明自己的存在，也要时不时地开个发布会。造成的后果是，企业虽然花了不小的精力，但几乎没有收成。

（2）新闻发布的主题不清 从企业的立场出发，主办者恨不得把它的光荣史一股脑端上去，告诉与会者什么时候得了金奖，什么时候得到了认证，什么时候得了第一，什么时候捐资助学。但是偏离了主题的东西，在媒介眼中形同废纸。

（3）新闻发布准备不足 有的企业在传播过程中，生怕暴露商业机密，凡涉及到具体数据时总是含含糊糊，一谈到敏感话题就"环顾左右而言他"，不是无可奉告就是正在调查。这样一来，媒体想知道的，企业没办法提供；媒体不想搭理的，企业又不厌其烦。

（4）把新闻发布会和记者招待会混用 国内对新闻发布会和记者招待会在称呼上经常有些混用，而实际上，新闻发布会与记者招待会是有区别的。新闻发布会是发布新闻的活动，如企业作出了某项重要的决策、研制生产了某种新产品或推出了某项对社会有重要影响的革新项目。记者招待会则不一定是有新闻要发布，它的主要目的是和新闻媒介公众进行沟通。如本单位与外单位发生了法律纠纷，企业受到了顾客、社会舆论、新闻媒介的公开指责等。当这些问题发生之后，企业为了挽回影响并争取舆论界的支持，就有必要召开记者招待会。

新闻发布会现在的趋势是由发言人自己主持，自己发布新闻，自己点记者提问、自己回答提问；一般由发言人先发布新闻，再回答记者提问。但记者招待会往往不先发布新闻，而立足于回答记者提问；一般设一主持人，主持人不回答问题，回答记者提问的通常是组织的负责人。

六、新闻稿的撰写

新闻，是指报纸、电台、电视台、网络等媒体经常使用的记录社会、传播信息、反映时代的一种文体。对于社会组织而言，公关新闻是关于组织且有利于塑造良好组织形象、培育良好公众关系的新近事实的报道。新闻与公众有直接关系，对公众有显著的影响。所以，新闻写作是新闻事实的文字表达手段，是准确、鲜明、及时地报道新闻的重要环节。

1. 新闻写作的基本要求——准确、客观、清楚

内容面向大众的知识面和接受能力，使读者易于理解；文字使用应切合一般人的阅读水平，避免过于个人化和自我缩小读者群效应；简明扼要，选择最关键、最能吸引注意力和最能说明主题要点来写；注意多运用与众不同的叙事角度和观点分析。

2. 新闻六要素——Who，When，Where，What，Why，How

一篇结构严密的新闻稿一般由标题、导语、背景、主体和结尾等组成。其导语、背景交代、主体内容和结尾都有其内在的逻辑关系，在一个统一的关系中互相影响，互相勾连，互相牵制，互相完善。因此，写新闻只有交代清楚人物、时间、地点、事件、原因、经过（和结果）等，才能使读者、听众和观众掌握新闻的基本信息。但应注意的是，每篇新闻要向公众传达的信息不同，因而侧重点也不同，若平均处理这六个要素，会使新闻主题不够鲜明。所以，在撰写新闻稿时应该详略得当，主题突出。

3. 新闻角度的选取

（1）紧跟时代选角度　文章合为时而著，诗歌合为事而作，这是千古真理。新闻需要紧跟时代的脚步，结合热点挖掘角度。

（2）以小见大选角度　就是说面对一件发生的事件，写作者不是笼统概述事件的经过，而是选取事件某一个特定的镜头，通过特定的镜头，慢慢散开，达到窥一斑而见全豹的效果。比如，某企业一篇关于企业危机公关的通讯就抓住总裁向媒体和公众深深鞠躬这一细节，体现企业向社会公众道歉，愿意承担责任的态度。

（3）从特殊性中选角度　新闻艺术常说："狗咬人不是新闻，人咬狗是新闻"。所以，面对所发生的一件事情，要从共性中找出特殊性。

（4）从遗忘的角落中选角度　对于一件事情，共性的东西大家都看得到，都会去写，要想写好一篇新闻稿，要善于从大家遗忘的角落中选取角度写。

4. 新闻稿的结构

（1）新闻标题　为了吸引读者的注意，新闻稿的标题必须醒目，这样才能使读者在信息的海洋中一眼就发现我们所要发布的新闻。标题的一般要求是：概括性强、突出主题、引人注目、长短合适。因此，新闻标题不一定要将新闻事件的主要要素全部概括出来，只要能够将主要的事实和意义概括出来就可以了，因为有的内容还要在主体部分中加以表达。切记标题要易读易懂，因为新闻的读者是普通大众，不是专家学者，太晦涩太难懂就偏离了新闻普众性的要求。

（2）新闻导语　即新闻稿首段，是指在新闻稿开头以最简洁的文字表述新闻中心内容的一个部分，在新闻稿中起着提纲挈领的作用，要用简明扼要的句子概括一篇新闻中最新最重要的信息，使人只看了导语便可了解新闻的基本要点。在新闻导语的写作中应注意：导语里的事实必须是最重要、最新鲜的，导语必须简明扼要、短小精悍。

（3）正文　正文是新闻的主体部分，紧接导语之后，是被导语引导出来的主题及对主题的更深入的阐述和描写，将导语中提及的内容按照"时间顺序"或"逻辑顺序"作进一步的解释和叙述，使读者深入了解。主体要紧扣导语，围绕导语所定的主题来写，有时也补充一些导语中未提及的资料，如事件的背景说明等。

（4）结尾　新闻稿要有头有尾，最好能呼应起来，显得文章前后结构紧凑。结尾一般由作者发表评论，提出某些结论供人们思考，使读者得到某种启发。

（5）其他补充　图片：可令读者留下深刻印象，对新闻稿件有补充及说明的意义；图表：可帮助理解资料性的内容，也容易看到重要的需突出的部分；插图：多用于杂志文稿中，大部分为编辑自己制作，使文章更加生动。

5. 新闻稿的叙事结构　新闻稿最常见的结构有以下三种。

（1）倒金字塔结构　倒金字塔结构由导语和事实两部分组成。导语是新闻稿的灵魂，最新、最重要的内容包含其中。导语之后是一般的新闻事实，按重要在前、次要在后的原则排列。这种结构的优点之一是方便读者阅读。所以，在倒金字塔结构中导语的地位十分重要，必须用最短的语言说出最重要的信息。同时，倒金字塔结构的新闻稿也便于编辑和修改，即使删除修改的只剩下一段导语，也可以通过一句话新闻将最主要的信息发布出去。

（2）并列结构　当几项新闻事实处于同等重要的地位时，则采用并列结构。并列结构由导语和新闻事实两部分构成，一般要有一个概括性的导语，然后是各种新闻事实，通常用于重大新闻报道。

（3）顺时结构　在需要突出新闻事件的时间顺序时，则采用顺时结构，公关人员可按照事件发生的时间顺序交代事件过程。

6. 如何写好一篇新闻稿

（1）用语准确　词不达意、用错词语等，会使内容有所偏差。

（2）语句清晰　使用简单的句子，少用从句或复句，因为过于复杂的语句，会使读者误解或难以理解内容的意思，保证语法结构的正确。

（3）报道客观　切勿加入个人的主观意见和评论，并避免使用带有价值判断的语句，除非是确定事实，否则不宜写在新闻稿中。

（4）用词庄重得体　尽量使用一些庄严和文雅的字词，避免俗语和不规范的网络语言。

（5）善用数字资料　在标题中运用数字可突出新闻价值及卖点，但在运用时要使用权威、科学、真实数据，并写明背景及引用出处。

即学即练 4 - 2

答案解析

　　北京时间 2015 年 10 月 5 日，瑞典卡罗琳医学院在斯德哥尔摩宣布，中国女科学家屠呦呦和一名日本科学家及一名爱尔兰科学家分享 2015 年诺贝尔生理学或医学奖，以表彰他们在疟疾治疗研究中取得的成就。屠呦呦女士是中国中医科学院终身研究员兼首席研究员，青蒿素研究开发中心主任，多年从事中药和中西药结合研究，突出贡献是创制新型抗疟药——青蒿素和双氢青蒿素。

　　请依据以上材料写一篇倒金字塔结构的新闻宣传稿。

任务二　举办庆典活动

庆典活动是组织利用自身或社会环境中的有关重大事件、纪念日、节日等所举办的各种仪式、庆祝会和纪念活动的总称，包括节庆活动、纪念活动、典礼仪式和其他活动。通过庆典活动，可以渲染气氛，强化组织的影响力；也可以广交朋友，广结良缘；成功的庆典活动还可能具有较高的新闻价值，从而进一步提高组织的知名度和美誉度。

一、庆典活动的效应

庆典活动虽然不是直接为"促销"服务，而且还要付出一定的人力、物力、财力代价，但是它的作用却不可低估。庆典活动的作用可引起三大效应。

1. 引力效应　指组织通过庆典活动吸引公众的注意力。通过庆典活动，可以宣传组织的性质、特点；宣传组织的历史和对社会的贡献；宣传组织的产品和服务等，让公众了解组织、信任组织、支持组织的一切活动。组织的知名度也随之提高了。

2. 实力效应　指通过举办大型庆典，显示组织强大的实力，以增加公众对组织的信任感。通过这种活动，可以使公众更全面地了解组织从事的各种活动，而组织在庆典活动中也可以塑造自己的社会性、公益性、娱乐性等方面的形象，从而给公众留下组织更完整、美好的形象。

3. 合力效应　开展大型庆典，能增强组织内外部公众的向心力和凝聚力，提高公众对组织的信任感。这种活动一般都需要广邀各界朋友，通过庆典活动就可以增进组织与公众之间的沟通，内部公众，如员工、股东等可以增进了解、加深友谊，为组织的进一步发展打下坚实的基础。

美国IBM公司每年都要举行一次规模隆重的庆功会，对那些在一年中做出过突出贡献的销售人员进行表彰，被称作"金环庆典"。这种活动常常是在风光旖旎的地方进行。在庆典中，IBM公司的高层管理人员始终在场，并主持盛大、庄重的颁奖酒宴，然后放映由公司自己制作的企业文化影片。在被邀请参加庆典的人员中，不仅有股东代表、工人代表、社会名流，还有那些做出了突出贡献的销售人员的家属和亲友。在庆典活动中，公司主管会同那些常年忙碌、难得一见的销售人员聚集在一起，彼此毫无拘束地谈天说地。在这种交流中，无形地加深了彼此心灵的沟通，增强了销售人员对企业的"亲密感"和责任感。

二、庆典活动的类型

1. 节庆活动　节庆活动是利用盛大节日或共同的喜事而举行的表示快乐或纪念的庆祝活动。不同国家不同地区，都有自己独特的节日。国际上，节日一般分为官方节日和民间传统节日。常见的官方节日有元旦、妇女节、消费者权益保护日、国际劳动节、儿童节、国庆节、圣诞节、感恩节、复活节等，民间传统节日有春节、元宵节、清明节、端午节、中秋节、重阳节等。还有些地方根据自身文化传统、风俗习惯、土特产等，组织举办一些具有地方特色的节庆活动，如北京地坛庙会、湖南的龙舟节、山东潍坊风筝节、德国的啤酒节等。节庆日是公共关系部门特别是酒店、宾馆、商场等接待服务单位开展公共关系活动的绝好时机。

实例分析 4 - 1

实例 重阳节已成为尊老、敬老、爱老、助老的老人节。

为提高营销人员们的工作热情，激发他们的工作自豪感，进一步增强员工与员工及其亲人间的友情、亲情，羚锐制药在某年的老人节特别邀请营销人员父母亲属到公司参观访问，举办了"重阳节贴心关爱公益"活动。

羚锐制药组织医药专家和医务人员免费为来访的老人们进行健康体检，并提供了健康知识的咨询、解答。活动中，羚锐制药还为每位老人送去了羚锐通络祛痛膏、活血消痛酊、暖洋洋静电理疗贴、雨伞等中老年人家中必备的常备保健药品及物品，并在羚锐集团大厦院内现场组织开展了中医坐诊、养生讲座、膏药试贴和推拿按摩等活动，为老人们送去了最真心的问候和真切的关心。活动开始前，羚锐制药还组织大家参观了羚锐企业发展史陈列室——"羚锐之路"展示厅，了解羚锐企业发展史。

问题 这是一种什么类型的公关专题活动？它对组织和社会有何意义？

答案解析

2. 典礼仪式 典礼活动包括各种典礼和仪式活动，如开幕典礼、开业典礼、项目竣工典礼、毕业典礼、颁奖典礼、就职仪式、签字仪式、捐赠仪式、剪彩仪式等。在实际工作中，典礼仪式的形式多样，并无统一模式。有的仪式非常简单，如某个企业办公楼的开工典礼，放一挂鞭炮，企业老总喊一声"开工"，仪式便宣告结束；有的仪式非常隆重、庄严，如英国女王登基、国外皇室婚礼以及葬礼等。甚至有的仪式还有一套严格的程序和繁文缛节。

在典礼中比较常见的剪彩仪式通常包含以下六项基本程序。

第一项，请来宾就位。在剪彩仪式上，通常只为剪彩者、来宾和本单位的负责人安排座席。一般情况下，剪彩者应就座于前排。

第二项，宣布仪式正式开始。在主持人宣布仪式开始后，乐队应演奏音乐，现场可施放礼花礼炮，全体到场者应热烈鼓掌。此后，主持人应向全体到场者介绍到场的重要来宾。

第三项，奏庆典喜庆乐曲。此刻须全场起立。

第四项，发言。发言者依次应为东道主单位的代表、上级主管部门的代表、地方政府的代表、合作单位的代表等。其内容应言简意赅，每人不超过3分钟。

第五项，进行剪彩。此刻，全体应热烈鼓掌，必要时还可奏乐或燃放鞭炮。在剪彩前，须向全体到场者介绍剪彩者。

第六项，进行参观。剪彩之后，主人应陪同来宾参观被剪彩之物。

3. 纪念活动 纪念活动是利用社会上或本行业、本组织的具有意义的日期而开展的公关活动。可供组织举办纪念活动的日期和时间有很多，如历史上的重要事件发生纪念日、本行业重大事件纪念日、社会名流和著名人士的诞辰或逝世纪念日；而本组织的周年纪念日、逢五逢十的纪念日及重大成就纪念日，更是举办纪念活动的极好时机。通过举办这样的纪念活动，可以传播组织的经营理念、经营哲学和价值观念，使社会公众了解、熟悉进而支持本组织。

2016年5月10日，李时珍医药集团在蕲州李时珍陵园举办了主题为"弘扬中医药文化、祭拜医圣李时珍"的活动。李时珍医药集团董事长郭文和、总裁林朝辉以及来自国内外、海峡两岸的医药界嘉宾和李时珍医药集团员工共计 1000 多人参加活动。千名参拜者胸挂平安香包，怀着虔诚之心、敬仰之意，以身为医药人的济世利人情怀，按照司礼规程先后进行了奉贡、上香、敬献鲜花、植树培土、大礼祭祀、宣读祭文、恭请圣像、众祭等传统祭拜典礼仪式，表达了医药人尊敬医圣李时珍的真诚情感和传承弘扬中医药文化的信心决心。

三、庆典活动的基本流程 微课2

在组织庆典活动中，其基本的流程如下所述。

1. 拟定出席庆典的宾客名单 庆典活动邀请的宾客一般应包括上级领导、政府有关部门负责人、社会名流、大众传媒、合作伙伴、员工代表和社区公众等。邀请嘉宾的范围应依据活动规模的大小而定，邀请名单一旦确定，应尽早发出邀请或通知。发放请柬要求：请柬提前 7 天左右发放。重要来宾请柬发放后，组织者当天应电话致意，庆典头晚再电话联系。

2. 确定主持人及致辞的嘉宾 庆典活动一般要突出其喜庆色彩，所以庆典主持人应由形象气质较好、口头表达能力和应变能力较强的青年男女担任。而致贺词的嘉宾一般是由客方人员中有较高社会地位和有一定社会声望的人士来宣读，以起到鼓舞人心、烘托气氛、沟通感情、融洽关系的目的。

3. 做好庆典的设施准备和经费预算 举办庆典，首先应慎重考虑地点的选择，应结合庆典的规模、影响力以及主办方自身的实际情况来决定举行庆祝仪式的地点，同时，公关人员要精心布置庆典仪式的现场，如搭建舞台、悬挂横幅、张灯结彩等，以烘托出热烈、隆重、喜庆的氛围。在举行庆典之前，还要检查所有的音响设施，以免关键时刻出现问题，影响庆典效果。在室外举行庆典时，应注重安全因素，切勿造成拥挤堵塞。主办方应提前做好经费预算，庆典不宜过于奢华、铺张，使人感觉虚有其表。

4. 确定典礼程序 拟定庆典的程序时，应遵循经济简洁的原则，即时间不宜太长、程序不宜太烦琐。典礼的一般程序为：宣布典礼开始、介绍主要来宾、领导或来宾致贺词、致答谢词、剪彩。期间可适当安排一些助兴节目，如文艺晚会、组织参观等，借此机会让上级、同行和社会公众了解自己、宣传自己，以提高组织的知名度、美誉度。也可以在此期间散发一些宣传资料和赠送一些小小的纪念品。

5. 合理安排庆典活动的接待事宜 庆典活动中的来宾接待工作比一般商务往来的来宾接待更注重礼仪性，不但应热心细致地提供照顾和帮助，而且应该使宾客感受到主办方的诚意和敬意。接待活动的具体工作应包括迎送、引导、陪同和招待四个环节。入场、签到、剪彩、留言等活动，都要有专人指示和领位。设置接待室，对重要来宾，要由组织领导亲自接待；他们的签到、留言、食宿均应由专人负责。

接待工作是庆典活动的"门面"，如接待安排不合理、不到位，就容易使整个庆典活动显得杂乱无序，所以应认真对待，不能敷衍应付。

6. 编写宣传材料和新闻通讯材料 列出庆典主题、背景、活动内容等相关材料，将材料装在统一的包装袋内发放给来宾。对媒体记者，还应在其材料中添加较详细的说明，以方便其写作新闻稿件。

实例分析 4-2

实例　2007年8月，济南宏济堂制药有限责任公司召开百年庆典新闻发布会，这标志着宏济堂百年庆典活动正式拉开帷幕。中国医药报、山东电视台、齐鲁晚报、济南电视台、济南日报等11家新闻媒体出席了新闻发布会。

这次庆典活动本着节约、公益、高效的原则，分三个阶段进行。第一阶段是在全国范围内征集和宏济堂制药有关的老照片、文字和实物等相关资料，筹建档案馆；第二个阶段是回馈社会、让利百姓，分别在全国开展百万让利大行动、向教师及济南市劳动模范赠送相关药品；第三阶段是于9月28日举行百年庆典大会。

问题　该公司召开新闻发布会对于庆典活动有何作用？庆典活动的设计对公司和社会有何重要意义？

答案解析

四、庆典活动过程中应注意的事项

1. 明确活动主题　举办这类活动要有一定的主题，像开业典礼、纪念性活动、联合签字仪式等。活动的主题可以是时间上的理由，也可以掌握本组织的发展动向，选出本组织有特色的事由。有了主题，再围绕主题精心设计有关活动的内容，并安排与内容紧密结合的活动形式。只有这样才能显示开展纪念典礼活动的目的和作用，才能收到应有的效果。

2. 选好活动时间　调查研究是组织开展公关活动的基础。庆典仪式活动应在调查的基础上，抓住组织的一切有利时机和市场时机，尽量使活动与组织、市场相吻合。例如，儿童用品就应瞄准"儿童节"这样的时机来开展相应的活动。

3. 精心选择对象　活动确定后，应选择好参加活动的对象，提前发出请柬，邀请与组织有关的政府领导、行政上级、知名人士、社区公众代表、同行代表、内部员工、媒体公众等前来参加，对重要来宾还应亲自登门邀请。

4. 合理安排程序　仪式庆典活动的程序应包括：活动前，要备好接待室或会议室，安排专门人员接待；活动开始时，安排专门主持人；介绍重要来宾；由组织领导和重要来宾致辞或讲话；剪彩和参观线路；安排交流的机会；重要来宾留言、题字等。

5. 做好后勤、保卫工作　物质准备包括：音响、音像设备、锣鼓、彩旗、条幅、宣传品、礼品等。赠送的礼品要与活动有关或带有组织标志。另外，在特殊场合下燃放鞭炮，务必要有保安措施。

6. 科学性与艺术性相结合　公共关系既是一门学科，又是一门艺术。在仪式庆典活动中既要做到科学地推销产品和形象，又要赋予活动本身以艺术性，使活动在科学操作的基础上更具有魅力，这样才会有更好的宣传效果。

庆典活动的形式并不复杂，时间也无须耗费多少，但要办得隆重、热烈和丰富多彩，给人以强烈的、深刻的印象，并不容易。要使活动达到预定目标，公关人员应有冷静的头脑和充分的准备，善于用热情的举止鼓励公众，有序地指挥调度现场。另外，节目安排时也可以考虑让本组织的人员参与进来，这样有利于培养员工的归属感和自豪感。

任务三　举办赞助活动

赞助活动是指社会组织以提供资金、产品、设备、设施或免费服务等形式赞助社会事业或社会活动，扩大组织的知名度和美誉度，使组织获得一定的形象传播效益的社会活动。赞助活动实质上就是组织的一种信誉投资和感情投资行为，是赢得公众信赖的一种有效的公关手段。

任何一个组织的赞助活动都是与某项社会事业或特殊事件紧密相连的，对组织发展及塑造公关形象具有特别重要的作用。组织力求通过赞助活动树立组织关心社会事业或社会活动的良好形象，为组织的生存和发展创造更有利的社会环境；由于赞助活动总是与组织的名称一起出现在新闻媒体的宣传报道中，这样会大大提高组织的社会知名度，扩大其社会影响；同时，赞助活动表明组织对社会具有很高的责任感，体现组织对履行社会责任和义务方面的积极态度；此外，赞助活动也能够证明组织的经济实力，赢得社会公众的信任。

一、赞助的类型

开展赞助活动的一个首要问题就是选择赞助对象。根据赞助对象的不同，赞助活动主要分为以下几种类型。

1. 赞助体育事业　这是企业赞助最常见的一种形式。由于现代体育的影响面大，公众的参与性强，特别是通过赞助奥运会、世界杯足球赛等世界性体育赛事的大型体育活动，可以展现组织实力，扩大自身的社会影响力。中国体育品牌"李宁"就是因为赞助中国体育健儿而蜚声海内外的。

赞助体育事业的常见形式有赞助体育经费、赞助体育器械或服装等用品、赞助体育竞赛活动的举行、设立体育竞赛奖励基金等。武汉网球公开赛是国际女子职业网联（WTA）的顶级赛事之一，2014年9月，人福医药集团举行了"人福医药匹得邦 – 武汉网球公开赛捐赠仪式"。人福医药集团在赞助赛事的同时，率先额外为赛事组委会捐赠了"匹得邦"莫匹罗星软膏。过去人们只知道洋品牌百多邦，人福立志打造民族皮肤药领导品牌，填补百多邦缺货导致的国内市场空缺。

2. 赞助科学教育事业　科学教育事业是一种效益长远、有利于全民族素质提高的事业。对科学教育事业的赞助既有利于科技进步和教育事业的发展，使社会组织树立良好的形象，也有利于组织尤其是企业的人才招聘和培训。

赞助科学教育事业的常见途径包括：赞助科学研究机构及各类学校建设，赞助学校图书馆、实验室和其他教育设施，赞助科研项目和学科建设，为学术活动提供会议场所和会议经费，设立奖学金、学习或研究基金，对贫困和特殊学生的经济、物质或其他资助。例如，香港企业家霍英东、邵逸夫等人先后设立各种教育奖励基金，资助我国教育事业的发展。其中，邵逸夫一人就捐资47.5亿港币，建设各类项目6013个，为中国教育事业的发展做出了巨大贡献。

3. 赞助文化艺术活动　组织赞助文化艺术活动，不仅有利于文化事业的发展，提高民族文化素质，而且可以培养组织与公众的良好感情，提高组织的社会效益与美誉度。组织赞助文化艺术活动的常见形式有：赞助广播电视节目的制作，电视、电影的拍摄，图书的出版，书画与摄影艺术展，赞助文学艺术创作，音乐会和文艺表演以及各种知识竞赛、摄影比赛或发明创作等。

4. 赞助社会慈善和福利事业　赞助社会慈善和福利事业是组织和社区、政府融洽关系的重要途径，也是一种向社会表明其承担社会义务和责任的手段，更能体现组织对社会公益事业的关心。赞助社会慈善和福利事业的常见形式如赞助敬老院、孤儿院、康复中心、赈灾捐款捐物等。这类赞助体现了组织高尚的道德品质，也是组织向社会表明其承担社会义务和责任的方式。

5. 赞助公益事业和环保事业　赞助公益事业的形式有很多，如赞助道路、桥梁、公共休闲娱乐活动场所及设施和有特殊意义的公共项目等。

近年来，环保问题成为一个不断升温的引起全球普遍关注的"热点"，因此，赞助环保事业对组织赢得公众的信任和好感，取得良好的社会效益的作用是不言而喻的。赞助环保事业的常见形式有：宣传环保、资助环保组织、直接资助环保项目的建设等。

6. 赞助突发性和灾难性事件　主要是在突发性和灾难性事件中对遭受各种自然灾害或社会危机事故的地区和公众实施捐助。常见的有：为地震、水灾、火灾、瘟疫等受害地区和公众提供物品、器械、技术、资金等帮助。

🔖 知识链接

战"疫"路上，你我在一起

面对突如其来的新冠肺炎疫情，上汽通用五菱第一时间投入口罩生产，共建成口罩生产线24条，累计生产口罩2亿只，累计向社会各界无偿捐赠口罩超4000万只，以"五菱速度"为疫情防控提供"五菱牌口罩"免费申领通道，更因此荣获"全国抗击新冠肺炎疫情先进集体"称号。开放免费申领"五菱牌口罩"通道，体现了"人民需要什么，五菱就造什么"的民族品牌使命担当。

7. 赞助其他特殊领域　赞助其他特殊领域常见的有：①赞助人类和平事业；②赞助保护文化遗产（包括一些文化古迹、语言、音乐、绘画、雕塑、技艺和民俗等）；③赞助保护野生动物；④赞助地方性的节日活动。例如各种具有地方色彩的节日活动：潍坊的风筝节、广东的龙舟节、云南的泼水节、洛阳的牡丹节等；⑤赞助大型展览。例如各种博览会、交易会等。

二、举办赞助活动的步骤

1. 明确赞助活动的目的　组织举办赞助活动一般有以下几种目的。

（1）追求新闻效应，扩大社会影响　赞助一些大型的、社会关注度高的活动，具有良好的新闻效应，社会组织可以通过赞助活动起到"新闻策划"的作用。

（2）增强广告效果，提高经济效益　赞助在传播形式和效果上往往具有广告宣传效应，特别是对于一些生活快消品，将会起到促销作用，促进产品的销售，提高企业的经济效益。

（3）联络公众感情，改善社会关系　组织外部的公众种类繁多，利益诉求各有不同，政府、社区、媒体等都对组织的长远发展有着重要的影响。因此，有些赞助活动主要是为了组织创造良好的外部发展环境。

（4）提高社会效益，树立良好形象　企业在追求经济效益的同时，必须高度重视社会效益，任何企业都是社会构成的一部分，应承担社会责任。有些赞助活动可能没有经济效益，甚至会以牺牲一定的经济效益换取社会效益，从而更好地塑造企业的软实力。

上述目的并不是孤立存在的，某个单项的赞助活动可能在目的上有所侧重，以某一个方面为主要目的，但并不排斥其他目的的实现。

2. 做好赞助前的调查研究　在正式决定赞助之前，赞助单位首先有必要进行前期的研究，即对所要赞助的项目的可行性、必要性、有效性和风险性进行分析和研究。如赞助项目的选择是否恰当，能否达到树立企业良好形象的目的；所赞助的活动是否具有积极的社会意义和广泛的社会影响；具体的赞助活动应如何实施，才能达到预定的目标，取得相应的赞助效益。这些都是在赞助活动开始前所要重点调查和论证的内容。

3. 制定赞助活动的计划　组织要使赞助活动取得最佳投资效果，必须在调研的基础上，根据组织总的赞助方向和政策，制定具体详尽的赞助计划。

赞助的总体计划是公共关系人员根据本组织的情况制定出切实可行的政策性文件，确定赞助的宗旨、目标、赞助对象的选择标准或范围、款项比例等基本方针，经过讨论通过后生效成为组织赞助工作的依据。

在决定赞助后，制定出此项目赞助的具体计划：为达到赞助效果而确定赞助主题和传播方式、赞助款项预算、赞助时机和赞助形式及实施计划等。一般而言，主要的赞助形式有资金赞助、产品赞助、劳务赞助和场地或场所提供等。

4. 提供赞助的决策依据　组织所提供的赞助，或者是由组织主动选择赞助对象，或者是在接到请求时再作出反应，组织为提供某项赞助而进行决策时，主要应考虑以下几点。

（1）社会效益　提供赞助时，应优先考虑社会效益，是否是社会关心的、迫切需要解决的问题，如社会的救灾活动，对残疾人的福利赞助，希望工程的赞助等。

（2）传播效果　既要考虑赞助对象是否是媒体关注的，媒体关注度高，传播效应更好；也要考虑赞助的事业或活动所具备的传播条件，比如所在地具有的媒体状况，现场的通讯设备，自然条件等。另一方面，要尽量利用赞助活动去宣传，活动的主办方只能给赞助人提供机会，而怎样利用赞助宣传则是赞助者的事。

（3）经济性　视企业的经营情况，根据财政预算支付赞助费用的额度和范围，避免盲目赞助。总体而言，赞助是一种投资行为，即使这种投资可能是以社会效益为主的，但也要考虑组织的经济效益，力争使二者能有机地结合在一起。

（4）开创性　可以找一个不太为社会组织注意的，但需要赞助的领域、事业、活动或团体，并通过建立基金、做广告等形式提高该基金会的知名度，使之成为吸引社会公众注意的热点。

5. 赞助活动的实施　计划确定后，公共关系人员或赞助基金会人员负责进行详细的审核、评定，确定该项目赞助的可行性、赞助的具体方式、款项的落实以及赞助的时机。在此基础上，社会组织应由专门的公共关系人员精心策划，应用各种公共关系手段、技巧，充分借助媒介力量，尽全力扩大组织和该项赞助活动的社会影响。在实施过程中，公共关系人员要充分利用有效的公共关系技巧，创造出企业内、外的"人和"气氛，尽可能扩大赞助活动的社会影响。

6. 赞助活动的效果评估　对每一次公共关系活动的效果，都应该作出客观的评价。一次赞助就是组织的一次重大公关活动，因此在赞助活动完成后，组织应及时对每一项赞助活动的效果进行调查测定。收集各个方面如公众、新闻媒介、受赞助组织对此次赞助的看法，调查是否达到了预期的效果，对照计划检查完成了哪些预定的目标，分析实现目标与未达目标的不足与原因，将各方面的情况写成总结报告，为以后的赞助活动提供有益的经验和参考。

三、赞助活动的策划技巧

组织举办赞助活动之前，必须对赞助活动进行精心策划，公共关系人员应注意以下几个方面的策划技巧。

1. 赞助活动要符合本组织的特点　考虑赞助主体与赞助对象之间是否存在契合度，一般来讲，性质不同、特点不同的组织，应选择不同的赞助内容。例如体育品牌赞助体育赛事，食品企业赞助厨师大赛，药品企业赞助社区健康活动，专营图书的书店赞助图书展览会等。宗申摩托车集团就一直致力于赞助中国摩托车运动，并将国家队冠名为"宗申车队"。

2. 赞助活动时间选择要恰当　首先，赞助要把握时机，赞助活动本身也具有竞争性，特别是对于优质赞助对象，组织必须具备敏锐的公关意识和果断的判断能力，否则，赞助资格也会被"抢"。同时，赞助还可以结合组织的开业、周年庆典、新年节庆，或者在组织受奖之时进行公益赞助活动，这样更容易引起公众的注意。组织也可以结合其他专题活动开展公益赞助活动，以提高活动的有效性。

3. 赞助活动要突出赞助的独特性　策划赞助活动最忌讳千篇一律，公共关系人员要敢于创新，独辟蹊径。只有这样，才能出奇制胜。例如，美国强生公司在1998年就同全美反家庭暴力联盟合作，开展了名为"避难救助（Shelter Aid）"的援助行动，为家庭暴力受害者提供避难所。强生公司通过这项赞助活动，提升了公司的整体形象水平，有力地推动了公司的产品销售。

4. 赞助活动要注意赞助的特殊性　万宝路公司利用赞助做广告，从美术展到汽车大赛的一系列文化、体育领域里，都能看到他们的赞助活动。他们巧妙地回避了吸烟与健康等敏感问题，在国外烟草行业不允许做广告的政策法令制约下，在反对吸烟的强大舆论影响下，取得了成功的宣传效果。

四、赞助活动需要注意的事项

赞助活动是组织对社会承担社会责任和义务的一种重要的表现形式，能为组织树立起高度责任感和有实力的社会形象。组织在开展赞助活动时，要考虑注意以下事项。

（1）组织的赞助活动，应以组织和组织所面对的社会环境为出发点，制定出切实可行的公共关系政策、方针和策略，赞助切忌盲目。应将赞助计划列入企业为其生存和发展创造环境的长期计划，分清所需赞助事业的轻重、缓急，逐步实施。

（2）组织应将公共关系政策公之于众，应保持与被赞助者和需要赞助的活动组织者之间的联系。对不能满足或不能全部满足赞助对象要求的，应坦率相告，诚恳解释原因，以免引起矛盾。

（3）应优先考虑赞助社会慈善福利事业和教育文化事业，善举广行，由此创造出的良好的社会效益，必然会得到社会的广泛支持。

（4）组织的公共关系部，应随时把握社会赞助的供求状况，做到灵活掌握赞助款项。在赞助计划制定时，要考虑保留一部分的机动预算，以解决实施赞助过程中临时变动情况而引起的费用增加。

（5）组织应重视赞助活动的积极作用，不能刻意追求广告效应而削弱社会组织的形象。但是，开展赞助活动，必须要配合各种公共关系手段，尽量利用赞助活动开展宣传，体现组织负责任和积极承担社会义务的良好形象，增进社会公众对组织的理解和支持，增加组织的社会影响力。

> **实例分析 4-3**
>
> **实例** 长甲集团杭州分公司于5月12日母亲节那天，举办了免费为母亲送鲜花、送祝福的活动，为杭州1000余位母亲送上了一份特别的节日鲜花。"打个电话，我们就会把您最想和妈妈说的话与一束鲜花，在母亲节这天送到您的母亲手中。"长甲集团组织的送鲜花活动别出心裁，得到了广大市民的赞赏和踊跃参加。短短3天，打电话参加活动的人数超过1000人，"妈妈，您是儿子永远的港湾，不论走多远，最后都要回到您的怀抱"；"妈妈，真的感谢您，您是女儿永远的爱"……当儿女们饱含着深情的话语，随着一束束鲜花，一起送到每位母亲手中时；当看到一位位母亲捧着鲜花，脸上绽放出比鲜花还灿烂的笑容时，浓浓的母亲节氛围也在杭州城洋溢着。一时间，长甲集团举办的母亲节活动成为市民们关注的热点。
>
> **问题** 请分析长甲集团这次活动的性质和技巧。
>
> 答案解析

（6）赞助活动中要遵守一定的礼仪规范，按照规范做法举行赞助捐赠仪式。商讨赞助事宜时，要本着充分协商、互惠互利的原则。不能财大气粗，漫天要价，条件苛刻，让人难以接受，甚至闹出不愉快的事情。对明显不能满足要求的征募者，应当坦诚相待，解释清楚政策或条件的限制。

任务四 举办展览会

展览会是一种综合运用各种媒介、手段，通过人员、文字、图表、产品实样以及各种影像资料来展示组织形象、传播组织信息的一种公共关系专题活动。它以极强的直观感和真实感，给公众留下深刻的印象。由于这类活动一般具有较强的知识性和趣味性，因此能广泛吸引公众参与，同时吸引众多的新闻媒介采访报道，从而取得更广泛的宣传效果。

一、展览会的作用

1. 扩大组织和产品的声誉 展览会是一种集多种传播方式于一身的宣传形式，它可以同时运用多种媒介进行立体交叉传播，如综合运用实物、模型、文字资料、图片、现场展示、洽谈等方式进行宣传，使公众更直观、更全面地了解组织及其产品，大大提高组织和产品在参观者心中的可信度。同时，展览会具有快速反馈高效率、高质量的市场信息的高效传播特点，一个知名展览会实际上就是一次行业年会，从行业协会到产业链的各个环节均被聚集在一个时空里，是行业信息量的大潮到来之际，是行业海量信息的尖峰时刻。通过新闻媒体的追踪报道，为组织扩大影响、脱颖而出创造了绝好的机会。

2. 提供与公众进行直接交流的机会 组织和产品能否得到社会的认可，关键在于公众的了解与接受程度。而展览会为组织与公众之间"牵线搭桥"，提供了面对面交流沟通的机会。通过产品介绍、听取意见、相互讨论等直接的信息交流，参展单位不仅达到让公众了解自己的目的，同时也具体了解了公众对组织形象、展品的意见反映，为今后的工作发展提供了新的思路和创新依据。此外，这种双向交流的沟通模式针对性较强，有较好的"体验价值"。

3. 创造组织的经济效益 展览会同时也可以是展销会，一个展览会可以集中许多不同行业的产品、集中全国乃至全世界同一行业的不同品牌，一方面可以使参观者大开眼界，另一方面也为参观者提供了更多的方便和选择余地，促使他们作出选购决定。同时，大型的展览会往往会吸引众多采购人员前来洽谈业务，有的当场交易或签订订货协议，效益明显，立竿见影。许多参展者也正是借助展览会而与客户建立了长久的合作关系或打开了产品的销路，使企业获得了可观的经济收入。

二、展览会的特点

1. 直观性　展览活动是一种非常直观形象的传播方式。它把实物、技术、照片、文案、视频等直接展现在公众面前，并可以进行现场演示，形式生动活泼，给人以真实、观之有物的感受，达到广泛传播的目的。

2. 双向性　展览会能给社会组织提供与公众直接进行双向沟通的机会，实现组织与公众的交流与互动，这种直接沟通在向公众展示自身形象的同时，还可以广泛搜集公众的反馈意见，在解决共性问题的同时，还能有针对性地就个别公众的某种特殊情况进行处理。

3. 复合性　展览会是一种复合性的传播方式，它通常要运用多种传媒进行交叉混合传播，既运用了人际传播的许多方法和技巧，又要运用大众传播的许多方式和策略。它往往以实物展出为主，配以文字宣传资料、图片、录像、电影、VR（Virtual Reality，即虚拟现实）等，再加上动人的解说和友好的交谈，能够形成多层次、立体化的传播效果，取得很好的社会效益。例如，在 2016 中国国际食品安全与创新技术展览会上，设立了食品安全 VR 展示体验区，5 部 VR 视频对康师傅、娃哈哈、雀巢等企业的食品生产线进行了全方位、全流程展示，让消费者身临其境，感受食品生产企业对食品安全的严格把关，成功突出了"保障食品安全，科技创造美好生活"的会议主题。

4. 高效性　展览会可以一次展示许多行业的不同产品，也可以集中同一行业的多种品牌产品来展示。它既为参观者提供了比较产品和购买产品的方便，也为组织之间的交流和沟通提供了良机，是一种高效集中和高效率的沟通方式。它为参观提供了更多的机会，并节省了大量的时间和费用。

5. 新闻性　展览活动是一种综合性的大型活动，除本身能进行自我宣传外，还会成为新闻媒介重点追踪报道的对象，从而形成舆论热点。通过新闻媒介的报道传播，展览会的宣传效应将大大扩展。

三、展览会的类型

按照不同的标准，展览活动可有不同的分类。

1. 根据展览活动的内容划分

（1）综合性展览　综合展览会是一种全面介绍一个地区的全方位展示活动，它的规模一般很大，参展项目多，参展内容全面，综合概括性强，能让参观者留下全面深刻的印象。

（2）专题性展览　这种展览通常由企业或行业性组织，围绕某一特定专题而举办的展示活动。其内容较为单一，规模较小，不具有综合性。但主题鲜明，内容集中，比较有深度。

2. 根据展览活动的性质划分

（1）贸易性展览　贸易展览会就是展销会，既"展"又"销"，目的是通过展示产品，促进展品销售。它最大的特点是将商品实物展览和订货融为一体，具有现场广告的效果。

（2）宣传性展览　宣传展览会主要是为了树立组织、产品或人物形象而举办的，通过有关组织的照片资料、图表和实物等来宣传组织的成就、价值观念等，以扩大组织文化和社会影响。

3. 根据展览活动的规模划分

（1）大型展览会　大型展览会一般由专门单位举办，参展组织报名参加。这类展览会通常是综合性的，其规模很大，项目很多，最常见的是全国性的展销会，如我国的"广交会"，还有世界性的博览会，如日本举办的"筑波国际博览会"。

知识链接

进博会彰显中国的发展自信与责任担当

2020年11月5日至10日，第三届中国国际进口博览会在国家会展中心（上海）举办。这次进博会体现了几个新特点，一是规格高，习近平主席在进博会开幕式上以视频方式发表主旨演讲。二是展区面积超过历届，展览品类多，展品涉及农产品、汽车、技术装备、消费品、医疗器械及医药保健、服务贸易六大领域。三是参展范围广，交易活跃。此次进博会，来自世界各国的主要生产商和经销商以高质量的商品参展，采购签约高潮不断。四是公共卫生和高科技产品成为了新亮点。受到新冠肺炎疫情影响，医疗和公共卫生产品服务展区受到格外关注。为适应中国高质量发展的市场需求，高科技产品和服务成为各国产商推荐的重点。

进博会体现了中国与世界共享市场的发展自信和责任担当。习近平主席在此次进博会开幕式致辞的演讲中上指出"中国将秉持开放、合作、团结、共赢的信念，坚定不移全面扩大开放，将更有效率地实现内外市场联通、要素资源共享，让中国市场成为世界的市场、共享的市场、大家的市场，为国际社会注入更多正能量。"这是中国向世界发出的最强音，让世界共享中国市场是中国发展自信的体现，也是中国为推动世界投资和贸易复苏而提供的中国方案，体现了中国作为大国的责任担当。

（2）小型展览会　通常由一个组织自己举办，规模较小，展示有关组织的产品、经营等情况或对于某个专门内容的展示，如产品陈列会、样品展览室等。

（3）微型展览会　一般指宣传栏展出、流动展览车、橱窗展览等。

4. 根据展览活动举办的地点划分

（1）室内展览会　通常室内展览会在一个大厅或展览馆举行，不受气候影响，时间上较自由，且展示效果好，但设计布置较复杂，所需费用较多且受空间限制。

（2）露天展览会　这类展览会的布置工作较为简单，所花费用也较少，但受天气影响较大，时间不宜过长。

四、展览会的策划与实施

若要使展览会办得卓有成效，应认真做好以下组织工作。

1. 明确展览活动的主题和目标　目标明确，主题鲜明，才能确定展览活动的传播沟通方式和接待形式，才能有针对性地收集展品，使实物、文字资料等各种参展资料有机地结合起来，才能使展示活动的整体效果得以体现。

2. 确定参展单位和参展项目　有了明确的主题和目的，便可以进一步确定展览会的类型、参展项目。一般可以采用广告和发邀请函的形式组织参展单位。广告和邀请函要写清楚展览会的宗旨、展出项目类型、对展览单位和参观者人数的预测、展览会的要求和费用预算等。总之，应为潜在的参展单位提供决策所需的资料。

3. 确定展览会的主编人员　要依据目标和主题进行整体活动的规划和构思，就必须指定相应的主编人员。展览主编要负责设计并确定会徽、会标，撰写前言及结束语，向各部分的编辑交代展览的总体结构及各部分之间的衔接要求，展览内容应该结构严谨、层次分明。

4. 确定展览的地点和时间　展览场地的选择首先要考虑方便参观者，如交通便利、容易寻找；其次要考虑场地的大小、质量、设备等；另外，还应考虑展览会周围的环境是否与展览活动的主题和内容相协调；最后要考虑辅助服务设施是否容易配备和安置，如参观者的休息场所或停车场地等。

而选择展览活动的时间首先要考虑所展示的内容有无季节性和周期性，如花卉、服装、饮料、农副产品等；再者要考虑展览活动是否与重大社会活动的时间发生冲突；还要考虑展览的目标参观者的时间特点，例如针对学生的教育、科技、文化等展览往往安排在假期。

5. 明确参观者的类型和数量　在筹划展览会时，应对参观者的类型和范围有较精确的了解。展览的对象是谁，范围有多大，参观者的层次、要求、数量等状况如何，只有明确了这些，展览会的编辑才能根据观众特点有针对性地设计制作版面，确定传播手段和沟通方式，以确保展览会的效果。

6. 培训展览会的工作人员　展览活动工作人员的素质与技能对整个展览效果起着重大影响作用。因此，必须对展览会工作人员如讲解员、接待员、服务员、业务洽谈人员等进行培训，培训内容应包括公关技能、展览专业知识和专门技能、营销技巧和形象礼仪等，以使其能胜任展览会的工作，使展览会能取得理想的效果。

为保障展览会的效果，展览会工作人员应努力做到以下几点。　📱微课3

（1）统一着装　展位上工作的人员可穿本单位的制服，或者是穿深色的西装、套裙。在大型展览会上，参展单位若安排专人迎送宾客，则最好身穿色彩鲜艳的单色旗袍，并胸披写有参展单位或其主打展品名称的大红色绶带。为了说明各自的身份，全体工作人员皆应在左胸佩戴标明本人单位、职务、姓名的胸卡，惟有礼仪小姐可以例外。工作人员不应佩戴首饰。

（2）时时注意待人礼貌　全体工作人员都要将礼貌待人放在心坎上，并且落实在行动上。展览一旦正式开始，全体工作人员即应各就各位，站立迎宾。当观众走近自己的展位时，不管对方是否向自己打招呼，工作人员都要面含微笑，主动打招呼，引导观众参观。

（3）善于运用解说技巧　要善于因人而宜，使解说具有针对性。与此同时，要突出展品的特色。在实事求是的前提下，要注意对其扬长避短，强调"人无我有"之处。在必要时，还可邀请观众亲自动手操作，或由工作人员对其进行现场示范。

7. 准备好展览相关的宣传资料　展览会需要的材料很多，如展览徽标、宣传招牌、图片、各参展单位的展品、广告等，还有要分发给参观者的，如社会组织及其产品或服务的简介、宣传画册、纪念品等。这些都应在展览会开始前做好充分准备。

8. 成立展览会专门的新闻发布机构　公关关系人员应发掘展览会中有新闻价值的内容撰写成稿件，通过对外发布新闻的机构，向社会发布有关展览会的新闻消息。因此，要成立专门的对外发布新闻的机构，负责和新闻界进行联系的一切事宜，尽可能地扩大参展单位及整个展览会的影响。

9. 做好展览会的经费预算　展览会的举办总需要一定的费用，应当在费用预算内有计划地分配资金，尽量把展览会所投资的总金额落实到展览活动的每项具体项目中，使每个项目的经费得以落实，如场地使用费、设计布置费、工作人员酬金、广告费、运输费、资料费、劳务费等。此外，还应准备一定的预备金，以备不时之需。

五、展览会举办效果评估

为总结经验，吸取教训，指导今后的工作，应做好展览会的效果评估。

1. 评估内容 评估内容可以根据展览会的内容、形式和效益而定。主要包括展览工作质量、效果、效益等方面的评估。

（1）展览效果优异评估 如果参展接待了70%以上的潜在客户，客户接触平均成本低于其他展览的平均值，就是展览效果优异。

（2）成本效益评估 成本效益也可以称作投资收益，评估因素比较多，范围较广。可以用此次展览的成本与效益相比，用此次的成本与前次类似项目相比，用效益与前次或类似项目相比，也可以用展出成本效益与其他营销方式相比等。一种典型的成本效益比是用展出开支比展览成交额，要注意这个成本不是产品成本而是展出成本；另一种典型的成本效益比是用开支比建立新客户关系数。由于贸易成交比较复杂，用展览开支比展览成交不容易准确，而与潜在客户建立关系是展览的直接结果，因此与客户建立关系意味着未来成交，因此，可以把与潜在客户建立关系作为衡量展览投资收益的基础。

（3）成本利润评估 有一种评估观点是不仅要计算成本、计算成本效益，还应该计算成本利润。是否进行成本利润评估，要根据实际环境决定。如果展览会主要以订货为主，可以将成本利润作为评估内容；如果展览会主要以宣传为主，则可以以成本效益为主要评估内容。

（4）接待公众评估 这是展览会最重要的评估内容之一，主要包括：参加展览的观众数量和质量，接待参展企业数、现有客户数和潜在客户数等。

（5）传播效果评估 包括宣传和公关工作的效率、宣传效果、资料散发数量等。对新闻媒体的报道也要收集、评估，包括刊载（播放次数、版面大小、时间长短）、评价等。

（6）有关管理工作的评估 包括展览筹备工作的质量和效率，展览管理的质量和效率，工作有无疏漏，尤其是培训等方面的工作；展览人员的表现包括工作态度、工作效果、团队精神等方面。

2. 评估手段 评估手段可以采取以下形式。

（1）设置参观留言薄，主动征求参观者意见。留言形式可以是纸质文字，也可以是电子文字，给参观者设置留言平台，收集公众意见。

（2）召开观众座谈会听取意见和建议。展会期间或展会结束后，可召开小型的观众座谈会直接听取他们的意见与建议。观众的选取要具有一定的代表性。

（3）抽奖问卷调查形式。在展览过程中，参观者可随时领取问卷，当场填写，展览活动结束前交回并进行抽奖活动，当场发放奖品，以提高观众参与兴趣。

（4）随机采访形式。在展览过程中，随机抽样采访，请参观者谈谈参观的感想和意见，并做好笔录。在观众允许的情况下，可做录音或视频。

（5）收集并分析新闻媒体对展览会的报道和评价。从展览会筹办、宣传阶段开始，就要注意跟踪、收集、分析新闻媒体对展览会报道的频率、篇幅、版次，评价的好坏等。

（6）记忆率评估。指参观观众在参加展览后8~10周仍能记住展览情况的比例。一般可采取定期电话随访形式开展，但这种评估必须要在展览会期间注意收集观众的相关信息，并提前告知随访的时间与方式。

目标检测

答案解析

一、最佳选择题

1. 以下（　　）不属于新闻发布会的特点。

    A. 形式隆重　　　　　B. 程序规范　　　　　C. 传播迅速　　　　　D. 提问自由

2. （　　）最适宜利用圣诞节、感恩节、复活节等节庆日开展公共关系活动。

    A. 政府部门　　　　　B. 学校　　　　　C. 商场和酒店　　　　　D. 新闻媒体

3. 赞助活动实质上就是组织的一种（　　）。

    A. 信誉投资　　　　　B. 慈善行为　　　　　C. 宣传活动　　　　　D. 产品促销

4. 下列哪类产品选择展览活动的时间需要首先考虑季节性?（　　）

    A. 图书　　　　　B. 饮料　　　　　C. 电子产品　　　　　D. 汽车

二、多项选择题

1. 确定新闻发布会的时间，应注意以下问题（　　）。

    A. 根据新闻发布会的紧迫性来决定会议时间

    B. 尽量不选择在上午较早或晚上

    C. 避开重要的政治事件和社会事件

    D. 优先考虑重要节假日

2. 庆典活动的效应包括（　　）。

    A. 引力效应　　　　　B. 实力效应　　　　　C. 光环效应　　　　　D. 合力效应

3. 提供某项赞助而进行决策时，主要应考虑以下几点（　　）。

    A. 社会效益　　　　　B. 传播效果　　　　　C. 经济性　　　　　D. 开创性

4. 展览会的作用主要包括（　　）。

    A. 扩大组织和产品的声誉

    B. 提供与公众进行直接交流的机会

    C. 创造组织的经济效益

    D. 解决组织的公关危机

三、实例解析题

　　为加强社区文明建设，某社区决定举行居民艺术作品展览会，但在筹备过程中遇到了资金短缺的问题。为此，社区委员会决定向周边企业筹集资金。经过工作人员的一番努力，一家保健品企业提供了展览会所需的资金。作为回报，该企业获得了展览会的冠名权。

　　讨论分析：该保健品企业的行为属于哪一类公关专题活动？你认为该企业这一活动可能会带来哪些收益？

四、综合问答题

　　继"初元""亮嗓""猴姑饼干"等一系列健康食品之后，江中集团又推出两款健康饮品猴姑饮料和蓝枸饮料，受到市场的热评。日前，江中集团组织有关专家，向媒体介绍了两款饮品的研发过程和科学评价结果。

据了解，随着产品的热卖，江中的猴姑产品上市不久就被其他企业以"猴菇"为名的同类产品和相近的外包装仿冒并冲击市场，蓝枸饮料也出现了仿冒产品。这些假冒产品严重损害了江中集团的品牌形象和经济效益。对此，江中集团将采取包括法律手段在内的相应措施抵制恶意竞争的行为。

基于上述背景材料，完成以下作业：

1. 为向媒体介绍猴姑饮料和蓝枸饮料两款饮品的研发过程和科学评价结果，江中集团拟召开一次新闻发布会。请你为其制作一份新闻发布会的方案，并进行模拟实施。

2. 针对公司推出的一系列健康食品以及市场上出现的假冒商品，江中集团拟举办一个小型展览会。请你为其制作该展览会的策划与实施方案。

书网融合……

知识回顾
微课1
微课2
微课3
习题

PPT

学习引导

无论是一个国家，还是一个组织，或者个人，良好的形象总会给人们以良好的第一印象。组织形象管理是组织成功与失败的核心内涵，是向公众展示组织内涵建设的窗口，是提高组织知名度的重要措施，是赢得社会公众信任度和满意度的标尺。如何塑造组织形象和进行组织形象管理，是每一个社会组织必须要思考的问题，也是公共关系工作的最终目标。

本项目主要学习组织形象的内涵、设计原则、塑造方法和 CIS 战略的含义、功能、构成要素、导入方法。

学习目标

1. **掌握** 组织形象的内涵和塑造方法；CIS 的含义、构成要素、导入时机和导入程序。
2. **熟悉** 组织形象的设计原则；CIS 的功能。
3. **了解** 组织形象的基本特征、类型。

任务一　塑造组织形象

一、组织形象的内涵

组织形象是指社会公众对组织进行综合评价后所形成的整体印象。组织形象包括的内容很多，如组织精神、价值观念、行为规范、道德准则、经营作风、服务质量、管理水平、人才实力、经济效益、福利待遇等，组织形象是这些要素的综合反映。

二、组织形象分析

组织形象是一个社会组织面向社会公众和组织内部构建正面影响的内涵建设，是社会组织树立公众印象，获得社会评价和公众利益的标尺，是影响社会组织建设和谋求生存发展的重要手段。组织形象是一个社会组织的整体构建，涉及组织内部和外部的方方面面，是组织内部和外部各因素共同作用的结果。任何一个环节出现问题都会影响组织形象的塑造，给组织带来不必要的损失。反之，就会为组织的整体形象带来积极的影响，促进组织的发展，激发员工的活力，确保组织高效运行，获得公众的好评，最终赢得社会的认可。因此，塑造良好的组织形象，是组织内部建设的首要任务，也是公共关系工作的主要目标。

（一）组织形象的基本特征 📱微课1

医药企业的组织形象同其他企业一样，在企业自我发展和建设的过程中需要从整体形象的构建进行思考，从公众的主观愿望和客观愿景去塑造，形成社会组织和社会公众相对平衡的认知，让组织形象在公众心目中建立相对稳定的形象认识。组织形象具有以下几个方面的特征。

1. 整体性 组织形象是社会组织整体的外在表现，是组织内部各个环节有机的统一和积极因素共同作用的结果。也就是说，企业的形象塑造不是某一个方面的良好表现对公众的影响，而是要从组织的长远利益来考虑组织形象的塑造，是由组织内部各个因素有机结合的结果。重视整体形象产生的社会影响和作用是塑造组织形象的关键，对组织形象的塑造具有决定性意义，是组织健康发展的宝贵财富。

当然，不能排除有些社会组织可能会因某一方面的良好形象非常突出，对社会影响深远，进而提升组织的整体形象，这也是现实社会中存在的。同时也存在某一社会组织因为某一方面的不良形象而严重影响其良好形象，导致组织形象受到损害，进而影响组织的整体形象。

▶▶ 实例分析 5–1

实例 钟南山，广州医科大学附属第一医院国家呼吸系统疾病临床医学研究中心主任，中国工程院院士，一名84岁的胸肺科大夫，在抗击突如其来的新冠肺炎疫情中，独自乘坐高铁到"震中"考察，随后又带领团队，组织全国医疗人员夜以继日抗击新冠肺炎疫情，历经艰难险阻，攻克一个又一个难关，挽救了一个又一个鲜活的生命，成为国人的依靠，为国人立下汗马功劳，赢得全世界和全国人民的称赞，为全世界抗击新冠疫情赢得典范效应。2020年9月8日，在全国抗击新冠肺炎表彰大会上，他被授予"共和国勋章"，广州医科大学附属第一医院也因此而被世人瞩目和铭记。

问题 结合以上实例，分析、说明哪些因素会使社会组织直接赢得良好的整体形象？

答案解析

一个组织难免会遇到不同因素的影响，遇到良好因素的影响切不可骄傲自满，狂妄自大，应顺势而上；一旦遇到不良因素的影响切不可惊慌失措，盲目从事。组织应该及时冷静思考，寻找良策，沉着应对，正确调整到良好的要素上来。组织形象塑造是一个动态过程，所以，在塑造组织形象的过程中，要特别注意组织形象塑造的片面性或不完整性。

2. 主观性 组织形象是公众对组织的印象或看法，带有强烈的主观色彩。每一位公众对同一事物都有自己的认识和看法，而且有可能是大相径庭。由于社会公众本身具有差异性，他们的社会地位、文化背景、价值观念、审美标准、认识能力、思维方式、生活经历、兴趣爱好等各不相同，所以，他们观察组织的角度、审视组织的时空维度和深度也就不相同，对同一组织及其行为的认识和评价就必定会产生差异，出现"公说公有理，婆说婆有理"的现象。组织应该积极引导公众统一认识，让公众能够全面认识和了解组织的内在优势和外在影响力。

在形象塑造和传播过程中，重视发挥组织员工的主观能动性是最基本的出发点，也是最积极的构成因素，应注重培养组织员工的思想、观念和心理等正面引导因素及其主观能动性，积极为组织形象塑造营造良好的氛围。

3. 客观性 形象是一种观念，是人们对于事物通过人的大脑和中枢神经系统反应的结果，存在个人主观的愿望和想象，是人的主观意识。但观念的反映对象即组织却是客观的，因为组织形象所赖以形成的物质载体都是客观存在的，比如，组织的建筑物、组织文化、组织的员工、组织标志及产品等都是实实在在存在的事物。所以，组织形象作为客观事物的反映，是不以人的意志为转移的，不能在想象的基础上构筑组织形象，而是社会大众通过对客观存在的事物进行正确的分析、判断和评价形成的结果，这也是公众客观地对待事物的认识态度。

4. 相对稳定性　当社会公众对组织产生一定的认识和看法以后，一般会保持一段时间，而不会轻易改变或消失，这说明组织形象具有一定的稳定性。一个组织要在公众心目中留下深刻印象并不容易，特别是在当今产品众多、良莠不齐，广告泛滥的市场经济时代，要想改变一种产品或一个组织在公众心中的形象非常困难，很容易形成一种定式。但组织形象在公众的心目中又是一个动态的过程，它随着公众需求和兴趣的变化而变化。

组织形象的这种相对稳定性可能会产生两种结果。一是组织因良好形象被维持而受益，二是组织因不良形象被破坏而受损。形象塑造的维持和破坏是一个动态的过程，不是一成不变的，会因组织内部影响因素的变化而变化。如中国抗疫精神激励医药卫生工作者励志前行，中国女排精神影响后人拼搏奋进等，这些具有世界影响力的形象塑造，正是良好形象相对稳定性的生动体现。

即学即练 5－1

组织形象的基本特征是（　　　）。

A. 整体性　　　　　B. 主观性　　　　　C. 客观性　　　　　D. 相对稳定性

答案解析

知识链接

组织形象正面和负面的影响作用

组织的良好形象，或因某一环节的影响而受益，或因某一因素的失误而受损，进而影响组织形象的相对稳定性。

中国在抗击突如其来的新冠肺炎疫情中，中成药"连花清瘟胶囊"发挥积极作用，创造医药奇迹，中国品牌因此享誉世界，备受世界各国青睐。

我国著名药学家，青蒿素研究开发中心主任屠呦呦，一生默默耕耘、无私奉献，为人类健康事业作出了巨大贡献。她荣膺 2015 年度感动中国人物、2016 年度"全球最具影响力人物"，并入选《时代周刊》，中国也因她个人的良好形象而在世界上赢得了更广泛的影响力。

少数中国人到国外旅游时习惯随地吐痰，给外国人留下一种不好的印象，从而严重影响中国人的整体形象。

青年兴则国家兴，青年强则国家强。作为新时代的青年，应热爱学习，积极进取，求真学问，练真本领，努力为中国形象增光添彩。

（二）组织形象的分类

组织形象是多层次、多维度的，它因组织的重视程度而发生变化，同时也因公众的认知程度而发生变化，但是组织内部影响因素是主要的。因此，认识组织形象应该从不同角度来把握和判断。

1. 按照组织形象的表现形式可分为特殊形象和总体形象

（1）特殊形象　是指在某一个方面或少数几个方面给公众留下的独特印象，或者组织在某些特殊公众心中形成的形象。

特殊形象是组织塑造形象的重要举措，也是组织提高形象的突破口。公众对社会组织的了解往往是不全面的，是单一的和局部的，而组织在公众心目中留下的特殊形象往往就是这种单一的和局部的印象形成的，公众就是因为这些特殊形象而支持某一社会组织，如组织的标志性建筑、组织开展的慈善活动、企业送医药下乡、医药企业普及药品知识宣传等。

（2）总体形象　是指企业各种形象因素所形成的形象的总和，包括各种特殊形象。特殊形象在总体形象的形成过程中具有特殊的地位和作用，两者在实际形成和作用过程中既统一，又独立存在，相互影响，但不是简单的总和。追求整体形象和特殊形象的统一和谐是一个组织形象发展的最终目标。

即学即练5-2

答案解析

在北京天安门附近有一个"铁道部招待所"，由于经营不善，年年亏损，后来请专家进行调查研究，专家发现这个招待所最大的优势就是距离天安门广场非常近，步行大约15分钟，但其内部设施设备陈旧、简陋，缺乏文化内涵，门面招牌过于传统老旧，具有这样的地理位置优势还亏损的原因是宾馆的内外形象设计不引人注目。

天安门升旗仪式要求五星红旗和太阳同时升起，到了春天和夏天天亮得很早，太阳早早升起，住在较远的游客来看升旗仪式，因交通等极为不便。"铁道部招待所"地理位置优越，如果那些来自全国各地的游客在这里住宿，无论是参观天安门广场还是观看升国旗，都极为方便，于是专家对宾馆内部住宿、餐饮、网络等设施进行现代化改造，为顾客准备了前台引导、市内游览等服务；由于秋冬季节北方寒冷，还为游客准备了军大衣租赁服务，同时将"铁道部招待所"更名为"升旗宾馆"，并在门前安装电子显示屏每天播报天安门升旗的时间等，组织形象和服务特色焕然一新，"升旗宾馆"也达到了天天满员的效果。

问题： 升旗宾馆是以塑造什么样的形象来提高企业知名度和美誉度的？

---

2. 按照组织形象的实际效果可分为真实形象和虚拟形象

（1）真实形象　是指组织客观存在的一切事物的表现形式，在公众心目中留下的符合组织实际情况的印象。比如组织的驻地和名称、组织的员工、企业的产品和厂房等，都是组织客观存在的，都代表着组织的不同真实形象，会对公众产生不同的影响。

（2）虚拟形象　是指组织留给公众的不符合组织实际情况的形象。虚拟形象形成的原因是多方面的，既有主观臆断的，也有传播失真的，更有对同一事物具有偏见性的。

3. 按照组织形象的可见性可分为外在形象和内在形象

（1）外在形象　是指通过公众的感觉器官直接感觉到的实体对象的综合印象，如组织的名称、品牌、商标、建筑、环境和人员等。外在形象是由组织的方方面面的实体组合而形成的外在综合表现形式。比如产品形象，它包括产品质量性能、外观造型、包装工艺、价格的合理性等；此外，员工精神面貌、产品市场影响力、专利技术形象、社会形象等也是外在形象的重要因素。

（2）内在形象　是指通过公众的抽象思维和逻辑思维而形成的观念形象，是组织的内在品质留给公众的印象。这些印象虽然看不见，但最能体现组织形象的本质，是组织形象的核心思想。内在形象是所有形象中最为重要的形象，因为它能反映一个组织形象的本质，提升一个企业的发展潜力和层次。

对企业而言，这种内在形象包括企业经营宗旨、经营方针、服务质量、公德意识、企业经营哲学、企业价值观、企业精神、企业信誉、企业风格、企业文化等。这些都是看不见、摸不着的，是一种内在的形象。这种内在形象虽然无形，往往比有形形象更富有价值。如对同仁堂、云南白药、三九药业、广州药业、哈药、太极集团和扬子江药业等企业而言，他们的企业信誉等无形资产比那些机器设备和厂房要重要得多。

此外，还可以按形象的现实性，把组织形象分为实际形象和期望形象。

三、组织形象设计的原则

组织形象设计的原则是组织制定、实施组织形象战略必须遵循和贯彻的指导思想，是塑造组织形象的行为准则。

（一）统一性原则

组织形象设计的基本内容就是形成统一的组织形象系统，使组织形象在各个层面上得到有效的统一。它是达成组织个性，强化组织印象的最有力的武器，是组织形象可持续发展的基本保障。

组织形象的统一性具体表现在企业理念行为及视听传达的协调性；产品形象、员工形象与组织整体形象的一致性；组织的经营方针与精神文化的和谐性等方面。

组织在形象设计之时，一方面要把组织形象灌输在经营管理思想和经营管理活动之中，不仅要注意通过厂徽、建筑物等外表形状，而且还要通过组织的优质产品和优质服务，以及组织文化活动来体现组织的完整形象；另一方面要调动组织员工塑造组织形象的积极性，教育和要求组织的每一位员工充分认识自己所处的地位与作用，用组织形象规定的价值观的准则来约束自己。

（二）差异性原则

组织形象的设计是为了更好地对外树立形象和增强影响力，获得社会公众的认可，必须突出个性化、优势化，应独具匠心、别具一格和与众不同。

差异性首先表现在不同行业的区分。因为，在社会公众心目中，不同行业的企业与机构均有其行业的形象特征，如化妆品企业与医药企业的组织形象特征是截然不同的，在设计时必须突出行业特点，使组织形象特征有别其他行业，便于识别认同。其次，必须突出与同行业其他企业的差别，才能独具风采，脱颖而出。

（三）民族性原则

组织形象的塑造与传播应结合民族文化内涵设计，这是组织形象设计的重要特征之一。这既是树立民族形象，增强国际影响的有力保障，又是传播民族文化，增强品牌效应的重要举措。如西安杨森的企业文化，具有典型的民族性，把天安门晨跑、拜延安革命圣地、拜黄河母亲河、拜人文初祖黄帝陵等作为企业聚心聚力企业精神；它把公正、诚实、尊重他人并赢得信赖作为遍布世界所有员工的必须认同和遵守的核心价值观，作为企业一切经营活动的最高标准，形成东西文化精粹的融合。以"鹰"的勇敢拼搏、"雁"的团队合作等形象，把公司倡导的团队精神形象具体化。

医药企业要塑造能跻身于世界之林的中国组织形象，必须弘扬中华民族医药文化优势，继承和传播灿烂的中华医药民族文化。

（四）实用性原则

实用性原则是指形象设计的根本是否实用，对组织能否产生实用价值。缺乏实用性的设计对于组织的形象塑造只是一句空话。具有实用性的组织形象能够充分发挥树立良好形象的作用。

组织形象策划设计必须根据企业市场营销地位、形象的准确定位和发展规划等实际情况来考虑其实用性，应密切结合企业实际，重视设计的最终目标是为企业获得良好的声誉和利益，不可盲目从事。

另外，组织在进行形象设计时，不能只考虑到组织自身的利益，只关心组织追求的目标和效益，必须充分考虑到公众的需求和期望，使组织的发展目标和公众的需求目标一致。

即学即练 5－4

组织形象设计必须把握（   ）等基本原则。

A. 统一性　　　　　B. 差异性　　　　　C. 民族性　　　　　D. 实用性

答案解析

四、组织形象的塑造

组织形象的塑造是一个复杂的工程，需要方方面面的配合与协调。一般来说，要塑造良好的组织形象，组织应该做好以下几方面工作。

（一）消除组织形象塑造中的误区，培养正确的组织形象观

企业组织形象的塑造已经成为企业领导层越来越重视的发展内容，并且占据重要地位。然而，在组织形象塑造过程中，一些企业领导因为各种原因，对组织形象塑造的思想认识不足，严重影响组织形象塑造，存在着组织形象无用论、组织形象万能论、组织形象趋同化和组织形象盲目化等若干误区。

1. 组织形象无用论　一些企业领导层认为组织形象是"马屎汤圆外面光"，是摆花架子、搞形式主义，中看不中用，对组织形象的重要性和作用知之甚少。这种认识是片面的和目光短浅的。

2. 组织形象万能论　一些企业领导层认为组织形象是点金术，是灵丹妙药，组织形象一导（导入）就灵；只要导入组织形象战略，组织就会像可口可乐那样名扬四海，像喝太极水那样健康长寿，像喝红牛那样解困除疲。

3. 组织形象趋同化　照搬照抄的组织理念设计和行为设计也是比比皆是，它们大同小异，不能凸显组织的特色和个性。如在为企业设计企业精神时，大部分的企业都是选择诸如"团结、创新、求实、奉献、文明"等词，形成一种高度趋同化的企业精神。

4. 组织形象盲目化　组织形象是企业长期的经营理念、经营宗旨及其他方面的集中和综合反映，具有典型性、代表性和综合性。但很多组织在塑造形象的过程中，既不了解组织的历史及发展过程，又不针对公众开展调研，因此这样的组织形象往往带有很大的盲目性和盲从性，很难被公众认同。

这些组织形象塑造过程中的误区，无不与企业领导层的个人思想内涵和综合素质紧密联系，而且与企业领导集体的智慧和创造能力密不可分。所以，在进行形象塑造时，首先是领导层应有正确的组织形象观。其次就是在领导层的引导下树立全员的组织形象观。尽量避免或消除对组织形象的不正确看法，

既不要因看不到组织形象的作用而轻视，也不要因组织形象有作用而人为拔高，同时，在组织形象设计和实施过程中要发挥特色，重视针对性和代表性，只有这样，才能真正搞好组织形象的塑造工作。

（二）捕捉组织形象塑造的有利时机，把握事半功倍的效果

机遇对于任何一个社会组织都是均等的，在不同的时期，组织形象塑造的途径和方法会有所不同，周围的环境和国家政策也在随之变化，如果巧妙地把握时机，因势利导，就能收到事半功倍的效果。

1. 组织创立初期　每一个社会组织都必须经历创立初期，这一时期还未能与社会各界建立广泛联系，知名度不高。这时，组织如能确立正确的经营理念、完善的组织和员工行为规范，设立独特的视觉识别系统，选取最佳的传播方式和媒介，就能给公众留下美好的第一印象。

>> **实例分析 5−2**

实例　20 世纪 90 年代初，杭州娃哈哈食品集团公司还是一个规模不大的普通食品厂时，厂长宗庆后产生了开发当时市场上的冷门产品儿童营养液的想法。

工厂一边和有关院校进行产品开发研究，一边为产品名称费尽苦心。他们通过新闻媒体向全社会进行有奖征集名称，但如雪片一般飞来的应征信中没有发现一个让人完全满意的答案。最后还是宗庆后独具慧眼，看中了那首广为流传的新疆民歌中的三个字"娃哈哈"。这三个字的元音都是 a，是孩子学说话时最先掌握的音，且发音响亮，音韵和谐，琅琅上口。而哈哈二字又有很高兴的意思，同时又因为它的出处体现民族团结，娃哈哈不正好可以借这首传唱多年的民歌一炮打红吗？从此，一个广为人知的商品名称诞生了。厂里又精心设计了两个活泼可爱的小娃娃形象作为商标图案。

为防止品牌成为不法商贩的仿造对象，为保护企业的利益，宗庆后在商品还没有走入市场时就为娃哈哈进行了商标注册。

问题　宗庆后在娃哈哈食品集团创建初期对组织形象塑造采用了哪些措施？

答案解析

2. 组织发展时期　应致力于保持和维护组织的形象和声誉，巩固已有成果，再接再厉，顺势进一步提高知名度和美誉度，加大对外交往和传播力度，以强化组织在公众心目中的良好形象。

当组织处于顺利发展时期，其各方面运转往往较好。因此，可供利用的宣传和"扬名"机会就会很多，这时一定要因势利导改变策略，加大形象塑造的力度，促使经济效益上台阶，文化生活辟新路，组织荣誉添新彩。

3. 组织逆境时期　组织的发展不可能一帆风顺，当组织处于逆境时，企业领导层和公关人员最主要的是沉着冷静，善于捕捉组织中的亮点，用亮点弥补逆境中的不足，抓住有利时机，采取灵活机动的宣传策略，赢得组织内外公众的支持、理解和合作，帮助组织顺利渡过难关。即便是组织处在最困难时期，只要企业领导和公关人员勤于思考，敏于发现，总能找到一些组织的亮点，改变一些策略，使组织转危为安。

4. 组织创新发展时期　组织通过创新发展，开发研究推出新产品、新服务项目、新的方针政策或经营方式时，组织面临的最大挑战就是如何消除公众的观望与等待的态度。由于受人们消费惯性的影响，社会公众在组织推出新产品、新服务或新举措时，往往会持观望和等待态度。这表明消费者对这些新产品、新服务、新举措还不了解，还有疑虑，还存有戒备心理。因此，这时公关部门应主动出击，采取有针对性的措施，如现场产品展销会、产品促销赠送活动、产品现场操作示范、产品广告宣传等，加

大公众对产品的了解，消除公众的疑虑和不放心的心理，把公众的注意力尽快地吸引到组织上来。

（三）重视全面发展和持续发展来稳定组织形象

在塑造组织形象过程中，组织要统筹兼顾，全面安排，以保证组织形象的统一性和连续性。一些经营不佳、形象不好的企业，并不是因为没有去塑造组织形象，而是因为组织形象不能持续稳定发展，总是不能把良好的形象和优势持久保留下来，形成一个连贯、统一和稳定的形象。这不仅使内部职工无所适从，而且也导致外部公众无法对其形成一个稳定的印象。纵观国际知名公司，他们在这方面经验和优势就很值得借鉴学习。如全球最大药品制造商辉瑞公司在其成长过程中，研发不断创新，不断引进、生产和推广创新药品，管理体制不断完善，服务质量不断提高，良好的企业组织形象从 1849 年一直保持至今。

任务二　导入 CIS 战略

一、CIS 战略的含义

CI 是英文 Corporate Identity 的缩写，意为"企业身份的同一"或者"企业识别"。Corporate 是"企业""社团"，Identity 是"身份""同一""识别""鉴别"。所以 CI 可译为"企业或机构的识别"。CI 在发展的过程中不断得以完善，逐渐形成了 Corporate Identity System，即"企业的识别系统"，简称 CIS 战略。

CIS 战略最早起源于第一次世界大战前的德国 AEG 公司。他们在系列电器产品上采用了彼得·贝汉斯所设计的商标，这一商标此后成为该企业统一视觉形象的 CI 雏形。

第二次世界大战以后，国际经济开始复苏，工业发展迅速，企业经营者意识到建立统一识别系统塑造组织形象的重要性，欧美各大企业纷纷导入 CI。1984 年，CIS 战略在中国大陆悄然而至，由广东神州燃气具联合实业公司最早导入。此后，中国各地企业开始对 CIS 战略有了全面的认识和理解，在塑造企业整体形象中得以运用并取得了成效。

二、CIS 战略的功能

组织 CIS 是在企业经营环境中设计和塑造组织形象的有力手段，对于企业的发展和影响具有深远的意义。CIS 战略具有以下九大功能。

1. 识别功能　企业导入 CIS，能够使企业的产品和其他企业的产品相互区别，拥有自己的知识产权和专利，从而提高产品的非品质竞争力，在激烈竞争的市场上脱颖而出，独树一帜，取得独一无二的市场定位。在顾客心目中建立起良好的形象，争取广泛的顾客群。

2. 管理功能　组织企业开发和导入 CIS，就是对企业历史、经营状况、技术水平、人员素质的一次全面总结；是对企业价值观念、经营政策、发展战略、管理制度、企业文化和企业道德的一次全面提升。因此企业 CIS 的导入，CIS 手册的确定，就必须将其作为一部企业的内部制度，要求全体人员贯彻执行。因而，CIS 具有管理职能。

3. 导向功能　通过企业的价值观念和行为规范，可以引导、规范员工的言行、态度，使企业成为形象良好的、受公众关注的组织。

4. 传播功能　通过企业 CIS 识别系统的导入与开发，使企业对外部传播的信息保持一致性、同一性和持续性，便于社会公众识别和了解企业的情况，提高企业社会知名度和美誉度，同时为企业争得大批潜在顾客，占领市场更大的份额。

5. 应变功能　CIS 的导入使企业能够在较短时间内实现扩张，赢得大批经营资金，吸引满意的合作者，从而扩大市场影响力；也能使企业逢凶化吉，再立新功。

6. 激励功能　CIS 中职称晋升、绩效考核、福利待遇、奖励机制等措施能使员工产生荣誉感、成功感和前途感。

7. 教育功能　CIS 的导入，在企业内部具有强大的教育功能。企业精神的确立、企业文化的丰富、工作纪律的规定、行为规范的要求，能够鼓励全体职工的劳动积极性，提高工作效率，创造更多的财富。

8. 协调功能　统一的组织形象，使组织内部各个部门之间更加协调，行动更为统一，从而强化内部管理，对内有着极大的凝聚力和号召力，对外有极大的辐射、扩散作用。

9. 经济功能　企业导入 CIS 的最根本目的，就是增加企业的经济实力，让企业获得更多的利益，取得较高的地位。在当今市场竞争激烈的情况下，可以确保企业凝聚力的提高，使企业吸引一流的人才，建立企业智库，提高经济发展效率。

即学即练 5-5

组织 CIS 设计在塑造形象过程中具有（　　）。
A. 识别与管理功能　　B. 导向与传播功能　　C. 应变与激励功能
D. 教育与协调功能　　E. 经济功能

答案解析

三、CIS 基本构成元素　微课2

CIS 是一个综合性概念，是组织将其理念、行为、视觉形象及一切可感受形象实行的统一化、标准化的科学管理体系。一般由理念识别系统（MIS）、行为识别系统（BIS）和视觉识别系统（VIS）三大要素组成。这三大要素是相互联系的统一整体，共同体现和展示组织的整体形象。

太阳神商标（图 5-1）的图案设计，以简练、强烈的圆形与三角形构成基本定格，用圆与三角构成对比中力求和谐的形态。圆形是太阳的象征，代表健康、向上的商品功能与企业经营宗旨。三角形的放置呈向上趋势，是 APOLLO 的首位字母，象征"人"字的造型，体现出企业向上升腾的意境和以"人"为中心的服务及经营理念。以红、黑、白三种永恒的色彩，组合成强烈的色彩反差，体现企业不甘现状，奋力开拓的整体心态。"太阳神"字体造型是根据中国象形文字的意念，"阳"字篆书字体的"☉"作为主要特征，结合英文 APOLLO 的黑体字形成具有特色的合成文字。太阳神商标形象的设计特点在于追求单纯、明确、简练的造型，构成瞬间强烈的视觉冲击效果，同时也高层次地体现了企业独特的经营风格。

图 5-1　太阳神商标示意

"太阳神"作为组织形象在识别系统的基础定位，其寓意在于希望通过更理性的设计手法，形成企业、商标、产品形象三位一体的整体形象战略，强化企业文化意识与凝聚力，利于导向高层次、多功能、国际化、商品化、系列化、标准化、集团式的全方位发展战略，便于企业从内部管理到外部经营形成良性发展前提。太阳神的商标设计意念，将唤起企业高度的社会责任感，更要求企业以健康和较深的经营内涵为其增辉。

（一）MIS（企业理念识别系统 Mind Identity System） 微课3

所谓企业理念，是指企业的发展思想、经营管理措施、员工培养方向和行为规范意识等方面的概括。企业理念是企业的精神和灵魂。理念就是指企业的经营管理的观念，是 CIS 战略的核心。理念识别系统主要体现在企业宗旨、企业精神、企业文化、企业口号、经营哲学、经营策略等方面。

例如，华北制药集团 MIS 理念识别系统如下所述。

华药使命：一切为了人类健康。

华药宗旨：人类健康至上　质量永远第一。

华药愿景：创新领先　集约高效　开放共赢　和谐富裕。

企业核心价值观：不断创造历史。

企业作风：雷厉风行　执行到位。

经营观：专业经营　精细管理。

创新观：创造新价值。

责任观：说到做到　勇于担当。

质量观：关爱生命　追求卓越。

业绩观：以业绩论贡献　凭结果论奖惩。

市场观：满足需求　合作共赢。

用人观：知人善用　有为有位。

（二）BIS（企业行为识别系统 Behavior Identity System）

BIS 是企业实现经营理念和创造企业文化的具体行为准则，是企业内在的驱动力。企业的行为识别系统由以下两部分构成。

1. 企业内部识别系统　包括企业组织机构、工作环境、员工培养、奖惩制度、生活福利、职称晋升、开发研究、决策方式、行为规范化、企业内外的人力资源活动等。

2. 企业外部识别系统　包括信息传播、客户业务关系、市场调研、服务方式、竞争策略、公共关系、资源分配、促销方略、企业建筑、金融关系、领导形象等。

企业行为识别系统包含的内容是方方面面的，每一项行为准则都影响组织的生存和发展，都会给组织带来正面和负面的影响。严格规范的企业行为识别系统，可提高企业员工综合素质和企业综合形象，推动企业长足进步。

（三）VIS（企业视觉识别系统 Visual Identity System）

视觉识别是企业的静态识别形式，企业的标志图案、标准字、标准色是通过视觉系统将企业的形象传递给公众的。

VIS 是企业理念视觉化传达的载体，承载着 MI、BI 的全部内涵，重点在外观。VIS 是 CIS 的视觉冲击力，VIS 设计成功与否，关键在于 VIS 设计是否全面体现组织形象的价值。

企业视觉识别系统由体现企业理念和业务性质、行为特点的各种视觉设计等符号以及各种应用要素所构成。它是对企业理念识别系统和企业行为识别系统在视觉上的具体化、形象化，从而将企业各种信息有效地传递给社会公众，达到树立良好组织形象的目的。

VIS 包含的项目多，层面广，效果最为直接，与公众距离最近，有利于传递组织信息，大致分为两大内容。

1. VIS 的基本要素

①企业名称。②企业（品牌）标志。③企业（品牌）标准字体。④企业标准颜色。⑤企业标准印刷字体。⑥企业标志和企业标准字组合系统与规范使用。⑦企业精神标语和口号。⑧企业造型与图案。⑨企业精神标志、标准字与组织形象图案组合系统及其规范使用。

2. VIS 的应用要素

（1）经营方面　包括企业商标、合同模板、财务单据、传票、公关宣传品、企业橱窗、样品货架、公关纪念品、陈列室及展销会、产品说明书、产品目录、企业路牌灯箱、企业广告等。

（2）包装方面　包括胶带、包装纸、包装箱、标贴等。

（3）办公方面　包括印刷字体、电脑、奖牌、便笺、信封、请柬、名片、办公家具、办公室指示牌、文件夹、专用箱包、工作证、介绍信等。

（4）运输方面　包括运输车、船、传送带、集装箱、周转箱、油罐等。

（5）环境方面　包括建筑物与门面装饰、厂区的宣传画、标语牌、雕塑、配套设施。

（6）标志方面　包括企业员工的工作服的式样及颜色、旗帜、厂徽、帽徽、胸卡、纽扣、标志牌。

（7）生活用具方面　包括企业自备的水桶、热水瓶、茶具、毛巾、桌椅甚至垃圾箱等。

（8）广告促销方面　企业识别音乐、歌曲和口号。

理念识别系统是企业发展的灵魂，表明企业发展的宗旨是什么，要怎么生存发展；行为识别系统是企业发展的具体行为和措施，表明要为企业的理念服务，为企业视觉识别系统护航；视觉识别系统是企业发展的外在表现，最具传播力和感染力。

CIS 作为塑造组织形象的有效战略方式，是一个完整的、科学的、可操作的和可控制的系统化体系。它突出整体性的表现特点，三种构成元素相互作用、相互影响，缺一不可。企业理念（MIS）指导 BIS 如何展开行动，引导 VIS 向公众直接传递企业信息，共同树立企业良好的形象。

在 CIS 的整个构成中，主要由 VI、BI、MI 三部分组成。其中 MI 是核心部分，是精神实质和根基，帮助 CI 吸取营养，是 CI 发展方向的依托；BI 是企业规定对内和对外的行为准则，是企业形象的载体，是传递 CI 的媒介物，是架在 MI 和 VI 之间的桥梁；VI 是外在具体形式和体现，是最为直观的部分，以形式美感染人、吸引人，是最能引人关注和形成印象的部分。

在当前的市场竞争中，组织形象的塑造十分重要，它已成为推动企业发展的一种动力，这种动力的大小取决于三个元素的准确性和高度一致性。而实施 CIS 战略的目的就是要加强这一动力，使企业通过完整的系统创意将企业的经营观念、企业的个性，通过动态和静态的传播方式，引起公众的注意，在公众的心目中树立良好的形象，使广大消费者产生对企业及其产品的信赖和好感的心理效应，这就是 CIS 战略的根本任务。

四、CIS 战略的导入

（一）CIS 导入时机

组织形象系统（CIS）的导入对于企业来说是一项意义深远、内容丰富的宏伟工程，要求具备一整套全方位、高标准、新思维的经营管理理念和操作办法。在导入过程中，企业要全面评价企业本身的战略思想、内外关系、经营策略和视觉形象等是否符合 CIS 的整体要求。每一个企业都有自己的特点和优势，在市场的运行过程中对组织形象系统的导入要求不同，总是因企业本身和市场运行的状况的变化而变化，这就要求企业导入 CIS 必须作长远的、全面的考虑，并抓住有利时机及时导入，以谋求组织形象取得最佳效果，获得社会公众的认可。导入 CIS 的最佳时机如下所述。

1. 企业新建、扩建、改建、转型和重组合并 新公司成立、公司合并组建、公司性质发生变化等是推行 CIS 的最佳时机。此时可以通过顶层设计大胆消除原有的旧观念、旧体制，引入最新的企业机制、经营理念和最佳的人力资源等新元素，把企业最佳的一面迅速展现给社会公众，树立良好的组织形象，占领有利的市场份额。

2. 企业新项目和新产品推出 企业要更好地生存和发展，根据企业实力不断进行重大技术改造、主体产品转产、重大服务项目推出等都是非常重要的。它不仅能给企业带来新的发展动力，创造社会公众喜爱的产品和服务质量，也是企业塑造形象的重要举措。所以，结合企业新项目和新产品推出之际导入 CIS 系统，可以扩大宣传产品形象，提高企业知名度，增强职工信心和成就感的功用，是改变组织形象、赢得社会认可、创造社会新价值的一个良好时机。

3. 企业发展格局发生重大突破 企业规模扩大、员工数量增加、产品销售连锁化、产品获得重大奖项、市场规模化、经营多样化和国际化等都是企业格局发生变化的重要突破口，也是企业进行形象重塑的重要时机。企业在此时将新的成果、新的发展理念等信息通过 CIS 的导入全面地传递给社会公众，会创新企业形象，提高企业社会地位，为企业带来不可估量的社会价值。

4. 企业创业周年纪念 企业利用创业周年纪念日进行 CIS 的导入已经成为一种常态，这既是对企业发展历史的信息推广，又是对企业产品、企业文化、企业特色与优势的一次宣传，更是对企业重大节日与社会公众共享的一个大好时机。比如，利用周年纪念日举行现场音乐会、向消费者赠送礼品、开展新产品促销会等，可以拉近企业与社会公众的感情距离，促使社会公众对企业产生良好的印象，促进企业的长足发展。

5. 企业危机时期 任何企业都会遇到危机时期，只是出现危机的原因和程度不同而已。比如，企业经营理念传统过时、企业体制不健全、企业设备落后、企业人才青黄不接、企业资金周转告急、企业突发安全事故等，都会给企业带来不同的危机感，甚至造成组织形象受损。这个时候导入 CIS 是非常关键的，它可以使企业起死回生，转危为安，重塑企业良好形象。

即学即练 5 - 6

组织形象系统（CIS）导入对于组织来说具有重要意义，要求具备一整套全方位、高标准、新思维的经营管理理念和操作办法，把握最佳时机至关重要。导入 CIS 系统有哪些最佳时机？你认为还有哪些时机也可以导入 CIS 系统？

答案解析

（二）CIS 导入方法

要完成有效导入 CIS 的任务，必须重点抓好以下几项工作。

1. 设立企业"CIS 执行委员会" 该委员会由企业领导亲自主持，企业公关部门为其办事机构。这个委员会并非临时组织，而是对企业 CIS 全面统筹，统一管理，并组织 CIS 方案的实施和监督，负责实施过程中的关系协调及日常考核；对外搜集反馈信息，监测企业形象，评价效果，提出改进方案，完善 CIS 手册。

2. 全面开展目标管理　根据 CIS 手册规定的内容，按部门项目分解指标，落实措施，全面实行目标管理。在实施目标管理过程中应努力控制好以下三个阶段：①目标任务确立阶段；②目标分解阶段；③目标管理阶段。

3. 审核企业传播计划，制定传播战略　企业传播应按照内部传播和外部传播两条路线进行。

内部传播应以全员公关形式推行，其核心是树立共同价值观念。具体方式有 CIS 战略教育，全员公关活动，企业内部刊物，统一服装及标识物、提示物。制定行为规范及规章制度，树立具有企业自己特色的企业文化，促使员工与企业共振，把塑造与传播企业良好形象，维护企业整体利益变为企业全员的自觉行动。

企业外部传播，主要是传播企业形象及企业产品形象，积极开展与社会公众的双向沟通。通过对企业理念、企业政策宣传并运用视觉标识系统，重复传播企业标志、商标、环境、产品质量、服务特色，使社会公众了解企业特性，提高对企业的信任感。

4. 全面开展 CIS 战略教育　CIS 战略教育的目的是强化企业全员的公关意识、企业整体意识及竞争意识，使全体员工人人了解 CIS 的内容和导入 CIS 的意义。把教育贯穿于 CIS 战略的始终是导入 CIS 的关键。

（三）CIS 导入程序

企业要导入 CIS，必须先做好充分的准备工作，规划和编制相应的导入程序，根据导入程序的要求进行策划和部署。具体导入程序如下所述。

1. 导入准备阶段　①确立 CIS 的动机。②组建导入的机构。③确定 CIS 导入的日程与时间。④制定导入的实施措施。⑤确定导入的价值取向。⑥评价企业内外经营环境。⑦规划员工参与导入的各项活动。⑧编制预算。⑨企业内外调研和评估。⑩制作 CIS 完整方案。

2. 规划设计阶段　主要包括 MI、BI 和 VI 三个部分。

（1）MI 设计　MI 系统是 CIS 的核心，主要包括：企业战略思想、企业目标战略、企业精神口号、企业精神标语、企业文化等方面的规划设计。

MI 系统规划时应该围绕以下几个方面来进行。

1）MI 规划要体现企业发展观　例如：

中国哈药集团有限公司：敢走天下路，敢为天下先。

2）企业精神与行业紧密联系　例如：

中国太极集团企业精神：光大太极、振兴中华。

3）企业目标战略体现组织的核心价值观　例如：

山东东阿阿胶股份有限公司核心价值观：厚道·地道·传承·创新。

4）企业经营和服务理念将组织的服务意识传达给目标公众　例如：

中国医药集团服务理念：关爱生命、呵护健康。

上海医药集团服务理念：持之以恒，致力于提升民众的健康生活品质。

总之，MI 设计应以求真务实、集思广益为原则，力求体现民族化、个性化和目标化，具备导向力、凝聚力、辐射力、稳定力等基本功能。

（2）BI 设计　BI 设计主要包括：服务流程设计、服务戒律明确、服务用语规范、服务作业标准化设计、顾客投诉处理方法制订、顾客满意度指标确定。

（3）VI 设计　VI 设计是在企业经营的指导下，利用平面设计等手法将企业的内在气质和市场定位视觉化、形象化的设计结果。VI 系统包括基础设计系统和应用设计系统。

1）基础设计系统 以企业标志、标准字体和标准色为其核心，一般称为 VI 的三大核心。VI 设计系统必须建立在这三大核心的基础之上。主要包括以下几点。

①企业名称 突出个性、美感、容易记忆、良好的语感和美好的寓意。例如：

仁和：人为本，和为贵。

修正：修元正本，造福苍生。

汇仁：仁者爱人，汇仁集团。

②企业标志 企业标志包括文字标志、图案标志和复合标志。企业标志以简洁明快、新颖独特、巧妙精致、优美典雅为原则。

"同仁堂"商标（图5-2）的设计意图：在有着悠久历史文化的中国，龙是至高无上的象征，北京同仁堂数百年的制药精华与特色是：处方独特，选料上乘，工艺精湛，疗效显著，因而在国内外医药市场上享有盛名。同仁堂的标志采用两条飞龙，代表着源远流长的中国医药文化历史，"同仁堂"作为主要图案是药品质量的象征；整个标志图案标志着北京同仁堂是国之瑰宝，在继承传统制药特色的基础上，采用现代的科学技术，研制开发更多的新药造福人民。

③企业、品牌标准字 标准字，又称组合字体，是指将企业或者品牌的名称进行整体组合所形成的字体。企业或品牌标准字的设计是以强化公众视觉冲击力，展现企业文化理念为原则，并根据企业性质、产品的特性和公众心理进行的。标准字要在造型美观、视觉色彩效果和组合流畅方面巧妙结合，全面展现企业整体上的个性特征。

图5-2 同仁堂标志

医药类企业、品牌的标准字根据企业的经营理念和品牌内涵，字体各异，一般以造型美观，中英文流畅组合，视觉感强烈，富于节奏感为设计理念（图5-3）。

图5-3 企业标志

④企业的标准色 标准色是 VI 中最关键的要素，是直接给予视觉感官的部分，对于组织形象的宣传具有渲染作用。企业或者品牌的标准色是运用色彩来创造美感，引起视觉神经反应的重要手段，以渲染组织形象的优美和谐。人们常有的第一感官意识就是色彩，其次是图形，再次才是文字造型。色彩最具识别效应，如同仁堂和汇仁都是以红色为标准色，康弘药业和三金药业都是以绿色为标准色，这就是色彩的识别功能。

除了以上四个主要方面外，变形标志、印刷字体、辅助色彩、商标品牌、编排模式、象征纹样和吉祥物等也是基础设计系统不可缺少的组成部分。

组织标准色的设计以强化审美意识，增强艺术感染力、突出组织风格，体现组织理念、展现组织个性为原则。

企业标准色

深圳海王集团标识（图 5-4）的标准色为蓝色，象征公司向海洋进军的战略目标，给人冷静、理智、安全、和谐的蓝色，体现产品的特性和公司为人类健康幸福美好而孜孜以求的组织形象。

中国国药集团标识（图 5-5）的结构是由"中国医药集团"的英文简称"SINOPHARM"和变形"S""P"组成的。标准色：绿色代表生命、自然和健康，蓝色代表科技、智慧和博大。造型与寓意：V 形：是英文胜利"VICTORY"的手语化"V"的象形体，代表胜利与发展；心形：是双手合拢为心的艺术表现，代表关爱与呵护；锥形：是不断旋转上升的陀螺，代表创新与活力。

图 5-4　深圳海王集团标识示意　　　图 5-5　中国国药集团标识示意

2）应用设计系统　包括用品形象系列、办公事务用品形象系列、商业文书表格形象系列、内外环境（如花圃）形象、员工服装形象系列、组织用车车体形象、广告宣传形象系列、公关促销用品形象系列。

VI 的应用系统是对基础系统内涵的诠释，旨在创造出一个个性化、系统化的组织形象，给公众以美好、强烈的视觉体验。

3. 实施管理阶段

（1）建立相应的领导机构　CIS 设计开发阶段结束以后，原有的 CIS 委员会就应当进行改组，变成 CIS 管理委员会。

（2）CIS 的发布　企业 CIS 的导入是企业一个重大事件，必须慎重地选择时机，举行隆重的发布仪式，以便在企业内部产生重大的震动，在社会上产生强烈的反响。因此，CI 的发布最好是在企业的重要庆典、社会的重大节日、企业经营的转折关头等时机进行。

（3）企业理念的学习与认同　CIS 系统的核心是理念，一次 CIS 导入的过程，也是全体员工对组织宗旨再一次学习、理解、认识的过程。只有使企业理念真正落实到了全体员工的意识里，才能很好地发挥它的功效。

（4）行为识别的执行和拓展　组织全体员工认真学习企业的行为规范手册，这是落实企业理念的具体行动。只有全体员工将企业的价值变成了自己的一言一行，企业才能以一种崭新的面貌出现在社会的面前。

（5）CIS 效果的评估　在企业 CIS 导入一段时间以后，应当对 CIS 的效果进行认真的评估，以便总结经验，发现问题，寻找进一步解决的方法。CIS 效果的评估可分为内部测试和外部测试。具体方法包括：民意测验、当面访问、公众座谈、统计分析等。导入的效果可以通过公众对企业认知、信赖、好感及一流评价的变化表现出来。当然，CIS 的最终结果还是表现在企业经济效益的增长上。

目标检测

答案解析

一、最佳选择题

1. CIS 战略最早起源于第一次世界大战前的（　　）AEG 公司。

    A. 英国　　　　　　　　B. 美国　　　　　　　　C. 日本　　　　　　　　D. 德国

2. （　　）年，CIS 战略在中国大陆广东神州燃气具联合实业公司最早导入。

    A. 1947　　　　　　　　B. 1984　　　　　　　　C. 1951　　　　　　　　D. 1971

3. 组织的形象设计，简称（　　）设计，译称"组织形象识别系统"。

    A. CI　　　　　　　　　B. VI　　　　　　　　　C. BI　　　　　　　　　D. MI

4. 下列（　　）不属于虚拟形象。

    A. 企业口号　　　　　　B. 企业精神　　　　　　C. 企业文化　　　　　　D. 企业员工

二、多项选择题

1. 下列（　　）属于组织形象的客观性特征的内容。

    A. 企业理念　　　　　　B. 企业精神和口号　　　　C. 企业建筑物

    D. 企业优秀人物　　　　E. 企业交通工具

2. 企业行为识别系统包括（　　）两个方面的识别系统。

    A. 理念识别系统　　　　B. 内部识别系统　　　　C. 外部识别系统

    D. 视觉识别系统　　　　E. 企业交通工具

3. 组织形象系统（CIS）的导入最佳时机有（　　）。

    A. 企业新建、扩建、改建、转型和重组合并

    B. 企业新项目和新产品推出

    C. 企业发展格局发生重大突破

    D. 企业创业周年纪念

    E. 企业危机时期

4. 组织形象系统 CIS 计划拟定之后便进入实际的实施阶段，即 CIS 的具体推行阶段。在这个阶段，应该做好（　　）工作。

    A. 设立企业"CIS 执行委员会"

    B. 全面开展目标管理

    C. 审核企业传播计划；制定传播战略

    D. 全面开展 CIS 战略教育

    E. 开展全员公关培训

5. CIS 构成的三大要素是（　　）

    A. 感觉识别系统　　　　B. 理念识别系统　　　　C. 行为识别系统

    D. 管理识别系统　　　　E. 视觉识别系统

6. 在组织发展过程中，要有效利用（　　）捕捉组织形象塑造的有利时机，发挥事半功倍的效果。

    A. 组织创立初期　　　　　　　　　　　　　B. 组织发展时期

C. 组织逆境时期　　　　　　　　　　　　D. 组织创新发展时期

三、实例解析题

尊崇物竞天择，共享生命价值
——湖北省新华医院 CIS 策划案例

1. 全案导入 CIS 系统，构建核心竞争力的框架。

2001 年湖北省新华医院率先从文化建设入手，以医院文化为先导着手培植医院新的核心竞争力。在经过周密的市场调研后，医院率先在国内医疗卫生行业中全案导入组织形象识别系统（CIS），将医院的经营观念与精神文化进行有效整合。在理念识别（MI）子系统中，提炼出了"共享生命价值"的新华理念，崇尚生命之美、生命之尊，遵循"物竞天择"的法则，积极主动参与市场竞争，以生命的互动实现价值的传递，倡导医院与患者、员工结为利益共同体，实现价值共享，共同创造美好未来。在行为识别（BI）子系统中，引进企业的管理文化，推行了员工通用行为规范、医护人员诊疗服务规范、后勤窗口岗位服务规范、语言行为规范、电话接听规范等，完善了配套的监管措施，使医院员工形成了统一的行为观。而在视觉识别（VI）子系统中，则借鉴优秀企业的经验，推出了一整套具有新华特色的视觉识别系统，从而增加员工的集体荣誉感和向心力。通过以上三者的有机整合和推广，逐步建立、形成并优化了医院的综合形象，并通过运用整体传达系统，将医院的理念传达给周边的群众，提升了医院内部员工的自我认识和公众对医院的外部认识，取得了意想不到的效果。

2. 树立以人为中心的管理理念，夯实核心竞争力的基础。

具体做法是：对外以客户为中心，实行人文关怀，营造温馨环境，获取患者的认同感；对内以员工为中心，实施人本管理，搭建宽松平台，培养员工的归属感；倡导人性化服务，推出服务之星，树立服务意识，培植先进人物的感召力。提出把"三个有利于"作为医院工作的出发点和落脚点。与此同时提出，医生围绕患者转，护士围绕医生转，后勤临床一线转，行政管理则应围绕患者全院职工转，整个过程中充分凸显人文关怀和人本管理，处处以人为中心，营造人文型的医院文化氛围。

3. 提出"创造健康生活"的医院使命，打造核心竞争力的特色。

提出医院使命，其目的是应对医疗市场的激烈竞争。"创造健康生活"是源于对市场的重新定位。提倡"创造"，是为了改变"坐堂行医"等患者来的被动状况，传递一种主动的工作态度；倡导"健康"，则体现医院的任务不仅仅是治疗，还包括了客户患病前的预防、治愈后的康复以及对亚健康人群甚至健康人群的关注。在这一使命的指导下，全院统一了思想，职工的主人翁意识得到加强，同时也明确了市场营销的对象和方式，形成了自己独特的营销模式，拓展了医疗市场。

4. 引进管理咨询，推行优化后的管理体系，铸造核心竞争力的后盾。

有了先进的管理理念就必须要有配套的管理措施。医院在 2003 年聘请北大纵横管理咨询公司对医院发展战略、品牌营销、组织结构、管理及业务流程、岗位说明、绩效考核体系、薪酬体系、员工职业生涯规划等九大模块进行设计，重新构建医院的管理体系，此举推动了管理文化向深层次发展。

讨论分析：如何理解组织形象识别系统的内涵和作用？案例中从哪些方面来表现行为识别系统、理念识别系统和视觉识别系统？

四、综合问答题

1. 我国某医药集团在全球新冠疫情肆虐的紧急状态下，投入巨资，引进科研人员和先进科研设施设备，组织全体科研工作人员夜以继日艰苦奋斗，24 小时轮班开展新冠疫苗研究，进行临床试验，反复评估有效率，直到疫苗可以接种。后来又组织全员公关，利用媒体宣传疫苗的功效，免费赠送给美洲、亚洲、非洲等部分疫情严重的国家，疫苗效果得到首肯，降低了新冠感染率，挽救了这些国家人民的生命，引起了世界各国的高度赞赏，创下了首个中国新冠疫苗国际品牌。

请问：该医药集团以什么样的精神创造了疫苗奇迹？以什么样的 CIS 措施把疫苗推向了国际市场？对中国的良好形象塑造起到了什么作用？

2. 贵州益佰制药股份有限公司是一家集新型药品的研究、开发、生产和销售为一体的高新技术企业。公司以"卓越的医药产品提供者，优秀的健康医疗服务领航者"为使命，在经济市场大潮中，恪守"健康100、品质100、感恩100、创新100"的价值观，把"蓝、绿、白"三色组合成品牌标准色，为客户提供优质、高效、符合环保要求的产品，为投资者创造最大的财富，为社会创造最大的价值。让"益佰"品牌成为企业形象塑造的特殊效应，为社会公众留下良好的品牌印象。

请问：该制药公司是如何进行品牌形象设计的？

书网融合……

| 知识回顾 | 微课1 | 微课2 | 微课3 | 习题 |

项目六　处理公共关系危机

学习引导

　　每个人的一生都不可能是一帆风顺的，都会经历一些或大或小的"坎"，社会组织也一样。社会组织在生存与发展的过程中，可能会遇到顾客投诉、媒体的负面报道、恶性竞争、火灾或盗抢事件等"危机"。美国著名咨询顾问史蒂文·芬克说，危机就像死亡和纳税一样，难以避免。既然危机不可避免，那么，社会组织应如何避免或减少危机的发生？危机一旦出现，社会组织应该如何面对与处理？

　　本项目主要学习公共关系危机的种类和产生的原因，公共关系危机处理的原则、程序及对策。

学习目标

1. **掌握**　公共关系危机处理的原则、程序及对策，网络公共关系危机的处理方针与方法。
2. **熟悉**　公共关系危机的概念及产生的原因，网络公共关系的传播过程及注意事项。
3. **了解**　公共关系危机的特征和类型，网络公共关系的含义及优势。

任务一　认知公共关系危机 📱微课1

一、公共关系危机的含义

　　公共关系危机是指突然发生的、严重损害组织形象、给组织造成严重损失的事件。如恶性事故、顾客的投诉、员工罢工等。危机使组织面临严重的困难，面临强大的公众舆论压力和危机四伏的社会关系环境，使组织失去公众的信任，直接或间接地影响组织的生存和发展。

二、公共关系危机的特征

　　公共关系危机的特征主要表现在以下几个方面。

　　1. 突发性　危机事件一般在意想不到、组织毫无准备的情况下突然发生，具有突发性特征。危机事件容易给组织带来混乱和惊慌，使人措手不及，如果对事件没有任何防备就可能造成更大的损失。这一特征要求社会组织及其公关人员在工作中应当防微杜渐，并随时准备应付突如其来的危机事件。

　　2. 难以预测性　组织所面临的危机往往是在正常的生产经营过程中难以预料的，它在某种程度上具有不可预测性，会给组织带来各种意想不到的困难，特别是那些组织外部的原因造成的危机，往往是组织始料不及并难以抗拒的，如自然灾害、国家政策的变化、竞争对手的恶意攻击等。这一特征要求社会组织及其公关人员，时刻监测组织微观和宏观环境，并积极进行危机预防。

3. 严重的危害性　危机一旦出现，在本质上或事实上都会对组织、对社会造成相当的损害。对组织来说，它不仅会破坏目前正常的生产经营秩序，使组织陷入混乱，而且还会对组织未来的发展带来深远的影响。从社会角度看，组织危机会给社会公众带来恐慌，有时还会给社会造成直接的物质损失，如产品质量不合格事故、污染环境等给人们生命健康造成的破坏等。这一特征要求社会组织及其公关人员，采取主动心态、勇于面对，善于面对，将危机的危害降到最低程度。

4. 舆论的关注性　现代社会，大众传播十分发达，加之危机事件总是在短时间内爆发，造成巨大影响，因此，常常会成为社会和舆论关注的焦点、热点，成为媒介捕捉的最佳新闻素材和报道线索。这一特征要求社会组织及其公关人员，必须牢记"兵贵神速"，注重公共关系危机事件处理的及时性和时效性。

5. 不规则性　每次危机事件的出现原因、影响范围、对社会组织的危害和破坏程度等都不尽相同，因此，对危机事件的处理没有规律可循，这给社会组织处理危机带来了很大的难度。这一特征要求社会组织及其公关人员，不能简单机械地寻找原因，而应整体分析，对症治疗。

> **即学即练 6 –1**
>
> 答案解析
>
> 　　美国著名咨询顾问史蒂文·芬克说，危机就像死亡和纳税一样，难以避免。你赞同他的观点吗？
> 　　认识危机，治理危机，对于组织生存和发展、对于人类安全和幸福是否重要？为什么？

三、公共关系危机的类型

公共关系危机按照不同的分类依据，主要分为以下类型。

1. 按照危机的严重程度，公共关系危机可划分为一般性危机和重大危机。一般性危机，是指对组织及其公众产生轻微危害的危机事件，如公共关系纠纷。重大危机是指对组织及其公众产生全面影响，并使组织形象和利益受到严重损害的危机事件，如产品的重大质量事故、组织的信誉危机、组织的重大工伤事故及大的劳资纠纷等。

2. 按照危机的涉及范围，公共关系危机可分为内部公关危机和外部公关危机。内部公关危机指发生在组织内部的公共关系危机。内部公关危机发生在组织之内，或者，这种危机的发生主要是由该组织的成员直接造成的。如员工罢工、股东撤资等。外部公关危机是与内部公关危机相对而言的，是指发生在组织外部，影响多数公众利益的一种公关危机，本组织只是受害者之一。如谣言引起的危机，国家政策变化引起的危机，组织的计算机网络被"黑客"袭击而导致的危机，自然灾害或其他不可控因素导致的危机。

3. 按照危机给企业带来损失的表现形态，公共关系危机可分为有形公关危机和无形公关危机。有形公关危机是指给组织带来直接而明显的损失，凭借肉眼即可观测到组织的损失。如房屋倒塌、爆炸、商品流转中的交通事故等造成的人员伤亡或财产损失。无形公关危机是指危机事件的发生严重损害组织形象，如果不采取紧急有效的措施阻止，已受损害的组织形象将使组织蒙受更大的有形损失。如信誉危机、商誉危机等。

即学即练 6-2

请与小组其他同学进行讨论、分析，列举出医药企业可能出现的公共关系危机种类或表现形式。

答案解析

四、公共关系危机产生的原因

公关危机产生的原因很多，一般来自于组织的内部和外部两个方面。

1. 内部原因

（1）自身素质低下　组织自身素质低下的核心是人员素质低下，包括领导者素质和员工素质。组织自身素质低下不仅可能引发公关危机事件，而且在危机事件出现后也难以自觉有效地处理危机事件。

（2）管理缺乏规范性　管理缺乏规范性包括两方面，其一是组织基础工作差，管理的规章制度不健全，工作无定额，技术无标准，计量无规矩，操作无规程；其二是员工行为无规范，员工工作中无计划，不讲质量，不讲服务礼节，不讲信誉，不讲职业道德，甚至严重损害公众的利益，伤害了公众的感情。这些都是导致公关危机的祸根。

（3）经营决策失误　经营决策失误主要体现为方向的失误、策略的失误、时机的失误等。这些失误可能严重危及社会公众、社会环境的利益要求，也可能引发公众对组织的敌视、反感和排斥，使组织陷入危机。

（4）法制观念淡薄　现代社会是法制社会，任何组织都应具有法律意识，都应知法、懂法、守法，并将组织的生产经营活动置于法律的监督和保护之下，否则，企业的生产经营行为将会损害公众的权利，违反国家的法律，最终导致公共关系危机，严重损害组织形象。

（5）公关行为失策　各种公关行为是塑造组织形象，扩大组织社会影响力的必要手段，如果社会组织公关行为失误，如公关活动组织策划不当、实施公关活动准备不充分、忽视与公众的信息沟通等，不仅起不到应有的作用，还会危及企业的形象，给企业带来危机。

实例分析 6-1

实例　作为全球知名的餐饮巨头汉堡王，曾经宣称"味道为王，食材新鲜，现点现做，料多味足"，但在 2020 年 3.15 晚会上被曝出汉堡王某分店用过期面包做汉堡、鸡腿排保质期随意更改，汉堡王一时成了公众焦点。虽然汉堡王公司立即发表了声明，但汉堡王公司所做的声明只是冠冕堂皇的套话，仅仅是简单的道歉，并没有公布有效的整改措施和危机处理方案，以被动防守的方式应对危机，很难获得公众的谅解与信任，汉堡王的信誉度大大受损。

问题　你认为汉堡王名誉度受损的最主要原因是什么？

答案解析

2. 外部原因

（1）自然环境突变　包括自然灾害和建设性破坏两个方面。自然灾害是不以人的主观意志为转移的，它往往给组织带来意想不到的打击，如台风、洪水、地震等。建设性灾害指由于人类出现短视、决策失当等原因，没有按照客观规律办事所导致的破坏机制，如人为因素造成的溃坝事件、乱砍滥伐导致的泥石流等。这些灾害具有很大的破坏性、无法回避性，常常使组织面临灭顶之灾。

（2）组织间的恶性竞争　恶性竞争即不正当竞争，指市场经济活动中，经营者违反法律规定，损害其他经营者的合法权益，扰乱社会经济秩序的行为，包括诋毁竞争对手、假冒他人的注册商标等。这些恶性竞争行为，都可能导致社会组织出现公共关系危机。

（3）公众的误解　公众对社会组织的了解并不都是全面的，有的公众会因偏听偏信、小道消息等对社会组织产生误解，因而形成对组织的敌视和偏见，给组织带来负面影响。

（4）舆论的负面报道　传媒的舆论导向作用是非常显著的，在某种程度上讲，传媒宣传还起到树立某种社会评价标准的作用，往往直接影响着民众对某种社会现象的评价态度与关注程度。因此对任何一种舆论负面报道，都必须引起足够的重视。

（5）政策体制不利　国家的政策和管理体制对社会组织的经营和发展有着重大的影响。国家政策对组织的发展不利，管理体制的不顺，都会给组织带来风险，使组织出现危机，陷入困境。

五、公共关系危机的预防 🅔 微课2

对公共关系部门而言，危机的预防有两个环节：一是预测危机，即及时发现产生危机的"萌芽"；二是制定处理危机的对策，即当危机一旦发生不至于手忙脚乱，而是从容不迫地采取有效措施。这就需要平时要有应付危机的准备。

1. 增强全体员工的危机管理意识　任何一个组织，无论性质、类型、规模如何，也不管其过去的历史和现在的情况怎样，都免不了出现危机。因此，组织必须经常对全体员工进行危机教育，开展有关安全、法律、质量等方面的培训，培养员工忧患意识，使员工树立居安思危、未雨绸缪、防患于未然的思想，减少危机发生概率，防止危机到来时内部出现恐慌和混乱。

📱 知识链接

让责任心时刻闪光

责任是一种使命，责任感是一个人最重要的优秀品质之一。在工作单位，每一个职位都蕴含着一份沉甸甸的责任，事关组织的生存与发展，所以，不管是普通员工还是领导，只有树立"主人翁"意识，尽职尽责对待自己的工作，让责任心在工作中闪光，做事秉持精益求精的精神，工作中敢于担当责任，才会被赋予更多的使命，才能赢得更多的认可，组织也才能得到长远长足的发展。

习近平总书记不止一次强调过，实现中华民族伟大复兴的中国梦，广大青年生逢其时，也重任在肩。广大青年既是追梦者，也是圆梦人。追梦需要激情和理想，圆梦需要奋斗和奉献。当代青年人须牢记自己的责任使命，坚定自己的理想信念，为中国梦的实现添砖加瓦、不懈奋斗。

2. 建立漏洞审查制度　加强问题管理，及时解决小问题，堵住漏洞，将危机预防工作落到日常工作的实处，减少公关关系危机形成的概率，防患于未然。社会组织公共关系危机事件形成的原因主要包括社会组织内部因素、相关公众因素、传播媒介因素和社会环境因素。在以上诸因素中，存在着许多社会组织的可控因素，只要对这些可控因素加以控制，使其保持正常状态，就有可能减少危机形成的概率，进而把危机的发生率降低到最低程度。

3. 建立公共关系危机预警系统　任何公关危机事件的形成都要经过潜伏期、初显期和爆发期，而任何时期都会显示出危机产生的信号。组织可采用各种监控手段进行监测，以便在危机的潜伏期和初显期及时发现危机的苗头，并采取果断措施，把危机消除在萌芽状态；组建危机管理小组，并对危机应变小组进行专门培训；建立公共关系危机预警系统，制定应变计划与应变对策以应付危机事件，为危机事件的处理打下良好的基础，提高公关危机事件的处理水平。

4. 保持良好媒介关系　建立与媒介长久的、融洽的、互信的关系，有利于在危机出现时传播更多有利于组织的真实信息。良好的媒体公关是靠平时积累，慢慢培养出来的，组织应积极配合媒体的工作，主动向记者和有关媒介提供最新、最具新闻价值的信息和各种新闻素材，及时通报组织内部发生的重大事件，吸引媒介的关注，争取有利于组织的新闻报道。平日注意与新闻界人士保持良好的沟通与往来，对记者以礼相待、以诚相待。如果记者有需要，组织应该伸出援手，急他们之所需，主动帮助他们解决困难。

▶▶ **实例分析6-2**

实例　美国女记者基泰斯到东京探亲，她在东京的奥达克余百货公司买了一台"索尼牌"电唱机，准备送给东京的亲戚，售货员彬彬有礼，特意为她挑选了一台未启封包装的机子。

回到住处后，基泰斯试用时，却发现该机未装内件，是一台空心唱机，根本无法使用。她不由得火冒三丈，准备第二天一早就到公司进行交涉，并迅速写好了一篇新闻稿，题目是《笑脸背后的真面目》。

第二天一早，基泰斯在动身之前忽然接到奥达克余百货公司打来的道歉电话。50分钟以后，一辆汽车赶到了她的住处。从车上跳下奥达克余百货公司的副总经理和提着大皮箱的职员。两人一进客厅就俯身鞠躬，表示特来请罪。除了送上一台新唱机之外，又加送蛋糕一盒、毛巾一条和著名唱片一张。在谢罪的同时，他们讲述了公司自行发觉并尽快纠正这一条错误的经过。

当天下午4点32分，售货员发现售出一台空心唱机后，即报告警卫人员迅速寻找这位美国顾客，但为时已晚，遂报告监理员，他又向监督和副经理汇报。经分析，决定从顾客留下的"美国快递公司"的名片这一线索出发，当晚连续打了32次紧急电话向东京周围的旅馆询问联系。另外还派专员用长途电话向"美国快递公司"总部打听，结果从快递公司回电中知悉这位顾客在纽约母亲家中的电话，随即再打电话了解到这位顾客在东京亲戚家的电话，结果终于在她离开之前，打通了电话，找到了"空心唱机"的买主，更换了唱机，取得了这位美国顾客的充分谅解和信任。

这一切使基泰斯深受感动。她立即重写了新闻稿，题目就叫《35次紧急电话》。

问题　本案例对组织预防公共关系危机有何借鉴意义？

答案解析

任务二　处理公共关系危机

美国著名咨询顾问斯蒂文·芬克1986年提出了危机传播四阶段论，即征兆期、发作期、延续期、痊愈期。他指出，征兆期是危机处理最容易的阶段，但却是最不为人所知的阶段；发作期是4个阶段中时间最短，但感觉最长的阶段，它对人们心理造成的冲击也是最严重的；延续期是4个阶段中时间最长的一个阶段，如果危机管理运作恰当，将会极大地缩短这一阶段的时间；痊愈期是从危机的影响中完全解脱出来，但是仍需保持警惕，因为危机可能会去而复来。因此，社会组织在处理危机事件时，决不能随心所欲，跟着感觉走，必须按照危机处理原则，遵循危机处理程序，运用危机处理的技巧和方法，妥善地加以处理，以便尽早赢得公众的谅解和信任，尽快恢复组织的信誉和形象。

一、公共关系危机处理的原则 　微课3

1. 实事求是原则　组织在处理危机的过程中，无论是对组织内部职工，还是对新闻记者、受害者、上级领导等，都要实事求是，不能隐瞒事实真相。

2. 速度第一原则　速度第一原则是指危机一旦发生能及时给予控制。在危机出现的最初 12～24 小时内，消息会像病毒一样，以裂变方式高速传播，并且可能会造成一定程度的混乱，给人们心理上造成紧张、恐惧，各种谣言也最易流传。因此社会组织必须当机立断，快速反应，果决行动，与媒介和公众进行沟通，迅速控制事态，否则会扩大危机的范围。

即学即练 6-3

答案解析

公牛被老鼠咬了一口，非常疼痛。他一心想捉住老鼠，老鼠却早就安全地逃回到鼠洞中。公牛便用角去撞那座墙，搞得精疲力尽，躺倒在洞边睡着了。老鼠偷偷地爬出洞口看了看，又轻轻地爬到公牛的胁部，再咬他一口，赶忙又逃回到洞里。公牛醒来后，伤痕累累，却无计可施。老鼠却对着洞外说："大人物不一定都能胜利。有些时候，微小低贱的东西更利害些。"公牛虽然强大，但却奈何不了老鼠的折磨。

公牛与老鼠的故事给你什么启示？

3. 承担责任原则　危机发生后，公众会关心两方面的问题，一是利益问题，二是感情问题。无论谁是谁非，社会组织都应该承担责任，即使受害方在危机事件中有一定的责任，社会组织也不应先追究其责任，否则会加深矛盾，引起公众的反感。社会组织应站在受害者的立场上表示同情和慰问，并通过新闻媒介向公众致歉，赢得公众的理解和信任。

4. 系统运行原则　在逃避一种危险时，不要忽视另一种危险。在进行危机管理时必须系统运作，绝不可顾此失彼。只有这样才能透过表面现象看本质，创造性地解决问题，化害为利。

5. 权威证实原则　在危机发生后，企业不要自己拿着高音喇叭叫冤，而要曲线救国，请重量级的第三者在前台说话，借助外力增强公信力和影响力，使广大公众消除对自己的警戒心理，重获他们的信任。

即学即练 6-4

答案解析

在危机出现的最初（　　）内，消息会高速传播。

A. 12 小时内　　　　B. 12～24 小时　　　　C. 24～36 小时　　　　D. 36～48 小时

二、公共关系危机处理的程序

一般来说，公共关系危机处理的基本程序主要包括以下几步。

1. 成立处理危机事件的专门机构　成立处理危机事件的专门机构是有效处理危机事件的组织保障。机构的组成人员应包括组织负责人、公共关系部门负责人和经过培训的危机处理人员。危机处理机构的成员应尽快确定应急方案。另外，还要指定新闻发言人和值班人员。

2. 采取措施，控制损失　危机发生后，一定要按照拟定的应急处理方案，全力采取措施，控制事态的进一步发展，把损失控制在最低限度，尤其要珍视组织的声誉和形象。

3. 深入现场，了解事实　通过观察、访谈等方式，迅速弄清危机事件发生的原因、人员伤亡和财产损失等情况，掌握事态的发展及控制的情况。

4. 分析情况，确定对策　在掌握危机事件真实情况的基础上，深入研究和确定应采取的对策和措施。对策和措施不仅仅要考虑危机本身的处理，还要考虑如何处理好危机涉及的各方面关系。针对不同的公众，采取相应的对策。

5. 总结评估，重塑形象　危机处理组织机构应对危机处理情况进行全面检查、评估，并将检查结果向领导机构、公众和媒介公布，表明社会组织敢于承担责任。从公众利益出发，认真做好善后工作，才能恢复和重新塑造组织形象。

三、公共关系危机处理的对策

公共关系危机处理的对策包括总对策和具体对策。总对策要求尊重事实，迅速调查，妥善处理，做好善后工作，重塑组织形象；具体对策要根据不同的公众对象，分别采取不同的对策。

1. 对受害者对策　①认真了解受害者情况后，诚恳地向他们及其亲属道歉，并实事求是地承担相应的责任；②应由专人负责与受害者及其亲属慎之又慎地接触，耐心而冷静地听取受害者的意见，包括他们要求赔偿损失的意见；③给受害者安慰与同情，并尽可能提供其所需的服务，尽最大努力作好善后处理工作；④避免与受害者及其家属发生争辩与纠纷。即使受害者有一定责任，也不要在现场追究；⑤组织应避免出现为自身辩护的言辞；⑥了解、确认有关赔偿损失的文件规定与处理原则；⑦向受害者及其家属公布补偿方法与标准，并尽快实施。

2. 对新闻界对策　①如何向新闻界公布危机事故，公布时如何措辞，采用什么形式，有关信息怎样有计划地披露等事项应事先达成共识，统一口径；②成立临时记者接待机构，专人负责发布消息，集中处理与事件有关的新闻采访，向记者提供权威的资料；③对新闻界表示出合作、主动和自信的态度，不可采取隐瞒、搪塞、对抗的态度；④主动向新闻界提供真实、准确的消息，公开表明组织的立场和态度。注意提供公众所关心的消息，如补偿方法，善后措施等；⑤为了避免报道失实，向记者提供的资料应尽可能采用书面形式；⑥除新闻报道外，可在刊登有关事件消息的报刊上发歉意广告，向公众说明事实真相，并向公众表示道歉及承担责任；⑦当记者发表了不符合事实真相的报道时，应尽快向该报刊提出更正要求，并指明失实的地方。向该刊提供全部与事实有关的资料，派重要发言人接受采访，表明立场，要求公平处理，但应尽力避免相互产生敌意。

📱 **知识链接**

危机处理的 3T 原则

危机处理的 3T 原则由英国危机公关专家里杰斯特在 Crisis Management 一书提出，强调危机处理时把握信息发布的重要性。

（1）tell you own tale（以我为主提供情况）。这一原则强调组织牢牢掌握信息发布主动权。

（2）tell it fast（尽快提供情况）。这一原则强调危机处理时组织应该尽快不断地发布信息。

（3）tell it all（提供全部情况）。这一原则强调信息发布全面，必须实言相告。

3. 对消费者对策　①所有的危机处理对策、措施，都应以尊重消费者权益为前提。②热情接待消费者团体的代表，回答他们的询问、质询。听取受到不同程度影响的消费者对事故处理的意见和愿望。③通过不同的传播渠道向消费者传递说明事故梗概的书面材料。④及时与消费者团体中的领导以及意见领袖进行沟通、磋商。⑤通过不同的渠道公布事故的经过、处理方法和今后的预防措施，公布与消费者团体达成的一致意见或处理办法。

4. 对上级领导部门对策　①危机事件发生后，要以最快的速度向组织的直属上级部门实事求是地报告，争取他们的援助与支持。②在危机事件的处理过程中，应定期汇报事态发展的状况，求得上级领导部门的指导。③危机事件处理完毕后，应向上级领导部门详细地报告处理的经过、解决方法、事件发生的原因等情况，并提出今后的预防计划和措施。

四、常见公关危机事件处理要点

1. 内部纠纷事件处理要点　组织的内部纠纷事件通常是由于员工的后顾之忧无法得到解决、物质利益被忽视、工资奖金分配不合理、福利待遇偏低、工作环境差、对待员工不能一视同仁、处理问题不公平等引起的，处理要点如下所述。

（1）认真倾听并吸取员工的意见和建议。

（2）尽量化解矛盾，协调关系，给员工在物质和精神方面给予一定的补偿。

（3）增强组织的透明度，加强沟通，让员工了解组织的难处，求得员工的理解。

（4）对领导者的不合理行为做出严肃处理，以平息员工的不满情绪。

（5）事件平息后将事件处理结果向员工公布，争取员工的谅解。

2. 顾客投诉事件处理要点　顾客就某个问题对组织进行投诉，是顾客的正当权益。虽然投诉对组织的形象不利，但组织应正确、理性地对待，并做出妥善处理。

（1）诚恳倾听投诉意见，对投诉者表示同情和感谢。

（2）听完投诉后应立即表态，对投诉对象做出妥善处理。

（3）对不合理投诉要耐心地解释，并给投诉者适当安抚。

（4）如发现投诉具有普遍意义，可视情况采取相应对策，如登发广告启示、组织退货等，以挽回不良影响。

（5）对合理投诉者进行适当奖励，以求广大顾客的关心和理解。

3. 火灾事件处理要点　火灾是组织的一种严重的安全事故，对组织的形象损害极大，必须及时妥善处理，其要点如下所述。

（1）发现火警后，立即通知公安消防部门，并根据情况迅速做出安排，组织灭火。

（2）迅速进入现场，奋力抢救各类人员及财产。

（3）及时做好对伤亡人员的抢救和处理工作，并对其家属做好安抚工作。

（4）深入调查火灾事件的原因，并做好记录，写出报告。

（5）根据情况对火灾事故责任人做出严肃处理。

（6）将调查结果、事故原因、损失情况、处理情况等，实事求是地提供给政府部门及新闻单位，以控制舆论走向。

（7）组织员工总结经验教训，制订防火措施，争取各方理解，恢复和重建组织形象。

4. 报道失实事件处理要点　报道失实事件是指新闻媒介报道的情况与事实本身不符时而导致组织

的形象受损，甚至出现严重的后果。处理要点如下所述。

（1）迅速搜集新闻媒介失实报道的信息内容，并核准其失实程度。

（2）立即据实向发表失实报道的新闻单位提出更正要求。

（3）尽力找到失实报道的记者、编辑及制作者，诚恳地提出更正要求和理由，必要时要督促其发表更正或道歉。

（4）如失实报道的新闻单位和个人拒不"认账"，可通过上级主管部门出面处理，借其他新闻单位发表文章或广告，把真实情况公诸于众。

（5）如失实报道情节特别严重，给组织带来不良后果和严重损失，可诉诸法律，依法维护组织声誉。

5. 谣言传播事件处理要点　谣言传播一般指不正确事实的非正式渠道传播，它是对事实的蓄意渲染、夸大、歪曲，或根本是无中生有。谣言具有一种暗示力量，流传广泛，易造成组织形象和信誉的损害。其处理要点如下所述。

（1）做好深入细致的调查研究工作，对谣言进行追根溯源，揪出谣言制造者，并给予适当处理。

（2）邀请本领域、本行业的权威人士、有关领导、新闻记者及其他有关公众到本组织参观考察，并请有关人士发表讲话，做出表态，以澄清事实，妥善辟谣。

（3）如有必要，可组织新闻发布会，就有关问题向新闻界做出说明，公开事实真相；若能请有关公众现身说法，驳回谣言，效果更佳。

（4）认真检查组织自身存在的问题，找出原因，勇于改过。

（5）倘若属于不正当竞争而发生的恶性中伤事件，则应针锋相对，据理力争，甚至通过法律途径解决。

任务三　处理网络公共关系危机

一、网络公共关系的含义

网络公关（Public Relations on Net），又叫线上公关，是组织以互联网为手段，加强与社会公众的信息沟通与交流，从而有利于塑造良好组织形象以及为组织营造良好内外环境的一种新型公关活动。

二、网络公共关系的传播过程

网络公共关系随着互联网技术和信息传播技术的发展与应用而产生。随着 5G 时代的到来，人工智能渗透到生产生活的方方面面，网络公关在传播范围、传播时间、空间、互动性和成本等诸多因素上，比传统公关略胜一筹。网络公关的传播过程呈现以下形式。

1. 创建公关特点的组织网站　组织网站是宣传组织良好形象的有利工具，网站上的组织背景资料、商标、广告、经营理念及组织文化可以持续地向公众进行传播；公众也可以通过网站平台提出自己的疑问及投诉，并快速地得到组织回复。这个过程充分体现了组织与公众之间信息的双向沟通，这也意味着组织建设的网站不仅是一个销售平台、服务平台、采购平台和广告平台，更重要的是一个公关活动平台。公关人员在网络公关的过程中要注意公关对象的范围、特点以及具有特殊性质的信息服务。

2. 通过交互平台进行信息交流　不同的信息需求者需要组织提供多种多样的信息服务，组织可以及时地将自己的产品信息及服务通过组织 APP、组织公众号、电子邮件等交互平台传达给公众，公众同时也可以迅速反馈意见。组织的公关人员可以借助交互平台向媒体发送新闻稿，提供新闻线索，以便于组织公关目的的实现。

3. 借助网络媒体发布新闻 网络媒体在新闻传播方面的发展速度惊人，新浪、搜狐、网易等站点在新闻传播的影响力方面丝毫不逊于传统媒体，组织完全可以借助专业新闻网络媒体发布新闻，同时可以将动画、视频等多种资源超链接到新闻中。这样，不仅实现了新闻公关形式的生动性和有趣性，而且增强了新闻公关的感染力与影响力，从而加深了组织在公众心目中的印象。

4. 大力推广网络广告 网络广告是指借助网络平台投放的广告，组织利用互联网载体，通过图文或多媒体方式，进行产品营销推广或组织信息发布，引起目标受众和组织之间信息交流的活动。由于网络广告有承载信息有限的缺点，使其难以承担直接销售产品的职责，其直接效果主要表现在浏览和点击，因此，网络广告策略的核心思想在于引起用户的关注和点击。网络广告具有强制性和用户主导性的双重属性，越来越多的广告商采用强制性的手段迫使用户不得不浏览和点击，如弹出广告、插播式广告、漂浮广告等。虽然这些广告引起用户的强烈不满，但从客观效果上达到了增加浏览和点击的目的，因此被许多追求短期利益的广告客户所青睐。

5. 开展网上社会服务活动 组织通过在网上举办各种专项社会服务互动，无偿地为公众提供服务，以活动便捷和优惠吸引公众兴趣，获得公众对组织的好感，如网上评选、网上调查、网络征集、网络公益活动等。这是一种较好的网络公关活动方式，为了赢得公众对组织的良好评价，组织可以借助网络为公众提供便利、符合公众需求的社会服务。

6. 有效利用新媒体公关 "新媒体"是相对于传统媒体而言的，它是利用数字技术、网络信息技术，通过互联网、无线通信网、卫星等渠道，以及电脑、手机等终端，向用户提供信息的传播形态。比如我们生活中经常使用的抖音、微信、论坛等，都是新媒体。新媒体具有传播内容的丰富与多样性、传播过程的及时性与开放性、传播需求的个性化与社群化共存的特点，这些特点促使了新媒体与公共关系传播的有机结合。新媒体的出现为公共关系的传播开拓了新的传播途径，能迅速提高信息传播内容的到达率，并且让公关传播更具个性化与便捷化。

▶▶ 实例分析 6-3

实例 "天士力大健康"作为天士力控股集团大健康产业宣传的新媒体窗口，依靠信息与互联网技术，通过"大健康资讯、新媒体平台、多元化传媒、反馈与互动结合"等多种方式，在行业内建立起大健康新媒体平台，积极有效地进行品牌形象新媒体传播。"天士力大健康"微信公共平台自2013年建立至今，已经成为了消费者与企业之间的联络纽带与桥梁，已积累了2万多名粉丝，日均接收信息40次，日图文阅读约14000人次，并且不断通过形式与内容的创新，积极进行线上线下推广结合开展传播运营。

形式上创新："天士力大健康"微网站，通过公共平台前端引流的方式将用户吸引到大健康微网站上，使消费者能有不一样的体验。目前大健康微网站共分8大板块，内容涵盖了企业介绍、产品、投资、招商等消费者关注的企业信息，日均访问量达千次，受到了消费者的欢迎。

内容上创新："生活家"栏目，是内容创新上的一个尝试，通过语音加音乐加热点话题的方式，让用户能对资讯产生耳目一新的感觉。在"生活家"栏目发起的有奖活动，得到了粉丝们的强烈响应，收到了粉丝们的积极反馈与支持。

答案解析

线下推广：线上活动的运营离不开线下的推广。2015 年天士力大健康微信通过与天士力大药房门店等多方面合作开展线下有奖活动卓有成效。2016 年与多家权威媒体开展了更加广泛而有效的合作。

天士力大健康通过加强内容建设以及积极运用互联网多媒体技术进行形式再创新，增强传播体验的可读性、易读性与趣味性等方式进行持续化运营建设。

"天士力大健康"微信因在形式创新、内容创新和营销创新方面所取得的成绩，跻身 2015 年"全国中医药企业微信十强"之列，为天士力企业新媒体建设赢得第一个全国性的殊荣。

问题 请结合"天士力大健康"新媒体公关的实例分析新媒体公关的优势。

三、网络公关的传播优势及注意事项

1. 网络公关的传播优势

（1）即时性 组织借助互联网这个虚拟平台进行公关活动，使组织的公关行为不再受时间或地域的限制。传统的报纸或杂志需要每天或每月才发行一次，因此，组织的新闻发布活动也要遵循媒体的发行规律，然而组织通过互联网却可以全天 24 小时随时公布组织新闻；传统媒体会受到媒体发行区域的局限，而互联网不会，全世界连接到 INTERNET 的用户都可能及时通过访问该网络媒体迅速得到组织信息。

（2）互动性 互联网技术让组织与客户、媒体与受众之间的即时互动成为可能。组织在网上进行的公关活动，可与公众之间进行即时地互动交流，组织向公众传达信息的同时，可以获得公众对组织的评价与反馈，而这一切不再需要繁琐的市场程序和众多的人力资源，网络公关实现了组织与公众的及时互动。

（3）多样性 互联网为组织公关提供了多种多样的公关渠道与形式，组织可根据自身的情况和需要，选择适当的形式。同时，由于互联网的运用，带来了即时性、娱乐性、个性化和互动性等特点，这些特点的适当运用都将大大增强组织公关活动多样化的效果。

（4）自主性 传统媒体总是单向地传播信息，公众成为被动的接受信息者，信息技术的发展让网络平台给公众提供了主动选择和接受信息的机会。比起传统媒体，网络公关更具人性化，网络是大众的媒体，而不是"媒体机构"的媒体，因此，公众对于组织公关信息的选择与公关活动的参与具有更强的主动性和目的性。

2. 网络公关传播的注意事项 随着网络技术的不断发展，网络媒体运作更加规范化，互联网已经成为社会公众获取信息的主要通道，因此，有效地利用网络媒体的传播力对公关传播具有很大的影响力。但是，网络公关传播重点在宣传什么？向谁宣传？在何处宣传？这是值得我们注意的三个方面。

首先，传统公关传播的目的主要表现在两个层面，一是提升组织知名度，二是宣传产品或服务特色，促进销售。网络公关的传播目的与其一致。因此，在每个网络公关项目之前，首先要熟悉当前网络公关传播的目的和重点，因为不同的网络公关传播目的会导致公关内容、表现形式及媒体的选择具有很大差异。

其次，"向谁宣传"，即受众方面，不同的目标受众会对网络公关传播的操作流程及要求提出不同的意见，一般来说，组织公关宣传的目标受众包括消费者、政府、股东、合作者、竞争者等，而不同的目标受众对网络媒体的需求习惯具有很大差异，为了有效地进行公关传播，组织公关人员前期对公众需求的市场调研、受众分析是必不可少的，要以受众需求为出发点确定公关内容与传播媒体。

最后，选好在何处宣传。媒体平台的选择很重要，根据组织的公关目的选择合适的平台能让传播效果达到事半功倍。媒体平台的选择不仅要看平台的影响力，而且还要看平台与活动内容的契合度。组织选择媒体平台时要分析目标受众的需求，了解媒体平台的特点与运作，组织不仅可以在新浪、搜狐等少数几个综合性门户网站进行官方宣传，还可以拓宽媒体平台选择范围，比如可以选择微信、抖音、SNS社区等新媒体平台，让更多的目标受众了解传播信息。组织要想扩大信息的影响度，与网络媒体的合作和深度沟通也是必不可少的。

即学即练 6 – 5

网络公关传播的注意事项包括（　　　）。

A. 熟悉公关目的　　　B. 了解目标受众　　　C. 选择媒体平台　　　D. 产品宣传

答案解析

四、网络公关危机的处理方针

网络危机公关是组织借助互联网维护形象的公关活动，尽量避免让公众在搜索组织的相关人物与产品服务中出现负面信息。网络的普及加快了组织危机传播的速度，组织要想增强自身的网络危机公关能力，必须掌握网络公关危机处理方针与方法。

网络是把双刃剑，既给组织带来广阔市场，同时也让组织危机四伏，如何防范与化解网络危机是组织必须重视的新课题。处理网络危机过程中可以坚持以下方针。

1. 建立和完善网络危机预防机制　在极速发展的大数据时代下，组织传统的公关策略已经无法全面应对网络危机，如何有效地应对网络危机已成为组织公关关注的重要部分。在组织的日常公关工作中，应建立和完善防范网络危机的机制，使得防范网络危机的工作制度化和常态化，提高组织的公信力；可以设立网络安全专员，建立网络预警机制与监测体系；加强全员的网络安全培训，在危机没有爆发之前，利用信息技术手段全面监测社会舆论导向，防止负面信息在网络上的扩大传播，减少危机造成的损害，做到未雨绸缪。

2. 组织勇于承担责任，公正还原事件真相　敢于承担责任是组织面对网络危机的首要原则。网络时代下的危机事件传播不同于传统的传播方式，网络中片面失实的语言会诱发广大网民的一种负面情绪，然后再经过推测、加工和放大后进行传播。这一切的驱动力都是情绪的传染，在这个传播过程中，绝大部分人不会在意真相，只是喜欢想象。面对负面情绪，应对的态度要比事实更重要，组织要以承担责任的心态去对待公众情绪，而不是回避或敷衍。这样会使公众感到组织会负责任地解决问题，同时也会防止危机事件的扩大，待事态平息后再理性地解决问题，追究责任。

3. 迅速反应，掌握舆论话语权　网络传播的广泛性决定了一条信息可以在很短时间内迅速被全球多个不同网络传播平台予以发布，使得信息短时间内在网上被传得铺天盖地，信息传播后出现的后果也是无法控制和预料的。当出现网络危机时，组织需要反应迅速，及时做出回应，积极争夺网络话语权，重新设置舆论议题，化被动为主动，使舆论方向朝积极的方面发展，重新建构组织与公众的关系，重塑组织良好形象。

4. 加大信息公开度，消除公众疑虑　网络社会像一个信息超市，公众不是被动的信息受众，而是具有很大的自由性与选择性。在网络中，人们只会选择跟自己观点相近或相似的信息，而缺少不同经验的分享，所以，有关事件不同版本的解说在经过一段时间传播后，会朝着极端方向发展，负面舆论出现之时，组织唯一的选择是开诚布公地向公众传播真实信息，满足公众的愿望。为了防止网络以讹传讹地扩大，及早化解公众不满情绪，组织在事件之初应当公开信息，将事件的真相、处理方法公之于众，缓解舆论压力。

📱 知识链接

解决网络危机应具备的六大素质

☆ 必须掌握网络媒体资源：能通过合法手段从网络上抹去所有恶意不实信息。

☆ 必须深刻洞悉危机心理：知晓如何体面地摆平不同危机中的平衡点。

☆ 必须面对危机反应迅速：能在事发24小时内采取有效手段遏止危机进一步恶化。

☆ 必须懂得如何曲线救国：能动用第三方权威机构为企业消除公众的抵制情绪。

☆ 必须要处理得一干二净：作风雷厉风行，服务到位。

☆ 要有专业危机管理体系：面对危机，能进行系统处理，而绝非简单的头痛医头。

五、网络公关危机的处理方法

网络危机的传播速度与影响力超出了组织的想象，当网络危机到来时，组织务必做出迅速反应，以积极务实的态度面对问题，抢占舆论先机。因此，组织可以采取以下方法。

1. 成立危机预警与评估体系，加强信息监测　组织应根据自身特点与实际情况成立危机预警与评估体系，及时了解危机动态。预警与评估体系内容包括分析危机发生的频率、危机发生的影响力、危机管理的难度及危机引起的公众关注度，形成完整的危机分析表。组织如果在第一时间内及时发现危机信息，并加以有效地预警、处置和引导，避免其进一步传播和发酵，既有利于解决涉及的相关问题的信息，也有利于维护组织形象。

2. 成立网络危机处理机构　网络危机处理过程是一个系统性过程，危机的复杂性与多变性需要组织成立网络危机处理机构。网络危机处理机构应以组织高层领导为组长，网络安全专员牵头技术部门、生产部门、公关部门、客服部门和法律部门等各方面组成，以确保高效率地处理危机工作。

3. 优化搜索引擎，积极发表声明　网络危机到来之时，组织应通过召开新闻发布会，在官方网站发表声明网页，或借助报纸、电视台、杂志等重要媒体发表官方声明，以此来安抚公众情绪。如果产品或服务出现缺陷，应公开道歉。官方声明必须有足够的诚意和耐心，否则会适得其反；同时组织要找到源头，及时控制和删除负面信息。但如果负面信息无法抑制时，优化搜索引擎是解决公关危机的一个重要方法。当危机出现时，人们希望看到企业的说法，希望解决问题，消除顾虑，但通常情况下，如果搜索引擎看不到来自企业自身任何正式的回应或者说明，这在现实中会增强大众对"危机"的认同。危机出现时，组织可以优化搜索引擎，在技术层面上使得公司的声明、新闻、相关链接排在关键词搜索的前列，并利用正面新闻或正面帖子压制负面信息，来化解互联网的"声誉"危机。

4. 采取实际行动解决问题　只有采取实际行动才能化解危机。对于网络病毒以及黑客攻击，可以迅速组织技术人员进行维修，尽快恢复网站和服务，加强网络维护与管理，增强公众信心，并配合公安机关追查攻击来源，必要时运用法律武器保护自身合法权益。

对于网络谣言，组织可以澄清事实真相，必要时可以提供权威机构认证，揭露谣言的险恶用心，赢得公众的信任与支持。也可以邀请公众参观组织，接受公众的监督，重塑组织良好形象。

对于组织产品或服务发生的问题，组织应该保证退换或召回相关产品，封存并销毁有问题产品，对受到损失的消费者及时赔偿；尽快进行整改，让权威部门出具证明，处罚责任部门和责任人；通过一系列活动加强组织内部质量管理，重塑组织形象。

5. 注重危机后形象重塑工作 网络危机解决后，组织要通过各种网络媒体让组织的正面信息分散在网络上，以便让网民借助收索引擎进行搜索相关信息时，不会只看到一堆负面信息。组织应加强与新闻媒体的联系，传播组织更多的正面信息，重拾公众对组织的信心。同时，要加强员工内部培训，深刻反思危机事件的起因，争取做到以后不犯同样的错误。

目标检测

答案解析

一、最佳选择题

1. 公共关系危机的（   ）给社会组织处理危机带来了很大的难度。

   A. 突发性　　　　　B. 严重危害性　　　　C. 难以预测性　　　　D. 不规则性

2. （   ）是危机处理最容易但却是最不为人所知的阶段。

   A. 征兆期　　　　　B. 发作期　　　　　　C. 延续期　　　　　　D. 痊愈期

3. 某医药企业在新浪网举行新药品上市新闻发布会体现了哪种网络公关传播形式？（   ）

   A. 借助网络媒体发布新闻　　　　　　B. 开展网上社会服务活动

   C. 创建公关特点的组织网站　　　　　D. 利用交互平台进行信息交流

4. 某公司想推广一款新口味巧克力，目标消费群体是 20～30 岁年轻人，推广渠道主要侧重电视广告、人员推广和官方网站，但并未在年轻人喜欢的网络平台（抖音、游戏网站等）推广，产品销售情况不乐观。某公司新口味巧克力销售不好的主要原因是（   ）

   A. 公司广告投入少　　　　　　　　　B. 没有选择适合目标受众的传播媒体

   C. 销售人员素质不高　　　　　　　　D. 宣传目的不明确

二、多项选择题

1. 公共关系危机的特征主要表现为（   ）。

   A. 突发性　　　　　B. 严重危害性　　　　C. 难以预测性

   D. 舆论的关注性　　E. 不规则性

2. 根据危机给企业带来损失的表现形态看，公共关系危机可分为（   ）。

   A. 有形公关危机　　B. 无形公关危机　　　C. 一般性危机

   D. 重大危机　　　　E. 内部危机

3. 以下属于公共关系危机产生的内部原因的是（   ）。

   A. 自身素质低下　　B. 管理缺乏规范性　　C. 经营决策失误

   D. 法制观念淡薄　　E. 公关行为失策

4. 以下属于公共关系危机产生的外部原因的是（   ）。

   A. 自然环境突变　　B. 组织间的恶性竞争　C. 公众的误解

   D. 舆论的负面报道　E. 政策、体制不利

5. 公共关系危机处理的原则包括（　　）。

　　A. 实事求是原则　　　B. 速度第一原则　　　C. 承担责任原则

　　D. 系统运行原则　　　E. 权威证实原则

6. 网络公关传播的表现形式有（　　）。

　　A. 创建公关特点的组织网站

　　B. 通过交互平台进行信息交流

　　C. 借助网络媒体发布新闻

　　D. 大力推广网络广告

　　E. 有效利用新媒体公关

7. 网络公关传播的特点是（　　）。

　　A. 即时性　　　B. 互动性　　　C. 多样性　　　D. 自主性　　　E. 周期性

三、实例解析题

2012 年 4 月 15 日，央视《每周质量报告》本期节目《胶囊里的秘密》，对 "非法厂商用皮革下脚料造药用胶囊" 曝光。河北一些企业，用生石灰处理皮革废料，熬制成工业明胶，卖给绍兴新昌一些企业制成药用胶囊，最终流入药品企业，进入患者腹中。由于皮革在工业加工时，要使用含铬的鞣制剂，因此这样制成的胶囊，往往重金属铬超标。经检测，修正药业等 9 家药厂 13 个批次药品，所用胶囊重金属铬含量超标。

由于涉嫌铬超标，原国家食品药品监督管理局于 2012 年 4 月 16 日发出紧急通知要求对 13 个药用空心胶囊产品暂停销售和使用，其中包括修正药业生产的羚羊感冒胶囊。2012 年 4 月 21 日，原卫生部要求毒胶囊企业所有胶囊药停用，药用胶囊接受审批检验。

舆论哗然！修正药业陷入诚信危机，顾客大量流失，销售停滞，市场占有率急剧下降。对于修正药业被曝光，有网友很是悲愤："我现在还能记得修正的广告：修正药，良心药，放心药，管用的药。试问修正，这就是你的良心吗?!"

黑客在修正药业的官网上留言："我的烂鞋子被你们拿去做胶囊了吗？现在只能光脚路过！"……

面对危机事件，修正药业公司主要采取以下措施。

（1）在央视曝光 "问题胶囊" 4 天后，修正药业通过官方网站于 2012 年 4 月 19 日发布 "关于疑似铬超标羚羊感冒胶囊处理进程的通告"，称目前已经召回 199 件疑似铬超标羚羊感冒胶囊，并通过网站对公众表示歉意。通告说，目前修正药业羚羊感冒胶囊生产线已全部停产自查，同时安全小组已展开内部质检、采购、流通等环节的检查和责任追溯，并积极配合国家药监机构对胶囊产品的检验。修正药业还表示，计划在未来 2 年内，投资 3 亿元自建胶囊生产企业。修正药业认为此事件对企业是一个警醒，对此事件带给消费者、客户、政府及媒体的不便影响，他们表示深表歉意，并表示在今后的行动中，会就后续进展及时向公众进行通报。

（2）召开主题为 "修正药，良心药，放心药，管用的药""在修正中成长，在成长中修正" 新闻发布会。发布会的主要内容为：①对未能及时处理事件表示道歉，并表示进行弥补；②对已经召回的 199 种产品进行处理和销毁；③就 "官网道歉" 一事进行全面解释和说明；④重新贯彻修正思想，积极纠正错误，正确研制让公众满意、放心的药；⑤呼吁同行坚决抵制不良药品，坚持和维护社会公德心；⑥向全社会公开承诺：修元正本，造福苍生，修德正心，创造无限。

讨论分析：修正药业公司对铬超标危机事件的处理有什么特点？你从中可以得到什么启示？

四、综合问答题

1. 某药店的店长，为提高该药店的知名度，利用自己的微信圈、博客开展了药品优惠活动，她提出："凡是在微信圈里、贴吧为该药店做宣传的朋友，并转发2人，凭借截屏信息，均可获得店内一些药品的5折优惠价，"该活动吸引了很多朋友，这一网络公关提升了该药店的知名度，你从本案例中得到哪些启示？

2. 四叶草大药房开业在即，为提高知名度，公关部策划了一次别出心裁的活动。开业当天，在药房外搞抛发礼券活动，每张礼券200元，共抛售1000张。活动当天，先后有数万人参加了抢礼券活动。受活动影响，周围交通被迫中断，导致市政当局的不满。同时，活动本身秩序失控，导致一些人被挤伤。对此，当地几家媒体对活动所带来的问题进行了报道。

讨论分析：您认为四叶草大药房的做法是否科学、合理？假如你是该公司的公关部部长或总经理，你会如何处理此局面？

3. 2020年3月17日，正处于新冠疫情防控阶段，一名自称是澳大利亚籍华人的女子，返京后不仅拒绝隔离，且外出跑步不戴口罩，面对劝导时高喊"救命，有人骚扰"的视频引发热议。事后，该女子被曝出在某跨国药企任职，一时间该药企中国的官方微博涌入大量网友声讨，事件发生以后，该药企在中国的公司紧急发布官方声明："对该员工做出辞退处理，立刻生效"。该公司的处理措施体现出网络危机公关的哪些方针和方法？

4. 某药店"卖过期蜂蜜"的视频在网上流传，很多网民纷纷在贴吧发帖，在微信圈里转载，谴责该药店，一时间许多购买者到药店要求退掉原来购买的蜂蜜。假如你是药店的经理，请你写出处理这次危机的方案。

书网融合……

| 知识回顾 | 微课1 | 微课2 | 微课3 | 习题 |

PPT

学习引导

礼仪是文明社会交际活动的行为规范，是一个人精神境界和道德修养的外在表现。当礼仪和公共关系结合成为公共关系礼仪时，就不单纯是人际交往的"润滑剂"，而是组织、团体在进行整个公共关系工作的过程中，运用礼仪扩大、提高其知名度和美誉度，塑造其良好形象的行为准则。

本项目主要学习公共关系礼仪中的个人礼仪、社交礼仪及公共关系活动礼仪。

学习目标

1. **掌握**　公共关系个人礼仪和社交礼仪。
2. **熟悉**　公共关系礼仪的原则及公共关系活动中的礼仪行为准则。
3. **了解**　公共关系礼仪的概念和作用。

任务一　认知公共关系礼仪 _{微课1}

一、公共关系礼仪的概念

"礼仪"一词，在西方源于法语"Etiquette"，原意是指法庭上的通行证，上面写着进入法庭的每一个人必须遵守的行为规范。而随着它进入英语，渐渐发展，这个词就有了"礼仪"的含义，引伸为"人际交往的通行证"。

在我国"礼"之名，起于事神，是来源于敬颂天神，祭祀上天的活动。在进入文明社会以后，礼仪活动从原来的敬神活动渐渐发展开来，成为人与人相互尊重，相互表达敬意的活动，开始在上流社会渐渐发展，最后传播到民间。

简单地说，礼，即礼节，礼貌；仪，即仪表，仪态，仪容，仪式等。礼仪就是人们在社会的各种具体交往中，为了互相尊重，在仪表、仪态、仪式、仪容、言谈举止等方面约定俗成的、共同认可的规范和程序。

公共关系礼仪是社会组织的公关工作人员或其他人员在公关活动中，为了塑造个人和组织的良好形象而应当遵循的尊重他人、讲究礼节和注重仪表、仪态、仪容、仪式等的规范或程序。

二、公共关系礼仪的作用 _{微课2}

第一，公关礼仪对于塑造个人自身形象与公司形象都起到积极作用。

第二，公关礼仪起到了工作开展中的媒介作用。

第三，公关礼仪对于商务谈判、个人交流、公司开展合作都起到了联络感情的纽带作用。

第四，公关礼仪有利于增加互信互爱的关系，增进友谊。在恰当的场合使用适当的公关礼仪将有助于合作的进行。

第五，公关礼仪有利于健全公司领导与管理机制，维持公司稳定协调发展。因此，开展公关礼仪培训工作、培养和训练员工掌握公关礼仪技巧将有利于公司形象的树立、日常工作的顺利开展与公司的发展。

三、公共关系礼仪的原则

1. 尊重公众原则 公共关系礼仪最根本的原则就是对公众的尊敬。只有尊重公众，才能很好地与公众沟通，赢得公众的理解、信任和支持，达到组织的公关目标。

2. 公平对等原则 在公共关系工作中平等地对待一切公众，是搞好公关工作的前提。

3. 身份差异原则 在实际公共关系工作中公平对等原则是相对的，还要考虑一些差异性，例如外事礼宾差异、地位的差异、性别的差异、女士优先等。

4. 从简实效原则 在实际的公关活动中，要本着古为今用、洋为中用的原则，去除繁文缛节，礼宾教条，使公关礼仪更好地为个人和组织服务。

5. 适中适宜原则 在公关交往中的各种礼仪都要遵循一定的规范或约定俗成的惯例，自然得体，恰到好处。

四、公关人员的礼仪修养

（一）礼仪修养的含义

所谓修养就是人们在思想、理论、知识、艺术等方面进行不断的自我教育、自我学习和自我实践，从而逐渐养成高尚的品质，正确的待人处世态度和完善的行为规范。

礼仪修养就是指个体在一定的社会风气和道德环境下，为了达到一定的社交目标，在交往实践中不断适应交往双方所共同认知的礼仪规范，对交际对象充分尊重，并结合自身的实际情况，进行不断地锻炼和改造，从而形成的良好的礼仪品质和礼仪意识。从个人修养的角度看，礼仪修养是一个自我认识、自我养成、自我提高的过程，是通过有意识的借鉴、仿效、学习和积累而逐步形成的，是要有高度自觉性的。只有把礼仪修养看作是自身素质不可或缺的一部分，看作事业发展的基础，看作完美人格的组成，才能真正地形成自觉意识和主动性。良好的礼仪修养，必然以高尚的道德情操为前提、基础和依据，道德品质的修炼是礼仪修养的根基。

公共关系礼仪修养就是指为了塑造组织和自身的良好形象，公共关系人员对于自己在公关场合应遵守的公关礼仪规范自觉认识、自觉遵守、自觉提高与完善的过程。现代社会生活中，社会组织与公众之间、组织与组织之间、公众与公众之间以及人与人之间的交往活动日益频繁，公关人员在组织的公关活动中扮演了重要的角色，发挥着重要的作用。公关人员必须全面提高自身的素质水平，加强修养，从塑造良好的个体形象着手进而担负起塑造良好的组织形象的重任。

（二）公关礼仪修养的特征

俗话说"相由心生"。礼仪修养是人内在的思想、道德、文化的反映和折射。良好的公共关系礼仪修养，在很大程度上取决于公关人员的思想境界、道德情操和文化素养等内在品质，外化成为优雅的礼仪行为。有些公关人员尽管遵循礼仪规范，但却给人一种"做作""虚情假意"的感觉，究其原因，可以归结为他们只注重了对公关礼仪的认知，而没有将礼仪内化为自己的修养。

📖 **知识链接** ···

礼仪中的 3A 法则

3A 原则，是美国学者布吉尼教授提出来的。强调在商务交往中处理人际关系最重要的需要注意的三方面问题。

☆Accept 接受对方：学会宽容，体谅他人，如服务行业讲"客人永远是对的"。

☆Appreciate 重视对方：学会欣赏他人，不提缺点，善于使用尊称，并记住对方。

☆Admire 赞美对方：学会赞美他人，要善于发现并善于肯定对方的长处。

···

公共关系礼仪修养是一个长期的积累过程，具有高度的自觉能动性和客观的发展规律。根据公关人员在公关实践中的体验，可以总结出公共关系礼仪修养具有如下特征。

1. 同时性 公关礼仪修养包括文化修养、审美修养、道德修养、心理素质修养、行为修养、礼仪品质修养。这些要素不是彼此孤立的、互不相干的。在公共关系实践中，这些要素同时起作用，才能达到公共关系活动的目标。

2. 多端性 由于个体的认知水平、生活环境、社会阅历、学术背景等存在差异，个体对礼仪的认知、理解和应用上存在差异，因而公关人员的礼仪修养就形成了个体独有的特征。同时从整个社会来看，由于交往关系是错综复杂的，因而在交往过程中碰到的礼仪问题就呈现复杂的状况。比如，国内的礼仪规范与国际礼仪规范之间就存在着诸多差别，这些差别决定了公关人员的礼仪修养具有多端性。

3. 重复性 公关人员的行为举止要符合礼仪规范，必须经过长期反复的学习和实践，才能达到对言谈举止规范的认知。只有通过多次重复实践，才能达到对公关礼仪行为自觉化的程度，最后内化为一定的公关礼仪品质。

4. 实践性 首先，增强公关礼仪修养，必须将认知的公关礼仪知识付诸实践，即是靠自己亲力亲为，在实践中不断形成适合自身气质的行为举止，养成习惯，并在实践中不断提高。其次，公关礼仪修养必须适应社会实践的客观状况和客观要求。不同时代、不同社会对于礼仪的要求是有差别的。

5. 渐进性 任何人的礼仪水平从根本上说都是通过不断地努力，循序渐进，逐步提高的过程。公关礼仪修养的培育是从身边的点滴小事做起，通过立志、明理、省察、强志、慎染、力行，使礼仪精神于细微之中，然后逐步扩展，最后让礼仪与自身达到完美结合，成为一个时时处处都彰显礼仪文明的人。

（三）公关礼仪行为修养

1. 真诚 交往时，待人要真心诚意，心口如一。待人真诚的人，也会得到别人的信任。表里不一，口是心非，缺乏诚意的人，即使在礼仪形式上做得无可指责，最终还是得不到他人的信任，使交往难以继续。

2. 热情 热情会使人感到亲切、温暖，从而缩短他人与你的感情距离，愿意与你接近、交往。但热情过分，会使人感到虚情假意，因而有所戒备，无意中筑起一道心理防线。过分的吹捧语言、勉强他人吃饭喝酒，会使人不堪分担，陷于难堪。而交往时冷冰冰，就使人难以接近，甚至产生误解。

3. 温和 温和的人，说话和气，一般比较有耐性，待人不严厉、不急躁、不粗暴。这样的人，态度亲切，乐意听取他人的意见，有事能与他人商量，容易同他人建立亲近的关系。公关交往中需要这种性格。温和不能唯唯诺诺，过分顺从，缺乏个性和主见，否则会令人轻视，不利于交际。

4. 宽容　公共关系人员与各种公众、不同思想性格的人打交道，要处理各种各样的问题。对对方的误解、无理，要有气量，宽大为怀；谅解他人的过失，允许别人与自己的不同，可以化解矛盾，赢得他人的敬重，有利于大局。

5. 大方　公共关系人员需要代表组织与社会人士联络沟通，参加各种社交活动，所以要讲究姿态和风度，稳重庄重，落落大方，举止自然。讲话、表演、道歉、走路等都要大方，表现出自信和成熟，使人感到你所代表的组织可敬重。

6. 幽默　公关人员应当争取交往中的位置。言谈幽默风趣，使他人觉得因为有了你而兴奋、活泼，并使人从你身上受到启发和鼓励。这样，你就会成为交往中的一个核心，他人乐于与你在一起，围在你的周围，有利于你开展有关工作。

总之，开展公共关系工作，应配备一些素质优良的公关人员。良好的公关礼仪修养，是公关人员优良素质的体现，也是搞好公关礼仪的基础。

即学即练 7 −1

答案解析

公共关系礼仪的原则有哪些？
A. 尊重公众原则　　　B. 公平对等原则　　　C. 身份差异原则
D. 从简实效原则　　　E. 适中适宜原则

任务二　践行公共关系礼仪

一、公共关系个人礼仪

（一）仪容礼仪

仪容通常是指人的容貌。从礼仪的角度说，仪容包括头发、面部、颈部、手部等人体不着装的部位。在人际交往中，每个人的仪容都会引起交往对象的特别关注，并将影响到对方对自己的整体评价，所以公关人员应该对自己的仪容进行精心的修饰，给人以良好的第一印象，以便于以后的人际交往。

1. 发型　发型应得体，保持适当长度，整洁、干净，不宜涂抹过多的头油、发胶，不应有头皮屑等。男性头发前不遮眉，侧不掩耳，后不及领。女性根据年龄、职业、场合的不同，梳理得当。女生可以选择干练的短发，如果选择长发，头发不应遮住脸部，前面刘海不要过低，不能遮住眼睛，在工作环境中应束发或盘发，不用华丽的头饰。

2. 面部　面部应保持清爽。男性宜每日剃须修面，注意鼻毛不要外露。女性宜淡妆修饰。注意保持口腔清洁。口味应保持清新，牙缝不要有食物残渣。口中无异味，嘴角无泡沫，会客时不嚼口香糖等食物。

3. 表情　健康的表情留给人们的印象是深刻的，它是优雅风度的重要组成部分。在与人交往过程中，表情应自然，做到目光温顺平和，嘴角略显笑意。与人交谈要时刻表示关注，始终保持微笑，肯定处微微点头；说话、交谈与对方视线应经常交流，每次 3 ~ 5 秒，其余时候应将视线保持在对方眼下方到嘴上方之间的任一位置。重要时刻，眼神尤其要与对方有交流。

目光运用过程中，要做到"散点柔视"，即应将目光柔和地照在别人的整个脸上，而不是聚焦于对方的眼睛。当双方沉默不语时，应将目光移开。一对多交流时，要用眼神关注到在座的每一个人。避免一些不良的眼神：天地型、紧盯型、游离型、溜号型。

4. 手部　在交际活动中，手占有重要的位置。接待客人时，我们通常以握手的礼节来表示对客人的欢迎，然后再伸出手递送名片等，客人总是先接触到我们的手，形成第一印象。通过观察手，可以判断出一个人的修养与卫生习惯，甚至对生活的态度。因此，应定期修剪指甲并保持手部洁净。女性在正式场合不宜涂抹浓艳的指甲油。

（二）服饰礼仪 e 微课3 e 微课4 e 微课5

意大利影星索菲亚·罗兰说："你的衣服往往表明你是哪一类人，它代表你的个性"。美国一位专家做过一次试验：他本人以不同的打扮出现在同一地点，当他身穿西服，以绅士模样出现时，无论是向他问路，还是问时间的人，大多彬彬有礼，而且对方看上去都是绅士阶层的人。当他打扮成无业游民时，接近他的多半是流浪汉，或来找火借烟的。衣着服饰往往代表一个人的修养身份，一般来说，自信、珍惜生活的人，衣着经常是美观整齐的；文化素养高的人，衣着经常是文雅端庄的。公关人员无论着什么服装，都应符合稳重大方、整齐清爽、干净利落的原则。

服装最好能配套，显得内行，有身份，档次高；服装颜色不要太鲜艳，太鲜艳的色彩会使人紧张。冬季颜色要深些，夏季浅些；服装大小要合体；不可穿轻佻或过分暴露的服装。

1. 男士着装　男士主要的商务正装是"西装"。

（1）穿西装的基本原则　①三色原则。全身颜色不宜多于三种，力求太多反而难以达到协调统一的效果。如果是选择藏青色或黑色西装，可搭配白色衬衫，藏青色或黑色棉质袜子，黑色皮鞋，领带的颜色和花纹要与衬衣相适合，颜色不要浅于衬衣。②三一定律。皮鞋、包和腰带三个部位颜色保持一致，形成一个主色调，体现正规性，一般黑色居多。③三大禁忌。一是穿新西装未拆除袖口上的商标；二是穿休闲服配打领带（穿夹克/短袖衬衫配领带）；三是穿深色皮鞋配浅色袜子，特别是白色袜子。

（2）男士着装应注意的细节　①西装的衣袋、裤袋不要装东西。永远不要把手插在西服上衣的两侧口袋，这被认为没有教养。②衬衫特别要注意清洁，领子、袖子要干净。③打好的领带长度到腰带上面就可以了，不能长于腰带。④穿着西装时，袜子的颜色应与西裤或鞋子同色，要选择中长筒的袜子，抬腿坐时，不应该让人看到腿上的皮肤，无论是坐着或腿放下来的时候，从裤子到袜子到鞋，连起来都应该是看不到腿的。这个穿法在冬天和夏天是一样的。只有在休闲的场合才穿白色的袜子。白色的运动短袜适合于休闲鞋、胶底运动鞋或慢跑鞋，一般不与黑色或棕色的皮鞋搭配。⑤穿着西装时应搭配皮鞋。要注意鞋子的清洁，闪亮的皮鞋给人以专业、整齐的感觉。⑥腰间忌挂东西。一个有品位的人，在大庭广众之前，腰上是不挂任何东西的。

2. 女士着装　对女性来讲，套装和连衣裙是比较正式的服装，可以选择深颜色的套装，以给人稳重大方之感。不要穿过短的裙子、暴露的上衣。

（1）套裙的穿着　女士穿着的套裙是西装套裙的简称。上身为一件女士西装，下身是半截式的裙子。女士穿着套裙会显得与众不同，展示女性的成熟、干练和稳重。女士套裙的颜色可以丰富一些，而且上下衣的颜色也可以不一样。

套裙穿着时的三大禁忌：①不穿黑色皮裙。黑色皮裙是风月女子的穿着，这是国际社会不成文法的惯例。②裙、鞋、袜不搭配。鞋与袜子的颜色应该是相配的，在正式场合可穿着肉色或黑色长筒袜或连裤袜，搭配黑色高跟或半高跟船型皮鞋，也可选择与套装同色的皮鞋；③袜口应没入裙内，不可暴露于外，避免出现"三截腿"现象。此外，袜子应该保持完整，没有残破。

（2）化妆和佩戴首饰　在工作场合，既不可以不化妆，也不可以化浓妆。化妆的最后效果应该是给人"妆成有却无"的感觉。唇彩的颜色与服装的颜色要搭配。不要当众化妆、补妆。

佩饰应以少为佳、符合身份。公关人员一般不戴或少量佩戴首饰。一般情况下，佩戴的饰品要求同色、同款、同质，不应超过三种，每种不宜多于两件。可佩戴某种能代表公司的标记，以加深客人对公司的印象和对产品的联想。

3. 公关人员着装禁忌　公关人员日常着装应注意"五忌"。

（1）忌露　公关人员不是演艺界人士，工作与外出时，着装不能露出肚脐、脊背等。

（2）忌透　衣服再薄、天气再热，也不能使内衣、背心等若隐若现，时髦的"透视装"绝不适合公关人员，仿效某些时尚人士"内衣外穿"对公关人员来说也是不可取的。

（3）忌紧　制服过于紧身，让内衣、内裤的轮廓在外显露，是既不文雅也不庄重的，与公关人员的身份不符。

（4）忌异　公关人员不是时装模特，着装不能过分新奇古怪与标新立异。

（5）忌乱　公关人员在正式场合卷袖子、敞扣子，着装颜色过于杂乱，饰品过多，衣服脏、破、皱，不烫不熨，衣服布满油垢、污渍，都会影响个人和组织的形象，必须避免。

（三）仪态礼仪

人际交往中，人的感情流露和交流往往借助于人体的各种姿态，这就是我们常说的"体态语言"。体态又称举止，是指人的行为动作和表情，日常生活中的站、坐、走的姿态，一举手一投足，一颦一笑都可以称为举止。"站如松，坐如钟，行如风，卧如弓"。也就是说坐立行，应当坐有坐相，站有站态，走有走姿。体态与人的风度密切相关，是构成人们特有风度的主要方面。体态是一种不说话的"语言"，内涵极为丰富。举止的高雅得体与否，直接反映出人的内在素养；举止的规范到位与否，直接影响他人对自己的印象和评价。"行为举止是心灵的外衣"，它不仅反映一个人的外表，也可以反映一个人的品格和精神气质。有些人尽管相貌一般，甚至有生理缺陷，但举止端庄文雅、落落大方，也能给人以深刻良好的印象，获得他人的好感。

1. 站姿　站立是人们生活交往中的一种最基本的举止，是静态造型动作，是其他动态人体造型的基础和起点，在出席各种公关活动场合时，优美挺拔的站姿能显示一个人的自信、气质和风度。男士要求"站如松"，刚毅洒脱（图7-1）；女士则应秀雅优美，亭亭玉立（图7-2）。

图7-1　男士基本站姿　　　　图7-2　女士基本站姿

2. 坐姿 坐是举止的主要内容之一，无论是伏案学习、参加会议，还是会客交谈、娱乐休息都离不开坐。坐，作为一种举止，有着美与丑、优雅与粗俗之分。坐姿要求"坐如钟"，指人的坐姿像座钟般端直，当然这里的端直指上体的端直。优美的坐姿让人觉得安详、舒适、端正、舒展大方（图7-3）（图7-4）。坐姿的基本要求如下所述。

图7-3 女士坐姿   图7-4 男士坐姿

（1）入座时要轻、稳、缓。走到座位前，转身后轻稳地坐下。女士入座时，若是裙装，应用手将裙子稍稍拢一下，不要坐下后再拉拽衣裙。正式场合一般从椅子的左边入座，离座时也要从椅子左边离开，这是一种礼貌。女士入座要娴雅、文静、柔美。如果椅子位置不合适，需要挪动椅子的位置，应当先把椅子移至就座处，然后入座。坐在椅子上移动位置，是有违礼仪规范的。

（2）神态从容自如 嘴唇微闭，下颌微收，面容平和自然。

（3）双肩平正放松，两臂自然弯曲放在腿上，亦可放在椅子或是沙发扶手上，以自然得体为宜，掌心向下。

（4）坐在椅子上，要立腰、挺胸，上体自然挺直。

（5）双膝自然并拢，双腿正放或侧放，双脚并拢或交叠或成小"V"字形。男士两膝间可分开一拳左右的距离，脚态可取小八字步或稍分开，以显自然洒脱之美，但不可尽情打开腿脚，那样会显得粗俗和傲慢。

（6）坐在椅子上，应至少坐满椅子的2/3，宽座沙发则至少坐1/2。落座后至少10分钟左右时间不要靠椅背。时间久了，可轻靠椅背。

（7）谈话时应根据交谈者方位，将上体双膝侧转向交谈者，上身仍保持挺直，不要出现自卑、恭维、讨好的姿态。讲究礼仪要尊重别人但不能失去自尊。

（8）离座时，要自然稳当，右脚向后收半步，而后站起。

3. 走姿 走姿又称步态。要求从容、稳健、有节奏感。男士步姿应显示出潇洒的气质，脚尖朝向正前方，双脚各踏出一条直线，形成两条平行线；女士步姿应文雅、轻盈，两脚内侧着地的轨迹应在一条直线上。

即学即练7-2

一般来讲，在交际中，与对方目光对视的时间不宜超过（　　　　）。

A. 1秒   B. 3秒   C. 5秒   D. 6秒

答案解析

二、公共关系社交礼仪

（一）称呼礼仪

日常交往中正确称呼别人是起码的交往礼仪。称呼，也叫称谓，是对亲属、朋友、同事或其他有关人员的称呼。商务礼仪中的称呼是至关重要的，它是进一步交往的敲门砖。称呼的基本规范是要表现尊敬、亲切和文雅，使双方心灵沟通，感情融洽，缩短彼此之间的距离。

1. 称谓的种类和用法

（1）全姓名称谓　即直呼其姓和名，如"李大伟""刘建华"等。全姓名称谓有一种庄严感、严肃感。一般地说，在年纪、职务相差不大的情况下，可以直呼其名，但是，如果对方比你年长许多或职务相差较大的情况下，指名道姓地称呼对方是不礼貌的，甚至是粗鲁的。

（2）名称称谓　即省去姓氏，只呼其名字，如"大伟""建华"等，这样称呼显得既礼貌又亲切，运用场合比较广泛。

（3）姓名加修饰称谓：即在姓之前加一修饰字，如"老李""小刘""大张红""小张红"等，这种称呼亲切、真挚。一般用于在一起工作和生活中相互比较熟悉的同事之间。

（4）职务称谓　职务称谓就是用所担任的职务作称呼。现在人们用职务称谓的现象已相当普遍，目的也是为了表示对对方的尊敬和礼貌。主要有两种形式：第一，用职务称呼，如"李局长""陈科长""张院长"等。第二，用专业技术职务称呼，如"方教授""苏工程师""郑医师"等。

（5）职业尊称　即用其从事的职业工作当作称谓，如"李律师""刘会计"等。除了姓名称呼还有用"您"和"你"。"您"和"你"有不同的界限，"您"用来称呼长辈、上级和熟识的人，以示尊重；而"你"用来称呼自家人、熟人、朋友、平辈、晚辈和儿童，表示亲切、友好。

2. 称呼的禁忌

（1）错误的称呼　常见的错误称呼无非就是误读或是误会。误读也就是念错姓名。为了避免这种情况的发生，对于不认识的字，事先要有所准备；如果是临时遇到，就要谦虚请教。误会，主要是对被称呼的年纪、辈份、婚否以及与其他人的关系作出了错误判断。

（2）用不通行的称呼　有些称呼，具有一定的地域性，比如山东人男性好朋友之间喜欢称呼"伙计"，但南方人听来"伙计"则是"打工仔"。中国人把配偶经常称为"爱人"，而外国人则认为"爱人"是"第三者"的意思。

（3）使用庸俗的称呼　有些称呼在正式场合不适合使用。例如，"兄弟""哥们儿"等一类的称呼，虽然听起来亲切，但显得档次不高。

（4）呼外号　对于关系一般的，不要自作主张给对方起外号，更不能用道听途说来的外号称呼对方，也不能随便拿别人的姓名乱开玩笑。

（二）介绍礼仪

他人介绍，又称第三者介绍，是为彼此不相识的双方引见、介绍的一种交际方式。他人介绍，通常是双向的，即对被介绍的双方各自作一番介绍。有时，也会进行单向的他人介绍。为他人做介绍，需要把握下列要点。

1. 介绍的顺序　在为他人作介绍时谁先谁后，是一个比较敏感的礼仪头号问题。在处理为他人作介绍的问题上，须遵守"尊者优先了解情况"的规则。先要确定双方地位的尊卑，然后先介绍位卑者，后介绍位尊者。根据规则，为他人作介绍时的礼仪顺序大致有以下几种。

（1）介绍上级与下级认识时，应先介绍下级，后介绍上级。

（2）介绍长辈与晚辈认识时，应先介绍晚辈，后介绍长辈。

（3）介绍年长者与年幼者认识时，应先介绍年幼者，后介绍年长者。

（4）介绍女士与男士认识时，应先介绍男士，后介绍女士。

（5）介绍已婚者与未婚者认识时，应先介绍未婚者，后介绍已婚者。

（6）介绍同事、朋友与家人认识时，应先介绍家人，后介绍同事、朋友。

（7）介绍客人和主人认识时，应先介绍主人，后介绍客人。

（8）介绍与会先到者与后来者认识时，应先介绍后来者，后介绍先到者。

2. 掌握介绍的方式　由于实际需用的不同，为他人作介绍时的方式也不尽相同。

（1）一般式　也称标准式，以介绍双方的姓名、单位、职务等为主，适用于正式场合。如："请允许我来为两位引见一下。这位是雅秀公司营销部主任李新，这位是新河集团副总经理江嫣。"

（2）简单式　只介绍双方姓名一项，甚至只提到双方姓氏而已，适用一般的社交场合。如："我来为大家介绍一下：这位是谢总，这位是徐董。希望大家合作愉快。"

（3）附加式　也可以叫强调式，用于强调其中一位被介绍者与介绍者之间的关系，以期引起另一位被介绍者的重视。如："大家好！这位是新月公司的业务主管张先生，这是小儿刘放，请各位多多关照。"

（4）引见式　介绍者所要做的，是将被介绍的双方引到一起即可，适用于普通场合。如："OK，两位认识一下吧。大家其实都曾经在一个公司共事，只是不在一个部门。接下来，请两位自己做一下自我介绍吧。"

（5）推荐式　介绍者经过精心准备再将某人举荐给某人，介绍时会对前者的优点加以重点介绍。通常适用于比较正规的场合。如："这位是张峰先生，这位是海天公司的赵海天董事长。张先生是经济学博士，管理学专家。赵总，我想您一定有兴趣和他聊聊吧。"

（6）礼仪式　是一种最为正规的他人介绍，适用于正式社交场合。其语气、表达、称呼上都更为规范和谦恭。如："孙小姐，您好！请允许我把北京远方公司的执行总裁李放先生介绍给您。李先生，这位就是广东润发集团的人力资源经理孙晓小姐。"

3. 注意介绍时的细节　在介绍他人时，介绍者与被介绍者都要注意一些细节。

（1）介绍者要注意自己的姿态　作为介绍者，无论介绍哪一方，都应手势动作文雅，手心向上，四指并拢，拇指微张，胳膊略向外伸，指向被介绍的一方，并向另一方点头微笑，上体略前倾，手臂与身体呈50°~60°。在介绍一方时，应微笑着用自己的视线把另一方的注意力引导过来。态度热情友好，语言清晰明快。

（2）介绍应语言明快，脉络清楚，忌啰嗦。介绍他人时最好加上尊称或者职务，如先生、夫人、博士、经理、律师等。

（3）介绍者为被介绍者作介绍之前，要先征求双方被介绍者的意见。被介绍者在介绍者询问自己是否有意认识某人时，一般应欣然表示接受。如果实在不愿意，应向介绍者说明缘由，取得谅解。

（4）当介绍者走上前来为被介绍者进行介绍时，被介绍者双方均应起身站立，面带微笑，大大方方地目视介绍者或者对方。也可视情况略欠身致意即可。

（5）介绍者介绍完毕，被介绍者双方应依照合乎礼仪的顺序进行握手，并且彼此使用"您好""很高兴认识您""久仰大名""幸会"等语句问候对方。不要心不在焉，要用心记住对方名字，以免造成尴尬。

（6）如果其中有媒体人士，要清楚地告知对方。这一点在比较敏感的人群中要格外注意。

（7）介绍过程中如果有个别的失误，不要回避，自然、幽默地及时更正是明智、从容的表现。

（三）握手礼仪

握手在日常生活中，是一种常用的礼节方式，不仅常用在人们见面和告辞时，更可作为一种祝贺、感谢或相互鼓励的表示。握手看似简单，但却是沟通、交流、增进人际交往的重要手段。

1. 握手的正确姿态　距离对方约一步左右，两足立正，上身微微前倾，面带微笑，伸出右手握住对方的右手。伸出的手应四指并拢，拇指自然向上张开，虎口互相接触，握住对方的手。握手要坚定有力，但也不可用力过猛，上下摇晃两至三下即可。握手时间应以3～5秒为好，如果要表示自己的真诚，也可较长时间握手（图7-5）。最好边握手边问候致意："您好！""欢迎您！""见到您很高兴！"等。强调一点，与女士握手时间不宜过长，握住女士的手不放，是很不礼貌的。

图7-5　握手示意图

2. 握手的顺序　在社交场合，握手时伸手的先后顺序讲究颇多，一般握手的顺序是等女士、长辈、已婚者、地位高者伸出手来之后，男士、晚辈、未婚者、地位低者方可伸出手去呼应。另外，在祝贺对方、宽慰对方，或表示谅解对方的场合下，应主动向对方伸手。

在公共场合，如果需要与之握手的人士较多，应注意握手的顺序，先同性后异性，先长辈后晚辈，先已婚者后未婚者，先地位高者后地位低者。也可以由近及远地依次与之握手。需要提醒的一点是，在社交场合男士和女士之间，绝不能男士先伸手，这样不但失礼，而且还有占人便宜的嫌疑。

3. 握手的时间和力度　握手的力量、姿势与时间的长短往往能够表现握手人对对方的不同礼节与态度，应该根据不同的场合以及对方的年龄、性格、地位等因素正确使用。

（1）握手的时间　握手的时间要恰当，长短要因人而异。握手时间的控制可根据双方的熟悉程度灵活掌握。初次见面握手时间不宜过长，以3秒钟为宜。切忌握住异性的手久久不松开。

（2）握手的力度　握手时的力度要适当，可握得稍紧些，以示热情，但不可太用力。男士握女士的手应轻一些，在社交场合可使用捏手式，只握其手指部位即可。如果下级或晚辈与你的手紧紧相握，作为上级和长辈一般也应报以相同的力度，这容易使晚辈或下级对自己产生强烈的信任感，也可以使你的威望、感召力在晚辈或下级之中得到提高。与年长者、贵宾、上级握手，不仅是为了表示问候，还有尊敬之意。

（四）名片使用礼仪

名片是现代社会一个人身份的象征，是为人们社交活动的重要工具。因此，个人名片的设计、名片的递送、接受、存放也要讲究礼仪规范。

1. 名片的内容和分类　名片是现代人社交必备的工具之一，一张形象效果俱佳的名片应包括以下几项内容：①公司标志、商标或公司的徽记；②姓名、职务、公司名称；③公司地址、电话号码、传真号码；④若有必要，可印上其他办事处的地址；⑤在涉外交往中一定要用两种语言印制名片，一面用中文，另一面用当地语言。

交换名片的四种标准化做法

☆交易法：主动将名片给对方。

☆激将法：递名片时说："能否有幸和您交换一下名片？"

☆谦恭法："不知道以后如何向您请教？"

☆平等法："认识您很荣幸，不知道以后怎么和您联系？"

2. 名片的递送和接受

（1）名片的递送　交换名片的顺序一般是：客先主后；身份低者先，身份高者后。当与多人交换名片时，应依照职位高低的顺序，或是由近及远，依次进行，切勿跳跃式地进行，以免对方误认为有厚此薄彼之感。递送时应将名片正面面向对方，双手奉上（图 7-6）。眼睛应注视对方，面带微笑，并大方地说："这是我的名片，请多多关照。"

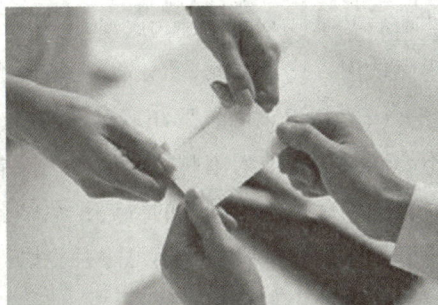

（2）名片的接受　接受名片时应起身，面带微笑注视对方。接过名片时应说："谢谢"，随后有一个微笑阅读名片的过程，阅读时可将对方的姓名职衔念出声来，并抬头看看对方的脸，使对方产生一种受重视的满足感。然后，回敬一张本人的名片，如身上未带名片，应向对方表示歉意。

图 7-6　名片递送示意图

3. 名片的存放　不论是自己的名片还是他人的名片，都不要随便地塞在口袋里或丢在包里，尤其不可放在裤子后边的口袋里。名片最好装入名片夹放在西装内侧左边的口袋或公事包里，以示尊重。

即学即练 7-3

答案解析

递送名片时应当注意的事项，以下描述正确的是（　　　）。

A. 正面朝向对方　　　B. 眼睛注视对方　　　C. 双手奉上　　　D. 面带微笑

（五）电话礼仪

电话被现代人公认为便利的通讯工具，在日常工作中，使用电话的语言很关键，它直接影响着一个公司的声誉。在日常生活中，人们通过电话也能粗略判断对方的人品、性格。因而，掌握正确的、礼貌待人的打电话方法是非常必要的。

1. 打电话的礼仪

（1）拿起话筒前，应先做好准备工作：本、笔、对方号码、谈话主要内容。

（2）电话的开头语会直接影响对方对你的态度、看法。通电话时要注意尽量使用礼貌用词，如"您好""请""谢谢""麻烦您"等。打电话时，姿势要端正，说话态度要和蔼，语言要清晰，既不装腔作势，也不娇声娇气。打电话时所使用的语言，应当礼貌而谦恭，力求简短准确。

（3）打电话时应礼貌地询问："您现在说话方便吗？"要考虑对方的时间，一般往家中打电话，以晚餐以后或休息日下午为好，往办公室打电话，以上午十点左右或下午上班以后为好。也就是打电话应选在对方方便的时间，吃饭时间、早 7 点以前、午休时间、晚 10 点以后，一般不宜打电话。

（4）打电话时，如果对方没有离开，不要和他人谈笑，也不要用手捂住听筒与他人谈话，如果不得已，要向对方道歉，请其稍候，或者过一会儿再与对方通电话。

（5）挂电话前的礼貌也不应忽视。挂电话前，向对方说声："请您多多指教""抱歉，在百忙中打扰您"等，会给对方留下好印象。

（6）办公场合尽量不要打私人电话，若在办公室里接到私人电话，应离开办公场所接听，尽量缩短通话时间，以免影响其他人工作和损害自身的职业形象。

（7）打电话时最好双手持握话筒。讲话时，嘴部与话筒之间应保持 3 厘米左右的距离。

（8）无论什么原因，电话中断，首先打电话的人应该再次拨打。

2. 接电话的礼仪

（1）电话铃响两遍就应接听，不要拖延时间。拿起听筒第一句话先说"您好"。如果电话铃响过第四遍后，拿起听筒应首先说："对不起，让您久等了"，这是礼貌的表示，可消除久等心情的不快。如果电话内容比较重要，应做好电话记录。

（2）接电话时，要注意自己的语言和语气。在通话途中，不要对着话筒打哈欠，或是吃东西。也不要同时与其他人闲聊，通话时注意背景不要太吵。结束通话时，应认真地道别。在接待外来的电话时，理当一律给予同等的待遇，不卑不亢，无论对方是生人还是熟人，均应热情相待，让对方在电话里感到一张微笑的脸，绝不可冷言冷语，或简单地说："不在""不知道"，甚至表现出极不耐烦的样子，气急败坏地扔下话筒。

（3）如对方找人，说"请稍候""您等一下"；如对方找的人不在，应告知去了什么地方，何时回来，不要随便传话以免不必要的麻烦，如必要，可记下其电话、姓名，以便回电话。

（4）要学会配合别人谈话。接电话时为了表示认真听对方说话，应不断地说："是，是""好，好吧"等，一定要用得恰到好处，否则会适得其反。要根据对方的身份、年龄、场合等具体情况，做相应的处理。

（5）在接电话时，要注意代接电话时的态度。有可能亲自接的电话，就不要麻烦别人。

（6）打长途电话给别人请求帮助，正好对方不在，应该选合适的时间再打去，最好不要让对方回电话；当别人给你打电话时，有礼貌的做法是当天回电话给对方。

3. 挂电话的顺序　通话完毕，挂电话声音不要太响，以免让人产生粗鲁无礼之感。不要对方话音未落，就挂断电话。一般挂电话的顺序遵循以下原则：①地位高者先挂（上级先挂）。②客人先挂。③上级机关人员先挂。④平等之间，主叫先挂，被叫后挂。

（六）接待礼仪

1. 客人引导

（1）引导手势要优雅　接待人员在引导访客的时候要注意引导的手势。

要求引导者手指伸直、自然并拢，手与前臂成一条直线，肘关节自然弯曲，掌心向斜上方，手掌与地面呈45°角，并且要注意眼神的交流。根据引导的环境和距离不同，常会用到以下几种方式。

①提臂式：用于近距离和室内的指引。

②直臂式：用于远距离和室外的指引。

③斜臂式：向斜上方或斜下方的指示，如让座等。

④曲臂式：用于开门和电梯间的引导。

（2）注意危机提醒　在引导过程中要注意对客人进行危机提醒。比如，在引导客人转弯的时候，如果转弯处有斜坡，引导者需要提前提醒客人："请您注意，转弯处有斜坡"。对客人进行危机提醒，让其高高兴兴地进来、平平安安地离开，是每一位接待人员的职责。

（3）行进中与客人擦身而过应主动打招呼　在行进中，如果遇到客人，应主动避让，礼貌地向客人问候："您好！"，不要无视客人的存在，装作没有看到客人。如果你能够在行进中向与你擦身而过的客人亲切地打个招呼，客人会对企业留下良好的印象。

（4）上下楼梯的引导方式　上下楼梯时，应首先考虑客人的安全。上楼梯时，应该请客人走在前面，接待人员走在后面；下楼梯时，接待人员走在前面，客人走在后面。

（5）走廊的引导方式　引导人员应站在客人的左前方，距离客人二三步之遥，配合步调，让客人走在内侧。

（6）直行电梯的引导方式　①电梯有专职人员管理时，当电梯门打开后，应请客人先进，引导人员后进；到达后，引导人员先出，客人后出。②电梯无专职人员管理时，接待人员先进入电梯，按住"开门"键，等客人进入后，按下到达楼层；到达后，接待人员按"开门"键，请客人先走出电梯，自己后出。

（7）开启会客室大门　会客室的门分为内开门和外开门，在打开内开门时不要急于把手放开，为了避免后面的客人受伤，需用一只手控制门，用另外一只手做请的动作；如果要开外开门，就更要注意安全，一旦没有控制好门，很容易伤及客人的后脑勺，所以，开外开门时，引导人员需要用一只手拉住门，并用另外一只手做一个请的动作，当客人进去之后再随后将门轻轻地关上。

2. 会客室安排　会客室通常安排面对正门的两排就座，以右为尊，即主宾坐在右侧，主人坐在左侧，其他人员分别坐在主宾和主人一侧，并按顺序就座（图7-7）。

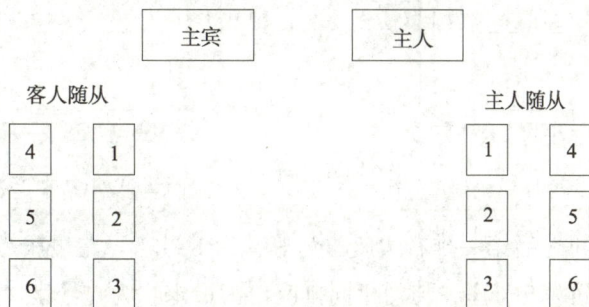

主宾		主人

客人随从				主人随从	
4	1		1	4	
5	2		2	5	
6	3		3	6	

图7-7　会客室座次图

3. 奉茶礼仪　接待客人必不可少的一项服务就是奉茶。一名优秀的接待人员，一定要学会用合宜的方法为客人奉茶，通过奉茶的礼仪展现你个人乃至公司良好的专业素养。

接待客人时应依季节选择适合的茶饮。端茶时，在杯子下半段二分之一处，右手在上，左手在下托住茶杯，勿以手指拿捏杯缘。两杯以上要使用托盘端茶，在托盘内准备一张湿纸巾或干净的小毛巾。搁茶杯时先将小拇指压在杯底再放杯，将茶杯搁置在客人方便拿取之处，咖啡杯应先将汤匙、糖包、奶油球放置在杯碟上再端给客人。要先给主宾和他的同事奉茶，最后给本公司的人员奉茶，空间不便时的奉茶法即依照顺时针的方向把茶水端给客人，最后是自己的公司人员。

4. 送客礼仪　不同的客人应享受不同的送客礼，虽然都是谦恭有礼，但是每个公司要根据实际情况的不同将客人送至不同的地点，从而也就需要不同的送客礼。一般来说有以下几种送客方式。

（1）全员送客礼　全员送客礼一般发生在客人离开公司，经过其他办公室的时候。客人结束会谈将要走出公司时，必然要经过许多办公室。如果客人恰好经过你办公的地方，你应该马上站起，抬头微笑看着客人说："谢谢！再见！"，一定要力求做到"人人迎宾，人人送客"。这样的举动会带给客人宾至如归的感觉。

（2）电梯送客礼　若是将客人送到电梯口，接待人员在电梯门关上之前，都要对客人注目相送，并挥手示意或做最后一次的鞠躬礼，并说声"谢谢，再见！"或"欢迎再次光临！"。

（3）玄关送客礼　接待人员如果要将客人送到门口，要等到客人即将离开时握手告别，同时说声"谢谢，再见！"，并目送客人的身影，直至消失不见才可返回自己的工作岗位。

（4）车旁送客礼　如果将客人一直送到他的车旁，握手告别，并说"谢谢，欢迎再来！"，然后目送车子离开，直至看不见车影才可离开。

5. 乘车座次安排　在接待中，根据不同类型的车型和乘车情况，乘车的座次也有不同，在实务中主要有以下几种情况。

（1）小轿车接待时分为两种情况　一是有专职司机开车，后排右侧为首位，左侧次之，中间再次之，副驾驶为最末位（随行座）（图7-8）；二是当主人驾车时，副驾驶为首位，后排右侧次之，左侧再次之，中间位置为最末位（图7-9）。

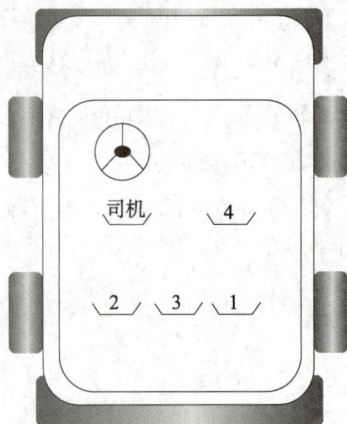

图7-8　小轿车专职司机驾车位次　　　　图7-9　小轿车主人驾车位次

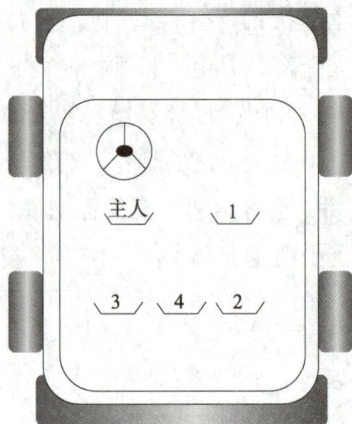

（2）7座商务车　以司机之后第一排右边座位为尊，为1号座，左边次之，为2号座，后排右边为3号座、左边为4号座、中间为5号座，与司机同排座位为最末，为6号座（图7-10）。

（3）旅行车　以司机之后第一排座位为尊，后排座位次之，与司机同排座位为最末。每排座位之尊卑自右至左递减（图7-11）。

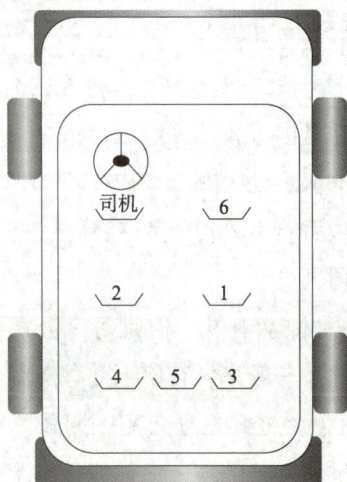

图7-10　7座商务车乘车位次　　　　图7-11　旅行车乘车位次

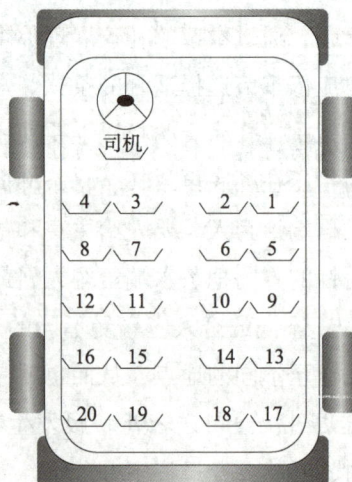

（七）宴请礼仪

宴请是在社交活动中，尤其是在商务场合中表示欢迎、庆贺、饯行、答谢，以增进友谊和融洽气氛的重要手段。招待宴请活动的形式多样，礼仪繁杂，掌握其礼仪规范是十分重要的。

1. 宴请的准备

（1）确定宴会的目的与形式。

（2）确定宴会规格　宴会规格对礼仪效果的影响是十分明显的。宴会规格一般应考虑宴会出席者的最高身份、人数、目的、主人情况等因素。

（3）确定宴请时间和地点　一般来说，宴会时间不应与宾客工作、生活安排发生冲突，通常安排在晚上6~8点。同时还应注意宴请时间上要尽量避开对方的禁忌日。

（4）邀请　宴请对象、时间和地点确定后，应提前1~2周制作、分发请柬，以便被邀请的宾客有充分的时间对自己的行程进行安排。

2. 用餐方式　中餐的用餐方式，在此主要是指以哪一种具体形式用餐的问题。依据不同的划分标准，中餐的用餐方式可以有多种多样的划分。按规模划分，主要可以分为宴会、家宴和便餐三种常见方式；若按所用餐具划分，则有分餐式、公筷式、自助式、混餐式四种常见用餐方式。

一般在正式宴会上，多采用分餐式用餐形式。即一人一份，讲究用餐公平，体现用餐卫生。其他方式，大多不太苛求用餐礼仪，讲究较少，主要注意用餐时讲究基本社会公德，注意维护卫生、环境和秩序即可。切忌请西方人共同用餐时，采用"混餐式"用餐方式，即多人一道用餐时，主食和菜肴被置于公用的碗、盘之内，而由用餐者根据自己的口味嗜好，直接从前者之中取用。

3. 时空选择　吃中餐，特别是举办正式的中餐宴会时，必须兼顾举办的具体时间和地点。"时空的选择"不是想当然的事。

（1）时间的选择　在时间上，要考虑民俗习惯、主随客便、控制用餐时间三方面。一般人们习惯在晚上邀请客人一同进餐；但也有特例，例如，在广东、海南、港澳等地，亲朋好友聚会，多爱"饮早茶"。为了显示诚意，主人应尽可能给客人多几个就餐时间的选择，体现"主随客便"。共同进餐时，时间长度的把握也要科学，一般1~2小时。

（2）空间的选择　在空间上，要考虑优雅的环境、良好的卫生、完备的设施、方便的交通四个方面。环境应尽量清静、优雅，保证卫生。就餐地点的设施要完备，保证人身安全；就餐地点，要选在交通发达、畅通之处。

4. 菜单安排

（1）点菜的礼规　点菜时，菜品的价格和用餐者的食量都要考虑在内，要吃饱、吃好，不要图虚荣、讲排场，让人讥笑。同时，不要对别人所点的菜挑三拣四，相互体谅是社交聚餐的首要原则。

上菜时，次序常常是：冷盘、热菜、主菜、点心、汤、水果拼盘。通常讲究：咸点心配咸汤，甜点心配甜汤。

（2）菜单的准备　准备菜单时，要注意可选菜肴和忌选菜肴两个问题。诸如特色菜、地方菜、看家菜都是首选的可选菜肴。选菜时，一定要回避进餐人的宗教禁忌、地方禁忌、职业禁忌和个人禁忌。

5. 席位安排　举办正式宴会，应当提前排定桌次和席次，或者只排定主桌席位，其他只排桌次。

（1）桌次的安排　中式宴会通常10人一桌，人数较多时也可以平均分成几桌。在宴会不止一桌时，要安排桌次。按习惯，桌次的高低以离主桌位置远近而定。以主人的桌为基准，右高左低，近高远低；桌子之间的距离要适中，各个座位之间的距离要相等（图7-11）。

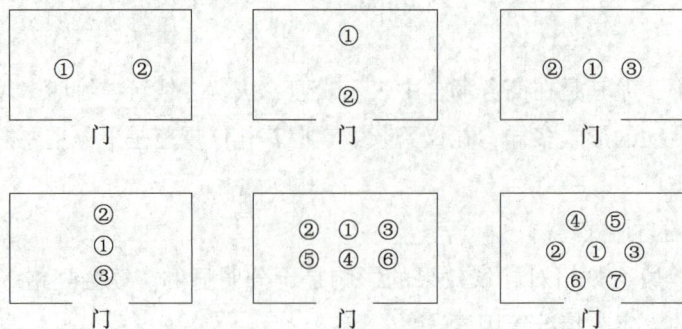

图 7-11　桌次安排示意图

如果桌数较多时，则将排列序号放在餐桌上。隆重的中餐还应为每位客人准备一份菜单。

（3）位次的安排　在国际交往场合和商务交际场合，中餐习惯于按职务和身份高低排列席位。具体原则是：右高左低，面门为上。中式宴会多使用圆桌，如果是多桌中餐，则每桌都有一位主人或有主人、副主人负责照应，其两侧的座位是留给本桌上宾的。除非受到邀请，其余赴宴者也不宜去坐（图 7-12）。

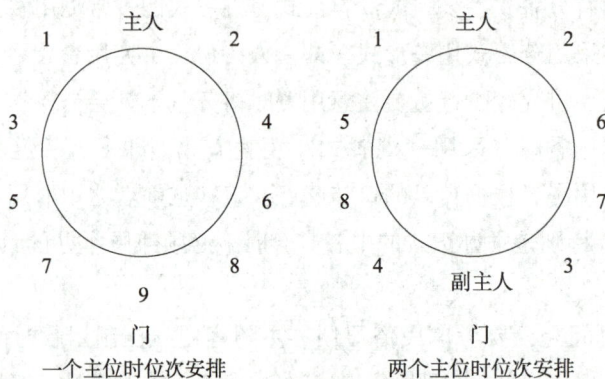

一个主位时位次安排　　　　　两个主位时位次安排

图 7-12　中餐位次安排示意图

即学即练 7-4

答案解析

小王从某高校药学专业毕业后，在一家药厂销售部门工作。工作后，每次与同事或客户聚餐，小王都尽可能选择靠里的位置坐下，他认为这样坐不碍事，方便上菜。一次，小王随经理出去应酬，所到人员多是些年龄较大或有一定职位的人。按照惯例，小王依然选择了靠里的位置坐下。席间，有人无意中说到："小王，按照礼仪规范，你坐的位置可是最尊贵的位置啊。来，喝酒三杯吧。"虽然此人并非出于恶意，但小王的脸还是红了。

第二天，来到办公室，小王对同事说："我昨天做了一件不漂亮的事。"

小王所说的"不漂亮的事"是什么？这件事说明了什么问题？

（八）拜访礼仪

1. 拜访的基本礼节　拜访客户时，一定要遵守礼节、尊重客户，不能在客户面前表现得随随便便。一定要按照以下基本礼节去拜访客户。

（1）事先约定拜访时间　约定拜访时间是拜访的第一步，约定强调的是不能贸然拜访，而是要依约前往。在与客户约定时间时，要以客户的时间为准，要在客户方便的时候进行拜访，这样可以充分体现出你对客户的尊重之情，会在未见面时就先给客户留下较好的印象。

（2）备妥资料及名片　在拜访之前，要做好以下自我检查工作：首先，重新确认是否遗漏了任何在谈话中可能涉及到的资料；接着确认资料摆放的顺序在出示时是否方便；最后确认名片是否准备妥当。

（3）注意仪容形象的修饰　拜访客户还要注意仪容的修饰，衣着要大方得体，要表现出良好的精神风貌。特别需要强调的是对头发的修饰，不要让刘海遮住眼睛，最好用发胶稍微把它固定一下；切忌用手玩弄发丝，否则会给客户留下不稳重的印象。

（4）遵守时间观念　与客户见面最忌讳的事情之一就是迟到。一定要遵守约定的时间，千万不要迟到，一定要准时到达所定地点。

（5）谦恭有礼的谈话技巧　与客户交谈要在谦恭有礼的前提下注意谈话技巧。若你的讲话让客户听得很舒服，那么他与你谈话的欲望就会比较高；如果你对客户言谈无礼或是说话空洞无味，对方就会对你产生厌烦心理，就会提早结束与你的谈话。所以，平时要多多练习说话的技巧，在不违反原则的情况下，尽量做到会说话。

2. 拜访的合宜时间　拜访客户需要选择以下的合宜时间：首先，要选择客户心情很好的时候；其次，要选择客户不太忙碌的时间；要避免在刚上班的时间、午休或下班前去拜访客户，尤其不要在下班前去拜访客户，因为你的这种莽撞行为可能会耽误客户需要办理的私事；客户工作告一段落的时间是你前去拜访的一个最佳时段，因为在这个时段客户比较放松，往往能够和你坐下来好好交谈。

3. 拜访注意事项

（1）拜访客户要非礼勿听、勿视、勿动　千万不要一看到客户与其他人交谈，耳朵就竖起来；未经客户允许，不要私自翻阅客户资料；不要触动客户的任何东西，包括电子用品，尤其是电脑，因为电脑中可能会存有机密性的资料，而且你的触动很可能会将其中的档案和程序弄乱。

（2）保持正确坐姿　拜访客户与客户交谈时，一定要保持正确的坐姿，要坐有坐相。男性和女性有不同的坐姿要求。当男性在与客户谈话的时候，应使两膝平整；膝顶部分开 1~2 个拳头的距离；两脚垂直向下；两手轻轻放在膝上，使脚尖与脚跟齐平一致。

当女性在与客户谈话时，背不要靠紧座背，要保持一个拳头的距离，挺起脊背，两手在膝上轻轻地重叠；脚要使之成为同一方向；把靠内侧的腿稍微向后略偏，看起来会显得很漂亮。

（3）感谢接待人员　拜访结束，当你要离开时，应真心诚意地跟接待人员说"感谢你们！感谢你们今天的招待！耽误你们的时间了！"。感谢接待人员时，切忌使用过于夸张的语言动作，否则就会适得其反。

（4）拜访时间切勿太长　拜访客户还要注意控制拜访时间，不要在客户那里逗留太久，一般性的拜访最好控制在 15 分钟左右。如果拜访时间过长，很可能会耽误对方的其他事情，所以要适可而止。

（5）肢体语言要得体　肢体语言要得体，不可过于夸张。通常要求肢体语言的动作幅度不要高过头，不可宽于肩。高过头时动作太夸张，宽于肩时，旁边如果坐着别人，就会打到别人。

总而言之，提前做好准备、拜访时言语得体、结束时善解人意，这样的拜访才可以称之为成功的拜访，这是一个优秀的公关人员必须掌握的技能。

> **实例分析**
>
> **实例** 一大学老师带领学生前往某大型医药公司参观，公司董事长是该老师的大学同学。董事长亲自接待并且非常客气。座谈期间，工作人员适时为每位同学倒水，有位女生表示自己只喝红茶。学生们坐在大会议室，绝大多数坦然接受服务，没有半分客气。当董事长中途离开办完事情回来后，不断向学生表示歉意，竟然没有人应声。当工作人员送来笔记本，董事长亲自双手递送时，学生们大都伸手随意接过，没有起身也没有致谢。自始至终，只有一个叫张礼的同学起身双手接过工作人员递过来的茶和董事长递来的笔记本，并客气地说了声："谢谢！"
>
> 毕业时，当初去参观的学生都去应聘这家医药公司，但只有张礼收到了录用通知。有的同学表示不服，"他的成绩并没有我好，凭什么让他去而不让我去？"
>
> **问题** 1. 是什么原因使这些同学失去机会的？
> 　　　　2. 这些同学的哪些行为不合乎礼仪规范？
>
> 答案解析

三、公共关系活动礼仪

（一）新闻发布会礼仪

主持人、发言人的媒体形象对新闻发布效果具有很大的影响，在信息传播与沟通等方面发挥着十分重要的作用，是一个不容忽视的重要问题。要求主持人、发言人着装规范、仪容整洁、礼仪有度、举止大方，从而提升自身的亲和力与影响力，更好地完成信息发布与传播的任务。这不仅代表本人的形象，也体现着组织的形象和精神面貌。

1. 仪表仪容 在着装上，主持人、发言人穿着应当简单、得体、稳重、大方，不要怪异、散漫、奢华、花哨。

男性主持人、发言人一般应着西服，表示庄重和权威感，给人以大气、可信的感觉，款式可根据自身的体型来选择，下边搭配男士制式皮鞋。可画淡妆，化妆的基本要求是统一肤色，塑造面部的立体结构，因此，化妆的重点是要表现出眉毛、鼻梁和嘴唇的力度。发型应遵循前发不碰眼、侧发不遮耳、后发不及领的原则。

女性主持人、发言人着装应干练、成熟、稳重，能衬托出女性独特的韵味，尽显优雅、端庄，一般会选择套裙或套裤，中跟皮鞋，肉色连裤袜或长筒袜。服装上不要有过多的装饰，如皱褶、花边蕾丝、蝴蝶结等。正装外套不宜选择粗纹理质地及过于柔软飘逸质地的面料。化妆要淡而雅，不要给人以浮华、轻佻之感。发型可剪短发或盘发，切记刘海不宜遮挡脸部，以显干练。

2. 言语规范

（1）对于主持人、发言人来说，语言具有特殊重要的作用。语言的达意与传情作用主要是通过语音来表现的。

一是使用普通话，发音准确清晰。不要插入太多的外语词汇，要便于让听众听清弄懂，正确领会所表达的意思。

二是语速适中、音量适度。如果语速太快会使人接受和理解都有困难，给受众留下轻浮、急躁的印象；如果语速过慢，会让听众觉得此人不够干练，并且缺乏自信，久了会使人失去耐心、感到烦躁，注意力难以集中。讲话时声音太低，别人就可能听不清楚，而且会显得有气无力；相反，如果不注意控制音量，声音过高，就会失去自然和亲切感，甚至会让受众感觉不舒服。

三是音调柔和、有起伏。首先，柔和甜美、低沉有力的语调一般会让受众感到舒适，容易引起情感上的共鸣。其次，主持人、发言人在讲话时，还应注意音调的起伏与顿挫，以增强讲话的效果。要灵活掌握音量的大小、速度的快慢、音调的高低、节奏的变化，不要以平直、呆板的音调对着讲稿照本宣科地读，以避免给受众造成单调、呆板的印象。

（2）掌握和遵循基本的言谈礼仪，注重自己的谈吐艺术与礼貌修养，是主持人、发言人塑造良好媒体形象的重要方面。

一是态度要诚恳、和蔼宽厚。在新闻发布过程中，主持人、发言人应通过自己的言谈，自始至终给受众展示一个诚恳、亲切、从容、大方、和蔼、认真、有礼貌的媒体形象。

二是措辞要谦逊文雅，以礼待人。主持人、发言人不论级别多高，都应该与媒体记者平等交往，以礼待人。对听者多用敬语、敬辞，对自己则常用谦语、谦词，同时应多使用雅语和礼貌用语，应该把"请""您""您好""谢谢""对不起""没关系""再见"这七大礼貌用语经常性地挂在嘴边。

三是要专心致志，尊重对方。主持人、发言人在新闻发布过程中的神态也会影响到自己的媒体形象。在接受记者提问时要专心致志，善于倾听。在神态上一般应该做到以下几点：目光正视谈话者，精神集中而不散漫；面部保持自然的微笑，表情随提问内容的变化而有相应的变化；适时地点头或做一些手势动作，或以轻声发出语助词，如"哦""嗯"等，与对方保持密切的交流；尽量让提问者把话说完，不要轻易打断或插话。

四是说话要把握分寸，保持客观冷静。主持人、发言人的言谈一定要注意分寸，表态要留有余地，把握好度。无论是发布信息还是回答提问，都要注意实事求是，既不夸大其词，也不断章取义。主持人、发言人是代表组织机构发言和表态，因此要牢记大局意识和责任意识，时刻保持冷静理性的思维习惯，控制好自己的情绪。

五是戒掉口头禅，养成良好的言语风格。对于主持人、发言人而言，口头禅会破坏信息发布的完整性、流畅性，使语言表达不紧凑，不利落，严重影响了语言表达的效果。所以主持人、发言人一定要力戒口头禅，以免引起受众的反感，影响媒体形象。

3. 举止形象　主持人、发言人的形象除了穿着打扮、语言声音等外在表现之外，还有一个重要方面，那就是通过举手投足等动作表现出来的举止形象。对于主持人、发言人而言，在新闻发布会或答记者问过程中，总会伴随着各种各样的体姿，这些有意无意的体姿，在特定的环境中往往能够比较准确地传递某种信息，从而成为主持人、发言人媒体形象的重要组成部分。

（1）站姿　站姿要挺拔、稳重、自信。国际上一般是以站姿发言。以站姿发言时，身体应尽量始终保持不变的姿势，避免摇头摆体。站立时最需要注意的是手臂的姿态，一般双手应放在桌子上，双肩基本保持水平状态，但也不能一动不动，那样显得太僵硬、死板，可适当配合一点手势。

（2）坐姿　坐姿要自然、端庄、和谐。国内现在许多部门还是习惯坐着发言，坐着时，应坐稳当，上身挺直、腿放好，不要晃来晃去。坐下之前，男士解开西装纽扣坐下就行，坐下后，就不要再整理领带和衣服了。女士尽量不要去捬裙子。任何一种整理，都显得不自信。一个自信的胸有成竹的发言人，会始终基本上保持一种较标准的坐姿。而往后躺着，斜靠在椅背上，或者歪坐在椅子上，显得太慵懒，都有失主持人、发言人的身份。

（3）行姿　行姿要轻盈、从容、稳健。走路时要挺胸收腹、腰背笔直，目视前方，两臂于身体两侧自然摆动，步幅因男女差异略有不同，男士步幅以一脚半为宜，女士步幅以一脚为宜。正常情况下，步速应自然舒缓，显得成熟自信，男士的步速为每分钟 108 ~ 110 步，女士的步速为每分钟 110 ~ 120 步。

（4）手势　手势作为一种非语言沟通方式，起到对语言信息的补充、强调等作用，可以增强表情达意的效果。使用手势的总体要求是：自然、简明、协调。手势在使用时要文雅自然，与全身协调、与情感协调、与语言表达协调，不能过多，以免喧宾夺主。发言人在点记者提问时不要用单个食指指向记者，而应右手伸直、手掌微向上地伸向记者。适时、适当地使用手势，不仅能够增强新闻发布的效果，而且有利于塑造发言人富有个性、极具感染力的媒体形象。

（5）眼神　主持人、发言人在发布台上眼神要与下面的记者交流、沟通，不要一直盯着稿子。面对摄像机时，要与摄像机镜头交流，实际上也是与观众交流，观众会觉得你是在与他们交流。眼睛要平视台下听众，不能俯视，俯视给人一种居高临下的感觉，也不要直视某一点，应该扫视、虚视全部台下记者。眼神不能游离躲闪、黯淡无光，否则会给人一种信心不足的感觉。

（6）表情　主持人、发言人不是演讲人，面部表情不能太丰富、夸张，高兴和兴奋状态下也不能大笑；不能表情呆滞、木讷。在常态新闻发布会上应该时常有微笑，这样能增加亲和力。是否有亲和力对于一个主持人、发言人是非常重要的。有亲和力的发言人的表态更易令记者接受和报道。但在突发事件的新闻发布中，应该表情沉重、严肃。

主持人、发言人的形象设计需要符合特定主题和场景的氛围。所谓场景，指的是主持人、发言人进行特定新闻发布活动的场所和景况。从大的方面来看，一般可以分为政治活动、经济活动、文教活动、科技活动、军事活动、外事活动以及突发公共事件新闻发布等场景。不同的场景，对主持人、发言人媒体形象的具体要求是有所不同的。比如，新闻发布会的主题是政府的重大庆典活动，发言人在语言举止上可以表现得活泼、开朗一些，服饰色彩可以稍微明亮、鲜艳一些；而关于重大灾难事故的新闻发布会，发言人就需要表现的庄严、沉重，服饰色彩要选深色，如黑色。

（二）庆典活动礼仪

参加庆典时，不论是主办方还是参加人员，均应注意自己的举止表现。在举行庆典之前，主办方应对本单位的全体员工进行必要的礼仪培训，对出席庆典的人员规定好注意事项，并严格遵守。

1. 服饰规范　在参加活动前首先要了解主办方的活动性质，根据不同场合要选择合适的服装。参加庆典活动的工作人员或者是单位的一些领导们，都应该是盛装出席，打扮大方得体。男士可着西装正装或中山装，女士可着西装套裙、套裤或样式简洁的连衣裙。本单位出席者最好统一着装。有统一式样制服的单位，应要求以制服作为本单位人士的庆典着装；无制服的单位，应规定出席者必须穿着礼仪性服装，但是要注意衣服的颜色款式一定不要太花哨夸张。

2. 仪容整洁　所有出席庆典活动的人员都应注意自身的仪容，避免给人留下脏乱差的外观印象。基本的礼仪礼貌要懂得。所有出席庆典的人员，男士应刮干净胡须，女士应化淡妆。

3. 言谈举止得体　对来宾态度要友好。遇到来宾，要主动热情地问候。对来宾提出的问题，都要立即给予友善的答复。当来宾在庆典上发表贺词要主动鼓掌表示感谢。

不要在庆典举行期间随意乱走、乱转或与周围的人说"悄悄话""开玩笑"；不要心不在焉，比如东张西望、翻看手机或是向别人打听时间，表现出对庆典毫无兴趣或是着急离开的姿态。

在举行庆典的整个过程中都要表情庄重、全神贯注、聚精会神。假若庆典之中安排了升国旗、奏国歌的程序，一定要依礼行事：起立，脱帽，立正，面向国旗或主席台行注目礼，并且认认真真、表情庄严肃穆地和大家一起唱!

4. 遵守时间 遵守时间是公共关系礼仪最基本的原则之一。对本单位出席庆典者而言,上到本单位的最高负责人,下到最普通员工,都不能迟到、无故缺席或中途退场。如果庆典的起止时间已有规定,则应当准时开始、准时结束,以向社会证明本单位言而有信。如果要在中途因故退场或离席,需要表示相应的歉意。

5. 发言简短 在庆典中发言时,要注意以下四个重要问题。

(1) 上下场时要沉着冷静。走向讲台时,应不慌不忙。在开口讲话前,应平心静气。

(2) 要讲究礼貌。在发言开始时,应说一句"大家好"或"各位好"。在提及感谢对象时,应目视对方。在表示感谢时,应郑重起身施礼。讲话结束,应当说一声"谢谢大家"。

(3) 发言一定要在规定时间内结束,而且宁短勿长,不要随意发挥、信口开河。

(4) 应当少做手势。含义不明的手势,在发言时尤其应当坚决不用。

(三) 展览会礼仪

会展的礼仪接待在会展活动中起着非常重要的作用,它在某种程度上左右着受众对会展的整体印象。因此,做好会展活动的礼仪工作,对于提升会展的层次水平,提升会展的知名度,有极其重要的作用。

1. 整体形象 参观展览第一印象便是展区的整体形象,包括展区的布置和人员形象两大部分。

(1) 展区的布置 展区所展示的应是最利于推介的展示内容,以在参观展览者心中留下深刻印象,譬如展品的外观、展品的质量、展品的陈列、展位的布置、发放的资料等。用以进行展览的展品外观上要力求完美无缺,质量上要优中选优,陈列上要既整齐美观又讲究主次,布置上要兼顾主题的突出与观众的注意力,而用以在展览会上向观众直接发放的资料,要印刷精美、图文并茂、资讯丰富,并且注有参展单位的主要联络方法。如单位相关部门的电话、微信公众号、二维码及电子邮箱地址等。

(2) 人员形象 展区内工作人员的形象代表了组织、展品的形象。仪容、仪表、仪态等各方面应力求完美。容貌给人以美感、认同感。服装应根据展览会的形式和内容来选择,一般穿着本组织的制服或是深色的西装、套裙,当然根据会展活动的特色,也可以有相应的选择。如啤酒节的礼仪小姐则可以穿戴时髦、前卫、性感的超短裙,以彰显个性。

为更好地辨识各自身份,全体工作人员皆应在左胸佩戴标明组织名称、职务、姓名的胸卡。礼仪小姐可以除外。

大型的展览会,参展单位若安排专人迎送宾客,可身穿色彩鲜艳的单色旗袍,并佩戴写有参展单位或其主打产品名称的红色绶带。

在展会中应使用标准普通话与参观者进行沟通,如若是国际展会也可使用外语,以保证与参观者有效的沟通。

2. 礼貌待客 参观者到来,不管人数多少,接待者都应做到热情、周到,全体工作人员要将礼貌待客落实在行动上。

(1) 站立待客 当展览会开始后,参展单位的工作人员就应全体各就各位,站立迎客。不允许迟到、早退、脱岗、串岗等,更不允许在参观人员到来之时坐着不起,怠慢参观者。当参观者走进自己的展位时,不管对方是否向自己打了招呼,工作人员都应面含微笑,主动向对方说:"您好!欢迎光临!"随后,还应面向对方,稍许欠身,伸出右手,掌心向上,指尖指向展台,并告知对方:

"请您参观"。

（2）专注待客　展会期间，工作人员应专注迎客，有问必答。当参观者在本单位的展位上进行参观时，工作人员可随行其后，以备对方向自己进行询问；也可以请其自便，不加干扰。假如参观者较多，尤其是在接待组团而来的参观者时，工作人员可在左前方引导对方进行参观。对于参观者所提出的问题，工作人员要认真作答，不允许置之不理，或是以不礼貌的言行对待对方。当参观者离去时，工作人员应真诚地向对方欠身施礼，并道以"谢谢光临"或"再见"。

（四）茶话会礼仪

茶话会是为了联络老朋友、结交新朋友的具有对外联络和招待性质的社交性集会。参加者以不拘形式地自由发言为主，并且备有茶点。茶话会一般不排座次，起码座次安排不会过于明显。可以自由活动，与会者不用签到。

茶话会礼仪，具体内容主要涉及会议的主题、来宾邀请、时间空间的选择、茶点的准备、座次的安排、会议的议程、发言等七个方面。

1. 茶话会的主题　茶话会的主题可以分为联谊、娱乐、专题三类，最常见的是以联谊为主题的茶话会。以娱乐为主题的茶话会，为了活跃气氛，经常会安排一些文娱节目，并以此作为茶话会的主要内容，以现场的自由参加与即兴表演为主。专题茶话会，是在某个特定的时刻，或为某些专门问题而召开的茶话会，以听取某些专业人士的见解，或是和某些与本单位有特定关系的人士进行对话。

2. 来宾邀请　主办单位在筹办茶话会时，必须围绕主题邀请来宾，尤其是确定好主要的与会者。来宾可以是本单位的顾问、社会知名人士、合作伙伴等各方面人士。

3. 时间、空间的具体选择　这是茶话会要取得成功的重要条件。辞旧迎新、周年庆典、重大决策前后、遭遇危难挫折的时候，都是召开茶话会的良机。

根据惯例，举行茶话会的最佳时间是下午4点钟左右。有些时候，也可以安排在上午10点钟左右。在具体进行操作时，也不用墨守成规，应该以与会者特别是主要与会者的方便与否以及当地人的生活习惯为准。茶话会往往是可长可短的，关键是要看现场有多少人发言，发言是否踊跃。如果把时间限制在1~2小时之内，它的效果往往会更好一些。

适合举行茶话会的场地主要有：一是主办单位的会议厅；二是宾馆的多功能厅；三是包场高档的营业性茶楼或茶室；四是私人会所的会客厅。

4. 茶点的准备　茶话会不上主食，不安排品酒，只提供茶点。茶话会是重"说"不重"吃"的，为与会者所提供的茶点，应当被定位为配角。

在进行准备时要注意的是：对于用来待客的茶叶、茶具，务必要精心准备。应尽量挑选上品，不要滥竽充数。还要注意照顾与会者的不同口味，比方说是绿茶、花茶还是红茶。最好选用陶瓷茶具，并且讲究茶杯、茶碗、茶壶成套。除主要供应茶水外，在茶话会上还可以为与会者略备一些点心、水果或是地方风味小吃。需要注意的是，在茶话会上向与会者所供应的点心、水果或地方风味小吃，品种要适合、数量要充足，并要方便拿，同时还要配上擦手巾。

5. 座次的安排　从总体上来讲，在安排与会者的具体座次时，必须和茶话会的主题相适应。

安排茶话会与会者具体座次的时候，可以采取以下方式。

（1）环绕式　就是不设立主席台，把座椅、沙发、茶几摆放在会场的四周，不明确座次的具体尊卑，而听任与会者在入场后自由就座。这一安排座次的方式，与茶话会的主题最相符，也最流行。

（2）散座式　散座式排位，常见于在室外举行的茶话会。它的座椅、沙发、茶几四处自由地组合，这样容易创造出一种宽松、惬意的社交环境。

（3）圆桌式　圆桌式排位，指的是在会场上摆放圆桌，请与会者在周围自由就座。圆桌式排位又分下面两种形式：一是适合人数较少的，仅在会场中央安放一张大型的椭圆形会议桌，而请全体与会者在周围就座。二是在会场上安放数张圆桌，请与会者自由组合。

（4）主席式　在茶话会上，这种排位是指在会场上，主持人、主人和主宾被有意识地安排在一起就座，并且按照常规就座。

6. 茶话会的基本议程　茶话会的基本议程包括以下4项。

第一项，主持人宣布茶话会开始。在开始之前，主持人要有一定的开场白，简要介绍茶话会概况，并介绍参加人员或主要人员。

第二项，主办单位的主要负责人讲话。他的讲话应以阐明这次茶话会的主题为中心内容，还可以代表主办单位，对全体与会者表示欢迎和感谢，并且恳请大家一如既往地理解和支持。

第三项，与会者发言。这些发言在任何情况下都是茶话会的重心。为了确保与会者在发言中直言不讳，畅所欲言，通常主办单位事先不对发言者进行指定和排序，也不限制发言的具体时间，而是提倡与会者自由地进行即兴式的发言。一个人还可以多次发言，来不断补充、完善自己的见解、主张。

第四项，主持人总结。主持人略作总结后，可以宣布茶话会结束。

7. 茶话会的发言　现场发言在茶话会上举足轻重。茶话会假如没有人踊跃发言，或者是与会者的发言严重脱题，都会导致茶话会的最终失败。

茶话会上，主持人更重要的作用是在现场上审时度势，因势利导地引导与会者的发言，并且控制会议的全局。大家争相发言时，主持人决定先后。没有人发言时，主持人引出新的话题，或者恳请某位人士发言。会场发生争执时，主持人要出面劝阻。在每位与会者发言前，主持人可以对发言者略作介绍。发言的前后，主持人要带头鼓掌致意。

与会者茶话会的发言以及表现等，必须得体。在要求发言时，可以举手示意，但也要注意谦让，不要争抢；不管自己有什么高见，都不要打断别人的发言。

即学即练7-5

答案解析

学生自由分组，每组不超过6人，运用所学的公共关系礼仪知识以"话剧""音乐剧""情景剧"等表演形式，展示所学公共关系礼仪。具体要求为：

1. 表演的题材、具体角色分工由小组讨论决定；
2. 每组至少展示4~5个礼仪知识点。

目标检测

答案解析

一、最佳选择题

1. 在礼仪场合，坐椅子时，应坐椅子的（　　　）。

　　A. 1/3　　　　　　　B. 2/3　　　　　　　C. 1/2　　　　　　　D. 全坐满

2. 接电话时，拿起话筒的最佳时机应在铃声响过（　　　）之后。

　　A. 一声　　　　　　B. 二声　　　　　　C. 三声　　　　　　D. 四声

3. 在 5 人座轿车上，当司机驾车时，最尊贵的座位是（　　）。

    A. 副驾驶　　　　　　B. 后排左侧　　　　　　C. 后排右侧　　　　　　D. 后排中间

二、多项选择题

1. 三一定律是指（　　）部位颜色保持一致。

    A. 皮鞋　　　　　　B. 包　　　　　　C. 腰带　　　　　　D. 袜子

2. 中式宴会中座次安排遵循的原则是（　　）。

    A. 以左为上　　　　　　B. 以右为上　　　　　　C. 面对门为上　　　　　　D. 背对门为上

3. 新闻主持人、发言人语言表达要规范，通常对语音的要求为（　　）。

    A. 使用普通话　　　　　　B. 语速适中　　　　　　C. 音量适度　　　　　　D. 音调柔和

4. 为他人作介绍时下列的礼仪顺序正确的有（　　）。

    A. 介绍上级与下级认识时，应先介绍下级，后介绍上级。

    B. 介绍长辈与晚辈认识时，应先介绍晚辈，后介绍长辈。

    C. 介绍客人和主人认识时，应先介绍主人，后介绍客人。

    D. 介绍与会先到者与后来者认识时，应先介绍后来者，后介绍先到者。

三、实例解析题

某制药企业的李先生年轻肯干，点子又多，很快引起了总经理的注意，拟提拔为营销部经理。为了慎重起见，决定再进行一次考察。恰巧总经理要去省城参加一个庆典活动，需要带两名助手，总经理选择了公关部刘部长和李先生。

出发前，由于司机小王乘火车先行到省城安排一些事务尚未回来，所以，他们临时改为搭乘董事长驾驶的轿车一同前往。上车时，李先生很麻利地打开前车门，坐在驾车的董事长身边的位置上，董事长看了他一眼，但李先生并没在意。

上路后，董事长驾车很少说话，总经理好像也没有兴致，似乎在闭目养神。为活跃气氛，李先生寻了一个话题："董事长驾车的技术不错，有机会也教教我们，如果都自己会开车，办事效率肯定会更高。"董事长专注地开车，不置可否，其他人均无反应，李先生感到没趣，便也不再说话。一路上，除董事长向总经理问了几件事，总经理简单地作回答后，车内再无人说话。到达省城后，李先生悄悄地问刘部长："董事长和总经理好像都有点不太高兴？"刘部长告诉他原委，他才恍然大悟："噢，原来如此。"

庆典活动结束后从省城返回，车子改由司机小王驾驶，刘部长由于还有些事要处理，需要在省城多住一天，同车返回的还是四人。为避免再犯类似的错误，李先生打开前车门，请总经理上车，总经理坚持要与董事长坐在后排，李先生一再坚持让总经理坐在前排才肯上车。

回到公司，同事们知道李先生这次是同董事长、总经理一道出差，猜测着肯定要提拔他，都纷纷向他祝贺，然而，提拔之事却一直没有提及。

在这次行程中李先生的失礼之处表现在哪里？一次晋升的机会为什么会被错过？

四、综合问答题

一位外经贸委的处长肖女士前去欧洲开展招商引资工作，但是出国之前她忘记重新印制一套名片，所以，每到送名片的时候，为了让对方能找到自己最新的电话和住址，赶紧在名片上临时用钢笔加注了几个有用的电话号码和地址。半个月跑下来，肖女士累得筋疲力尽，却未见有外商与其有过实质性接触，后经人指点，才明白问题出在她奉送给外商的名片不合规范。肖女士临时在自己的名片上加注了几个有用的电话号码，本想这样联系起来更方便有效。可是在外商看来，名片犹如一个人的"脸面"，对其任意涂改，表明她的为人处世敷衍了事，马马虎虎。

　　试结合肖女士的错误来谈一谈名片在当今商业交往中的重要作用。

书网融合……

知识回顾　　微课1　　微课2　　微课3

微课4　　微课5　　习题

参考文献

[1] 秦东华. 公共关系基础. 3版. 北京：人民卫生出版社，2019.

[2] 余明阳，薛可. 公共关系学. 2版. 北京：北京师范大学出版社，2020.

[3] 韩金. 公共关系——理论·案例·实训. 北京：清华大学出版社，2019.

[4] 周安华. 公共关系——理论、实务与技巧. 6版. 北京：中国人民大学出版社，2019.

[5] 窦红平. 公共关系实用教程. 北京：北京邮电大学出版社，2016.

[6] 王秀方. 公共关系学理论与实务. 2版. 北京：清华大学出版社，2018.

[7] 肖辉，赵卫红. 实用公共关系学. 北京：北京大学出版社，2016.

[8] 仇勇. 新媒体革命. 北京：电子工业出版社，2016.

[9] 蒋楠，熊茜，杨丽萍. 公关关系礼仪. 北京：科学出版社，2018.

[10] 唐钧. 新媒体时代的应急管理与危机公关. 北京：中国人民大学出版社，2018.

[11] 乜瑛. 公共关系学. 杭州：浙江大学出版社，2017.

[12] 魏红. 社交与职场礼仪. 北京：科学出版社，2017.

[13] 蒋桂娟. 公关与商务礼仪. 北京：北京大学出版社，2016.